Barbara Potthast/Christian Büschges/
Wolfgang Gabbert/Silke Hensel/
Olaf Kaltmeier (eds.)

Dinámicas de inclusión y exclusión en América Latina

Conceptos y prácticas de etnicidad, ciudadanía y pertenencia

Series/Colección
"Ethnicity, Citizenship and Belonging in Latin America"

This series promotes an international scientific dialogue about the social, political and cultural implications of the concepts *ethnicity, citizenship* and *belonging*, which serve as conceptual tools for the interdisciplinary Research Network for Latin America to investigate both social dynamics and processes of inclusion and exclusion in past and present Latin American societies as well as in other regions of the world.

Esta colección busca promover el diálogo científico e internacional sobre las implicaciones sociales, políticas y culturales de los tres conceptos *etnicidad, ciudadanía y pertenencia* que constituyen para la Red de Investigación sobre América Latina instrumentos conceptuales para investigar de manera interdisciplinaria tanto dinámicas sociales como procesos de inclusión y exclusión en sociedades pasadas y presentes de América Latina y en otras latitudes del mundo.

Barbara Potthast/Christian Büschges/
Wolfgang Gabbert/Silke Hensel/Olaf Kaltmeier (eds.)

Dinámicas de inclusión y exclusión en América Latina

Conceptos y prácticas de etnicidad, ciudadanía y pertenencia

Iberoamericana · Vervuert · 2015

SPONSORED BY THE

Federal Ministry
of Education
and Research

The project, on which this book is based, has been funded by the German Federal Ministry of Education and Research (Bundesministerium für Bildung und Forschung, BMBF) under the support code 01UC1012A-E. The responsibility for the content of this publication lies with the editors.

Cualquier forma de reproducción, distribución, comunicación pública o transformación de esta obra solo puede ser realizada con la autorización de sus titulares, salvo excepción prevista por la ley. Diríjase a CEDRO (Centro Español de Derechos Reprográficos) si necesita fotocopiar o escanear algún fragmento de esta obra (www.conlicencia.com; 91 702 19 70 / 93 272 04 47).

Reservados todos los derechos

© Iberoamericana, 2015
Amor de Dios, 1 – E-28014 Madrid
Tel.: +34 91 429 35 22
Fax: +34 91 429 53 97
info@iberoamericanalibros.com
www.ibero-americana.net

© Vervuert, 2015
Elisabethenstr. 3-9 – D-60594 Frankfurt am Main
Tel.: +49 69 597 46 17
Fax: +49 69 597 87 43

ISBN **978-84-8489-893-1** (Iberoamericana)
ISBN **978-3-95487-431-6** (Vervuert)

Depósito Legal: **M-12224-2015**

Ilustración de la cubierta: Marcela López Parada
Fotografía de la cubierta: Olaf Kaltmeier

The paper on which this book is printed meets the requirements of ISO 9706

ÍNDICE

Barbara Potthast/Christian Büschges/Wolfgang Gabbert/
Silke Hensel/Olaf Kaltmeier
INTRODUCCIÓN 7

I.
REFLEXIONES TEÓRICAS SOBRE:
ETNICIDAD, CIUDADANÍA Y PERTENENCIA

Silke Hensel
Etnicidad, racismo y ciudadanía. Latinas y latinos en los
Estados Unidos 27

Christian Büschges
Particularismo étnico en tiempos de globalización:
del multiculturalismo al buen vivir 49

Guillermo de la Peña
Ciudadanía étnica: un modelo pertinente para América Latina 69

Tobias Schwarz
Negociaciones de participación y configuraciones de derechos.
Conceptualizando la relación entre ciudadanía y pertenencia 83

II.
ETNICIDADES Y PERTENENCIAS

John R. Topic/Theresa Lange Topic
Grados de inclusión: la identidad en el norte peruano prehispánico ... 113

Ishita Banerjee
Violencia externa, violencia interna: el Estado y las comunidades en India 137

Johanna Below
Educación, ciudadanía diferenciada y conflictos: el caso brasileño de la Reserva Extractivista Tapajós-Arapiuns 155

III.
Pertenencias y ciudadanías en contextos de globalización

Santiago Bastos
Guatemala: rearticulación comunitaria en el contexto neoliberal 181

Carmen Ibáñez Cueto
Diversidad y heterogeneidad, pero ante todo migrantes 203

Dahil M. Melgar Tísoc
(Re)etnización y desetnización de los *nikkei* en América Latina y Japón: entre las fronteras de la "pureza" y el "mestizaje" 217

Pablo Mateos
La re-etnización del pasaporte: discriminación y ciudadanía múltiple de eurolatinoamericanos 241

Heike Drotbohm
Ciudadanía en disputa. La deportación de migrantes y los reajustes de pertenencia en sus países de origen 261

Sobre los autores 285

Introducción
Dinámicas de inclusión y exclusión en América Latina. Conceptos y prácticas de etnicidad, ciudadanía y pertenencia

Barbara Potthast / Christian Büschges / Wolfgang Gabbert / Silke Hensel / Olaf Kaltmeier

El presente libro se sitúa en el contexto de la "Red de Investigación sobre América Latina –Etnicidad, Ciudadanía y Pertenencia", la cual analiza distintos procesos de inclusión y exclusión en la región desde una perspectiva transdisciplinaria.

La Red de Investigación es una asociación académica compuesta por distintos institutos alemanes de historia, antropología y sociología, en las universidades de Colonia, Bielefeld, Bonn, Münster y Hanóver. En su trabajo conjunto e interdisciplinario, los miembros de la Red se sirven de los conceptos de *etnicidad, ciudadanía* y *pertenencia* para analizar las distintas manifestaciones de ideas, categorías de orden y posicionamiento social, en diversas regiones de América Latina en su contexto y especificidad histórica. El objetivo de la Red es combinar la reflexión teórica interdisciplinaria con la investigación empírica en torno a estos tres conceptos clave. Actualmente, se llevan a cabo investigaciones sobre dichos conceptos y su valor analítico tanto a nivel nacional como internacional, en las áreas de ciencias políticas, economía, sociología y antropología, así como también en el campo de la historia, de los estudios culturales y la lingüística. En el marco de los subproyectos de los miembros de la Red, se han elaborado diversos estudios de caso, relacionados entre sí, los cuales utilizaron y reenfocaron sistemáticamente planteamientos de la teoría sobre etnicidad, ciudadanía y pertenencia, sin restringirse al ámbito latinoamericano. Además, durante el periodo de 2010 a 2014, el trabajo de la Red se ha implementado en el ámbito internacional mediante congresos y talleres anuales, resultando en exitosas publicaciones internacionales (Albiez *et al.* 2011a; Célleri *et al.* 2013a; Bejarano *et al.* 2014).

Guiado por los tres conceptos básicos de la Red, este volumen reúne varios artículos que trabajan con uno o más de estos conceptos para captar tanto procesos actuales como históricos de inclusión y exclusión en América Latina –al igual que fuera del continente–. A continuación presentamos algunas reflexiones sobre los conceptos con referencia a los trabajos aquí reunidos.

Ciudadanía

Ciudadanía es uno de los conceptos clásicos del pensamiento y de la práctica política de "Occidente". El concepto moderno de ciudadanía está ligado estrechamente al proceso de independencia de los Estados Unidos, la Revolución Francesa y el surgimiento de la nación moderna republicana. En una *res pública* que se basa en la soberanía del pueblo, la relación entre el Estado y el individuo difiere fundamentalmente de las monarquías legitimadas por la tradición y la religión. El otrora súbdito pasó a ser ciudadano, y éste, a su vez, debería gozar de iguales derechos y obligaciones. El surgimiento de la ciudadanía, como tal, es relativamente reciente, más allá de la existencia de conceptos y elementos precursores de la misma. Por ejemplo, en el mundo hispano, a partir del siglo xv, la vecindad a nivel de comunidades locales determinaba los derechos y obligaciones de aquellos que aspiraban a ser miembros de la comunidad. Tamar Herzog (2005) demostró que la ciudadanía de la temprana Edad Moderna, es decir, la vecindad, se desenvolvió de diferentes maneras en España e Hispanoamérica. Mientras que en España se podía reclamar el estatus de vecino tras el cumplimiento de los deberes inherentes a tal condición sin la interferencia de adscripciones étnicas, en Hispanoamérica la categorización étnica de los habitantes llegó a ser el único criterio de pertenencia. En Hispanoamérica, sólo los españoles, padres de familia con una casa en la ciudad, se percibieron como vecinos, y su cumplimiento con los deberes conectados al estatus perdió su importancia frente a la categoría de etnicidad.

El concepto clásico liberal de ciudadanía, que triunfó a lo largo del siglo xix y xx, tanto en Europa como en Latinoamérica, ha sido cuestionado desde su origen, tanto desde una perspectiva socialista como conservadora. No obstante, tal concepto sigue dominando las teorías sobre las relaciones entre individuo y Estado en las democracias hasta hoy día, inclusive, los nuevos reclamos de fines del siglo xx y principios del xxi no cuestionan el concepto en sí, sino que abogan por una ampliación del estatus de ciudadano allende los derechos del individuo frente al Estado. Tal es el caso de diferentes grupos sociales que reivindican derechos en base a su género, etnicidad, orientación sexual, situación ambiental o económica, de tal manera, que se ha hablado de una verdadera "revolución de derechos" ciudadanos (Ingatieff 2001). Debido a la coyuntura de nuevas demandas ciudadanas, a partir de las décadas de 1980 y 1990, se ha desarrollado un nuevo campo académico denominado "estudios de ciudadanía", *citizenship studies* (véase Isin y Turner 2008). Asimismo, el antiguo modelo elaborado por T. H. Marshall (1950) sobre el desarrollo de los diversos grupos de derechos ciudadanos, civiles, políticos y sociales ha sido ampliado considerablemente. América Latina, en este contexto, es importante por varias razones. Por un lado, la constitución de Estados nacionales modernos con sus respectivos conceptos de ciudadanía, cuestiona la vigencia universal de la teoría de Marshall sobre el desarrollo de los derechos ciudadanos, ya que los procesos de ampliación y restricción de los derechos han seguido diferentes trayectorias (véanse Sabato 1999; Lobato y Venturoli 2014). Desde una perspectiva histórica, Hilda Sabato argumenta que el proceso de creación de una ciudadanía moderna en América Latina no siguió un proceso lineal u homogeneizante, sino que en el siglo XIX "esa inclusión por principio igualitaria se dio sin embargo en el marco de estructuras estratificadas [como p. ej. las milicias, B. P], donde se definían y alimentaban nuevas jerarquías". Se crearon nuevas desigualdades políticas que "no eran incompatibles con el orden republicano; por el contrario, surgían de su propia dinámica" (Sabato 2009: 33-35).

Por otro lado, en las últimas décadas, América Latina ha sido una de las regiones del mundo en donde más se han desarrollado movimientos que formulan nuevos reclamos ciudadanos. Los logros de estos movimientos han sido considerables, sobre todo en el ámbito constitucional. A partir de los años ochenta, los Estados nacionales, imaginados en la tradición liberal como culturalmente homogéneos respecto a su población, empezaron a declararse "pluriétnicos" o "plurinacionales" e incorporaron derechos específicos para grupos particulares. Como un ejemplo de lo anterior, en Brasil, la Constitución de 1988 reconoce y extiende considerablemente los derechos para la población brasileña, incluyendo entre otros, el derecho a la vivienda, a la educación, a la salud o al trabajo, reflejando de esta forma los reclamos ciudadanos de la sociedad civil (Constitución de Brasil, Art. 6).

Reformas constitucionales de tal índole sólo pueden ser pensadas como un primer paso hacia la inclusión social de toda la población. Sin embargo, cabe destacar que los efectos de la marginalización histórica de grupos indígenas o afrodescendientes no desaparecen necesariamente por medio del cambio normativo. Además, estas nuevas Constituciones obligan a reformular no sólo la relación entre individuo y Estado, sino sobre todo el vínculo entre grupos sociales –especialmente grupos étnicos– y Estado, así como los derechos de las corporaciones frente a los individuos y al Estado. Dicho proceso, a saber, la creación de una "ciudadanía diferenciada", fue considerado positivo por muchos, debido a que el concepto abarcaría entonces un ideal normativo de una alternativa al postulado de homogeneidad de la ciudadanía "clásica" (p. ej. en Young 1989, 251). Sin embargo, desde su origen, esta visión también ha sido criticada dado el hecho de que "most rights are available only to particular kinds of citizens and exercised as the privilege of particular social categories" (Holston 2008: 7). James Holston argumenta que no se debería renunciar al ideal de una inclusión universal de todos en un estatus igualitario de ciudadano, desarrollado por el concepto de la ciudadanía moderna. El concepto de "ciudadanía diferenciada" se entiende aquí como una crítica a las desigualdades reales, coexistentes con una igualdad formal, pero no como una alternativa deseable. Asimismo, dichas reformulaciones diferenciadas de la ciudadanía, a su vez, también pueden generar nuevos problemas a causa de fijar en normas constitucionales la existencia de ciertos grupos, otorgando a éstos ciertos derechos particulares, mientras que otros grupos no pueden disfrutar de tales derechos específicos (Ng'weno 2007).

Mientras que el concepto de "ciudadanía diferenciada" cuestiona la idea clásica de ciudadanía igualitaria desde dentro, ésta se ve también criticada desde fuera. Los procesos de globalización intensifican migraciones, y el surgimiento de instituciones transnacionales ha cambiado las relaciones entre los individuos, al igual que entre ciertos grupos de personas y el Estado-nación (véase Glick Schiller 2008). Mientras que ciertos migrantes en situaciones de exclusión basadas en adscripciones étnicas tratan de esconder su trasfondo migratorio, sus descendientes pueden llegar a utilizar la identidad étnica con fines políticos y/o sociales. Además, las corrientes migratorias muchas veces suelen revertirse. De igual forma, los descendientes de emigrantes suelen regresar a las sociedades de sus ancestros, en donde frecuentemente ocurren procesos de re- o desetnización.

Los derechos políticos de los grupos de la diáspora, así como la relación entre la justicia nacional y las instituciones de justicia internacional, sobre todo las de derechos humanos, ocupan un lugar cada vez más importante en las relaciones de los Estados –no solamente– latinoamericanos y sus ciudadanos. Éste es un tema importante para América Latina que, sin embargo, no ha sido suficientemente considerado en los debates teóricos contemporáneos de las ciencias políticas y sociales, ya que los derechos son concebidos y formulados sobre todo en base a las sociedades de Occidente. Mientras que estas teorías se ocupan del traspaso de la soberanía y la ciudadanía del Estado-nación a entidades trans o supranacionales, muchos Estados poscoloniales, entre ellos numerosos latinoamericanos, se caracterizan por la poca presencia de los Estados en varias esferas, tanto geográficas como socio-políticas. De esta forma, cabe preguntar, ¿qué pasa con los derechos ciudadanos en Estados en los cuales numerosos individuos no los pueden utilizar por ausencia de instituciones estatales, corrupción, clientelismo o falta de una justicia independiente? ¿Para qué sirven los derechos constitucionales si no se pueden ejercer por falta de reconocimiento social y político de los grupos en poder, por ser contrarios a poderosos intereses económicos? ¿Significa entonces que en estos Estados no tiene sentido la lucha por la ampliación de derechos ciudadanos y su usufructo por grupos marginados? Ejemplos tanto históricos como actuales muestran que sí, pero también señalan los inconvenientes derivados de la aplicación de definiciones universales de ciudadanía en casos concretos. Por el contrario, resulta de mayor relevancia analizar los procesos de reclamo, las ampliaciones o restricciones de estos derechos, las funciones que cumplen en ciertas coyunturas políticas –tanto para el Estado como para el grupo que los reclama– y cuáles son los resultados de las negociaciones entre ellos. Hay que constatar que existe una negociación y lucha constante entre la sociedad y el Estado respecto a las identidades políticas, entre ellas la ciudadanía. Empero, ni la sociedad ni el Estado son actores coherentes u homogéneos; sus partes se modifican en el proceso de interacción (Migdal 1997). No obstante, las instituciones estatales desempeñan un papel importante en la definición de los regímenes de ciudadanía; es decir, influyen en la concepción de derechos y cuestiones de pertenencias o identidades públicas (Yashar 2005).

Etnicidad

Los términos *etnicidad*, grupo étnico o identidad étnica señalan un concepto de diferenciación social que se fundamenta en la idea de la descendencia común como base de supuestas similitudes culturales o fenotípicas de diferentes grupos sociales. Como tal, el concepto se refiere no solamente al lenguaje de los actores sociales –nivel *emic*–, sino que a su vez forma también parte del vocabulario analítico de las ciencias sociales –nivel *etic*–. De hecho, fueron más bien los antropólogos quienes, frente a la carga biológico-discriminatoria del término 'raza', introdujeron el concepto de etnicidad con el fin de analizar y enfatizar la diversidad cultural entre diferentes grupos humanos (véase p. ej. la Declaración de Barbados de 1971), y como tal, el concepto ha sido relacionado, aunque de ninguna manera de forma unánime e indiscutida, con el activismo indígena. En la tradición antropológica, el concepto de grupo o comunidad étnico trasciende el nivel de un grupo de parentesco y abarca varios grupos residenciales (véase Gabbert 2006: 90). Sin embargo, con el aumento de los flujos migratorios y la expansión global de los medios de comunicación modernos, a partir del siglo XIX y sobre todo durante el siglo XX, el alcance de las lealtades étnicas se ha extendido aún más allá de grupos sociales y territorios claramente delimitados (Anderson 1983; Appadurai 1990). Por esta misma razón, hay que poner de relieve el carácter dinámico, relacional y a veces híbrido de las identificaciones étnicas y de la formación de comunidades, movimientos u organizaciones sociales construidas sobre la base de semánticas étnicas (Brubaker 2009; García Canclini 1995; Hall 1996).

Junto a la heterogeneidad cultural derivada de los procesos de migración, se vincula la reflexión sobre la herencia (pos)colonial de las sociedades modernas, la cual ha conducido, desde los años sesenta, a políticas multiculturales en Canadá, los Estados Unidos, Latinoamérica y otras regiones del mundo con el fin de superar la discriminación histórica que han sufrido diferentes grupos sociales. Fueron sobre todo los emergentes movimientos indígenas de América Latina los que provocaron durante los años noventa el auge de los conceptos de multiculturalismo, interculturalidad, plurietnicidad y plurinacionalidad, especialmente en la región andina.

La respuesta de los diversos Estados nacionales a las exigencias de estos movimientos sociales fue el reconocimiento parcial de derechos colectivos en sus nuevas Constituciones dentro del régimen del "indio permitido" (Hale 2004), el cual sólo permite el reconocimiento para tales grupos e individuos si no implica cambios sustanciales para las sociedades en cuestión. No obstante, a principios del siglo XXI, constatamos profundas transformaciones en la cultura política que ponen en jaque o incluso rompen con los modelos de Estado-nación poscolonial establecidos en el siglo XIX, basándose en el dominio epistemológico del monoculturalismo. Observamos fenómenos tales como la politización de nuevas formas de etnicidad o la emergencia de conceptos de ciudadanía posliberales (Yashar 2005). Dicho contexto señala la problemática relación entre ciudadanía y etnicidad. Siguiendo a Charles Tilly (1993), se puede entender la ciudadanía como una relación constantemente contestada entre agentes del Estado y miembros de grupos construidos socialmente, donde una categoría que influye las percepciones, identidades y roles sociales es precisamente la etnicidad.

Con el fin de captar el complejo significado que la noción etnicidad tiene para las estructuras y relaciones sociales, se ha optado por diferentes perspectivas, entre ellas, se pueden distinguir, por lo menos, los siguientes enfoques: en primer lugar, la etnicidad como aspecto de la identificación o identidad individual (p. ej. Erikson 1958); en segundo, como práctica de categorización que reduce la complejidad social para facilitar la orientación del comportamiento (p. ej. Barth 1969); en tercer lugar, la etnicidad como base de la lealtad de individuos hacia colectividades particulares (p. ej. Geertz 1963); y, finalmente, como elemento empleado para producir acciones colectivas y la formación de grupos u organizaciones (p. ej. Brass 1991; Elwert 2003, 1989; Brubaker 2004).

Max Weber ([1922] 1980: 235, 237) señaló la ambigüedad de la noción de etnicidad: por un lado, puede ser un elemento de inclusión social que facilita la creación de lealtades y comunidades y, por otro, constituir un medio de exclusión, monopolizando ciertas relaciones sociales para miembros del grupo o de la categoría étnica. La etnicidad se ha convertido, a más tardar durante los años noventa del siglo XX, en un recurso para fomentar políticas de identidad que, con sus enlaces con otros campos de interacción, ha transformado las lógicas del uso de referencias étnicas u de otras categorías identitarias (Kaltmeier y Thies 2012). Las referencias identitarias ya no son concebidas como simplemente dadas, sino que son objetos de una construcción permanente por parte de los actores involucrados en constelaciones específicas. Los actores hacen uso y crean sus identidades de una manera reflexiva. De tal manera, la identidad llega a ser un recurso para lograr objetivos políticos y económicos, semejante a los modos del "recurso de la cultura" descrito por George Yúdice (2002).

La acentuación de la fluidez de las formaciones identitarias y el enfoque en las políticas de identidad en la discusión científica actual se insertan en una tradición académica que enfatiza el carácter construido de las identidades étnicas y nacionales, por mencionar sólo algunas. El así llamado constructivismo ha sido sin duda un avance importante en la concepción de la etnicidad. No obstante, este enfoque ha provocado también críticas tanto entre científicos como entre actores de política étnica. En particular, se ha manifestado que el énfasis en el carácter construido o imaginado de grupos sociales basados en una identidad étnica o nacional no permite explicar el fuerte (re)surgimiento político del activismo étnico o del nacionalismo a partir de los años noventa del siglo xx. Sin embargo, tanto Benedict Anderson como Rogers Brubaker, por mencionar sólo dos de los protagonistas del constructivismo, subrayan que la fuerza social y política de las categorías étnicas, nacionales, etc., no depende de la existencia (o no) de grupos sociales "reales" concebidos como culturalmente homogéneos e históricamente estables (Anderson 1983; Brubaker 2004). Otra crítica enfatiza que la deconstrucción teórica de formaciones de identidad conlleva efectos políticos (considerados negativos), ya que desvaloriza el capital identitario de movimientos sociales y grupos que fundan su *agencia* precisamente en la reivindicación exitosa de las subjetividades colectivas de grupos indígenas, afroamericanos u otros. Por medio del concepto de "esencialismo estratégico" Gayatri Chakravorty Spivak (1996: 214) ha tratado de reconciliar la idea esencialista de las subjetividades colectivas con el esfuerzo estratégico de articular posicionamientos alternativos frente a una sociedad mayoritaria y excluyente. Sin embargo, cabe preguntar, junto a Peter Wade, ¿quién decide sobre la legitimidad de cualquier esencialismo étnico (o nacional), sea este utilizado de una manera estratégica o no? (Wade 2010: 158). Finalmente, la acentuación de la construcción social de los conceptos de etnicidad o nación, así como los de ciudadanía o pertenencia, abre la perspectiva hacia un enfoque que permite contextualizar e historiar esos conceptos, en tanto que sus influencias en procesos de inclusión y exclusión social y político cambian en el tiempo y en diferentes sociedades (Büschges 2012; Hensel 2004, 2008). En este sentido, también el proceso de construcción de identidades desde la academia es tomado en cuenta en el análisis. De tal manera, Marisol de la Cadena y Orin Starn definen el concepto *indigeneity* –actualmente uno de los más discutidos en el campo de la etnicidad– como "a relational field of governance, subjectivities, and knowledges that involve us all – indigenous and non-indigenous – in the making and remaking of its structures of power and imagination" (2007: 3).

Pertenencia

En el contexto de la discusión sobre el valor analítico del concepto de identidad étnica, ha surgido recientemente el concepto de *pertenencia* (*belonging*) que, de acuerdo con algunos autores, permite captar de mejor manera, la complejidad y el dinamismo del posicionamiento de los actores sociales, partiendo de la observación de que la pertenencia a un grupo social o a un espacio a principios del siglo XXI es una labor interminable y compleja cuyos sentidos pueden ser fijados sólo temporalmente.

La multiplicación de contactos intraculturales e intercambios interculturales no sólo pone en cuestión los rasgos identitarios dados, sino que es de manera análoga un motor en las evaluaciones comparativas de prácticas, normas, discursos y estilos de vida que aparecen como alternativas a las formas de vida tradicionales y que pueden ser adaptadas conllevando procesos de cambio cultural y de transculturación. Esta flexibilidad y contingencia que se expresa en las biografías y sentidos de pertenencia (Yuval-Davis *et al.* 2006; Pfaff-Czarnecka 2012) transforma las formaciones de identidad cada vez más en procesos identitarios incompletos y líquidos (Bauman 2000). Con ello, emergen nuevas formas de pertenencia temporal que en la sociología posmoderna son discutidas como (neo)tribus o tribus urbanas (Bauman 2000; Maffesoli 2005; Nateras Domínguez 2005). Estas tribus surgen frente a la perdida de importancia del Estado-nación en las dinámicas de globalización, y como una nueva forma de crear comunidades imaginarias en función de la construcción de rasgos culturales comunes. En particular podemos mencionar las culturas populares juveniles, muchas veces ligadas a estilos de música, vestimenta y lenguajes particulares. A la vez, notamos también en la clase media-alta recursos nostálgicos a pertenencias más estables –especialmente de tipo colonial– enfrentados con la perdida de cohesión de los conceptos de identidad nacional (Svampa 2008). De esta manera, las políticas neopopulistas en América Latina pueden ser entendidas como esfuerzos de recrear la pertenencia nacional frente a la fragmentación cultural y la pulverización de la estructura social ocurrida durante la época neoliberal.

Los debates en torno a la multiplicidad de categorizaciones sociales –como etnicidad, clase, género, religión, edad, etc.– y sus posibles intersecciones, también son el resultado de avances en el reconocimiento de la complejidad de las formaciones identitarias. Sin embargo, existen diversas opiniones sobre la forma en que se expresan y basan dichas interdependencias (véanse Dhamoon 2011; Anthias 2013). La Red ya se ha dedicado a esta cuestión en una de sus publicaciones (Célleri *et al.* 2013b). Finalmente, frente a las nociones de fluidez, multiplicidad e hibridez que han invadido recientemente el campo de análisis sobre la identidad en los estudios culturales y poscoloniales, cabe destacar que el nivel de agencia de los actores sociales depende mucho de su posición en la constelación de poder vigente en una sociedad (Büschges 2012: 96; Kaltmeier y Thies 2012). Para entender mejor el significado de la fluidez de las identificaciones sociales y de las interdependencias entre diferentes categorías sociales, podemos entender *belonging* como un concepto que permite crear un puente entre subjetividades colectivas y posicionamientos particulares. De igual forma, el concepto se enfoca en las maneras relacionales y flexibles en la formación de identidades, reemplazando ideas de descendencia con una política de posicionamiento. De esta manera, *belonging* puede ser concebido como el modo de relacionarse identitariamente con grupos, personas, espacios u objetos. Esto incluye a la vez tanto los mismos modos de la atribución por un actor, como las asignaciones por otros actores, desde actores de la vida cotidiana, pasando por movimientos sociales y productores culturales, hasta el Estado. De ahí, podemos usar el concepto de *belonging* como modo de relación en el campo de identidad, especialmente en acercamientos tales como la antropología social y la microsociología, que se enfocan en el ámbito de lo cotidiano (véase Albíez *et al*. 2011b: 11-13).

En las discusiones académicas sobre América Latina, el término *belonging* no suele usarse frecuentemente, con la excepción de las investigaciones en el contexto de la CEPAL (Comisión Económica para América Latina), en las cuales, desde 2007, ha emergido un fructífero debate en torno a los posibles usos del concepto. El punto de partida es proveer al mismo de pertenencia con una dimensión afectiva que sólo se encuentra presente en el campo semántico del idioma inglés. En inglés, la palabra *belonging* contiene *longing*, "anhelo", la aspiración de satisfacer un deseo. En cambio, en español –y en alemán– "pertenecer" o *gehören* denotan la relación de una cosa con quien tiene derecho a ella. De tal manera, expresan una relación de propiedad y de dependencia. En inglés esta connotación también está presente –la escuchamos cuando la azafata nos recuerda: *"Don't forget your personal belongings"*. Los autores en el contexto del grupo de la CEPAL lograron incluir la connotación afectiva del concepto inglés al hablar no sólo de "pertenencia", sino de "sentido de pertenencia". Recalcan Martín Hopenhayn y Anja Soto: "En este mosaico del sentido de pertenencia parecería que *en el sentido está la pertenencia*; sentido simultáneamente intensivo y elusivo" (2011: 15).

Sin embargo, los autores no limitan la noción de pertenencia al estudio de las relaciones microsociales de lo cotidiano, sino que –siguiendo a Anthias– se enfocan en la "intersection of social position and positioning" (Anthias 2006: 24).

Por tal motivo, relacionan los sentidos de pertenencia con procesos de inclusión y exclusión social para poder hacer proposiciones más generales sobre la cohesión social. De tal manera, la CEPAL propuso entender la cohesión social como la "relación dialéctica entre mecanismos instituidos de inclusión/exclusión sociales y las respuestas, percepciones y disposiciones de la ciudadanía frente al modo en que ellos operan" (CEPAL 2007: 48). De esta forma, se enfocan en espacios conflictivos tales como el empleo, los sistemas educacionales y las políticas sociales. Metodológicamente este acercamiento permite establecer un nexo con encuestas públicas tales como el Latinobarómetro. Sin embargo, por falta de fuentes adecuadas, para la historia resulta de mayor relevancia el enfoque sobre la dimensión de la cohesión social. Probablemente el recurso a la historia oral o a documentos privados podrían ser maneras de hacer uso del concepto del sentido de pertenencia. En la historia aún queda mucho trabajo que realizar, sobre todo en comparación con la antropología social, los estudios de migración y la sociología político-cultural. Con el presente libro queremos hacer un avance en este sentido e ilustrar nuestras reflexiones teóricas a través del análisis de casos concretos, tanto históricos como actuales.

Tomando el ejemplo de los latinos en Estados Unidos, **Silke Hensel** muestra en su artículo los estrechos vínculos entre las nociones de ciudadanía y etnicidad, así como las variaciones de significado en torno a ellos, las cuales derivan de un proceso de construcción histórica. Para la población mexicana en los EE. UU., dicho proceso significó que, a principios del siglo xx y en el marco de la aceptación de ideas racistas, era importante ser considerado como blanco, mientras que a partir de los años sesenta, momento en el cual la etnicidad se convirtió en un recurso político, se transitó hacia la insistencia de ser considerado como un grupo con características culturales específicas. Los detalles del análisis muestran, sin embargo, que este proceso también es altamente variable y dependiente de procesos sociopolíticos generales de la sociedad en la cual se desarrolla. Debido a ello, Hensel concluye que resulta de mayor importancia el análisis de las funciones de las categorías ciudadanía y etnicidad en las sociedades respectivas, en lugar de intentar el establecimiento de definiciones universales.

Las contribuciones de **Christian Büschges** y de **Guillermo de la Peña** consideran la problemática de la representación política en las sociedades multiculturales del presente. Por su parte, Büschges nos brinda un panorama de la etnización de lo político, la cual ha experimentado una alta coyuntura desde mediados del siglo pasado. Esto ha conducido al auge del modelo multicultural del Estado desde la década de 1970. Sin embargo, el autor subraya que el multiculturalismo comparte con el nacionalismo la idea de que las fronteras étnicas y políticas deberían coincidir. El multiculturalismo no ha frenado la globalización del particularismo étnico, corriendo el riesgo de amenazar solidaridades más amplias. Por lo tanto, recientemente, las contradicciones del modelo han producido la discusión de nuevos enfoques desetnizados, como son la interculturalidad o el cosmopolitismo renovado. Por otra parte, Guillermo de la Peña, tomando el ejemplo de México, argumenta en cambio que el modelo de *ciudadanía étnica* resulta necesario para lograr la equidad y la convivencia democrática. Constata la situación paradójica de que México y muchos países latinoamericanos han llevado el multiculturalismo a un rango constitucional, y al mismo tiempo adoptaron las medidas neoliberales del llamado Consenso de Washington. Estas medidas favorecen una lógica "occidental" e individualista que desdeña las interpretaciones étnicas del mundo. Basándose en los estudios anteriores sobre el tema y tomando un caso concreto de México, De la Peña concluye que "México, como muchos países de América Latina, ha reconocido, después de siglos, la diversidad cultural y étnica de su población. También ha optado por la democracia formal como sistema de gobierno. Pero le será imposible convertirla en realidad vivida sin la ciudadanía étnica y la interculturalidad" (p. 81).

John y **Theresa Topic** contribuyen al debate en torno a la relevancia y utilidad del término etnicidad para referirse a fenómenos de inclusión y exclusión social recientes e históricamente relacionados con cambios en la legitimación del poder desde finales del siglo XVIII. En este sentido, los autores exploran la posibilidad de utilizar el concepto de etnicidad para épocas anteriores a la expansión europea, para lo cual parten de un concepto flexible y dinámico de identidad, subrayando que los individuos pueden identificarse simultáneamente con diferentes grupos. Los autores superan la problemática tradición arqueológica de identificar grupos sociales simplemente por estilos de cerámica o tipos de construcción, insistiendo en la importancia de aspectos performativos localizados en la existencia de espacios para ritos colectivos. De esta forma, demuestran la coexistencia de diferentes niveles de organización social y política –las *pachacas* y *guarangas* (ambas grupos de descendencia) y las provincias del imperio incaico. Por lo tanto, los autores concluyen que la etnicidad como nivel de organización emergió, por lo menos en el caso de la provincia de Huamachuco, ya en la época prehispánica bajo el dominio del Estado inca como parte de un programa que buscó estructurar la administración del imperio.

En su estudio sobre el pluralismo legal en India, **Ishita Banerjee** analiza los problemas que emanan del choque entre los derechos individuales estipulados en los códigos civiles y criminales uniformes y los derechos colectivos (las denominadas "leyes personales") reservados desde el período colonial para comunidades religiosas específicas. Banerjee retrata el fallo ratificado por la Corte Suprema de India, compuesta por jueces hindúes, en 1985, contra el ex marido de una mujer musulmana divorciada de él bajo la "ley personal" islámica. El ex marido se había negado a pagar la manutención de su ex esposa haciendo referencia a la ley personal, mientras que ella había recurrido al código uniforme para reivindicar la manutención. No obstante, la mujer después se vio forzada a retirar y archivar su demanda cuando la derecha hindú utilizó el caso para propagar en público el atraso de la ley y de la cultura islámica.

Los problemas concretos de la interculturalidad vivida los estudia **Johanna Below** en un artículo sobre la Amazonía brasileña, y concretamente sobre las relaciones entre indígenas y los antiguos recolectores de caucho, los siringueros, ahora autoidentificados como extractivistas de la selva. Organizados en el Conselho Nacional dos Seringueiros (CNS) éstos y grupos ambientalistas crearon las reservas extractivistas (RESEX) como unidades de conservación de la naturaleza. Así como los indígenas, el CNS aboga también por una educación diferenciada para el grupo de extractivistas a quienes representa. El artículo demuestra debates y condiciones jurídicas de una educación diferenciada para extractivistas contrastándolos con la educación indígena. A continuación se enfoca en un caso particular, la Reserva Extractivista Tapajós-Arapiuns, donde las realidades locales son más complejas: aunque no se trata de una tierra indígena sino de una reserva extractivista, una parte de los habitantes se identifica como indígena en el contexto de un proceso de (re)etnización recién iniciado. En esta situación de "superposición" no sólo la cuestión de la tierra es delicada, sino asimismo, la temática referente a la educación.

Santiago Bastos discute la ciudadanía comunitaria que se desarrolla actualmente en las regiones indígenas de Guatemala, un país con una larga y violenta historia de discriminación étnica. El autor observa la rearticulación de las comunidades como espacios políticos y de defensa de los territorios y recursos amenazados por las políticas neoliberales del gobierno. En muchos casos, las comunidades han emergido como importantes espacios de pertenencia con estructuras internas de participación y de relación con el Estado.

Carmen Ibáñez Cueto muestra en su análisis de los conflictos políticos recientes en Bolivia que la atribución étnica a los grupos en oposición a la política estatal no puede captar de forma adecuada las identidades públicas de un gran número de tales grupos. De acuerdo con la autora, en su estudio regional de Tarija, la atribución "indígena" no refleja la autoimagen de los actores sociales, los cuales, a causa de la crisis económica de los años ochenta del siglo pasado, migraron de las regiones andinas hacia Tarija, en donde ahora viven en los márgenes de la ciudad. Ellos más bien se articulan como inmigrantes en sus luchas por derechos sociales. De esta manera, su contribución cuestiona las suposiciones que ven la política boliviana en las últimas décadas bajo el marco de los conflictos étnicos.

El artículo de **Dahil Melgar Tísoc** analiza procesos de re- o desetnización con un ejemplo de reversión migratoria para la migración japonesa, primero hacia América Latina y luego, de "regreso" al Japón. Además, muestra el uso de las adscripciones étnicas para la migración, cuando los latinoamericanos tratan de pasar por descendientes de inmigrantes japoneses en la búsqueda de la obtención de una visa para migrar hacia Japón. En el artículo se muestra que las categorizaciones étnicas de los grupos de migrantes cambian de acuerdo a la situación histórica.

Pablo Mateos demuestra en su contribución la forma en que el aumento reciente de los flujos migratorios hacia Europa ha conllevado una reetnización de la ciudadanía europea. Ésta se ve, primero, en la posibilidad que ofrecen algunos países europeos de acceder a la ciudadanía por vía de ancestros (como en el caso de Italia y Alemania), y, segundo, en la reducción del requisito general del tiempo de residencia para la naturalización en el caso de las personas cuyo origen nacional se considera culturalmente más cercano (p. ej., latinoamericanos y portugueses, entre otros, en España).

La contribución de **Heike Drotbohm** enriquece el debate en torno a los conceptos de migración, ciudadanía y pertenencia a partir del análisis etnográfico de las trayectorias de migrantes de Cabo Verde, en el oeste de África, los cuales han sido deportados involuntariamente a sus países de origen por las políticas migratorias de los EE. UU. La autora analiza la forma en que la ciudadanía en dicho país africano y en el contexto del retorno forzado se convierte en un nodo conflictivo en donde la integración ciudadana y la pertenencia son constantemente disputadas y sujetas a renegociaciones entre múltiples actores.

Finalmente, **Tobias Schwarz** presenta un debate conceptual en torno a las diferentes perspectivas y posibilidades de dialogo entre los términos ciudadanía y pertenencia. El punto de partida de sus consideraciones es la pertenencia a unidades políticas. A esto le siguen tres pasos argumentativos: la focalización en aquella pertenencia que genere consecuencias sociales; la diferenciación entre pertenencia nominal y sustancial y, por último, la interacción entre derechos de ciudadanía y la suposición de pertenencia sustancial. Su argumentación está basada en varias experiencias empíricas realizadas por investigadoras e investigadores de la Red de Investigación sobre América Latina.

BIBLIOGRAFÍA

ALBIEZ, Sarah, Nelly CASTRO, Lara JÜSSEN y Eva YOUKHANA (eds.). *Etnicidad, ciudadanía y pertenencia: prácticas, teoría y dimensiones espaciales. Ethnicity, Citizenship and Belonging: Practices, Theory and Spacial Dimensions*. Madrid/Frankfurt: Iberoamericana/Vervuert (Ethnicity, Citizenship and Belonging in Latin America, 1) 2011a.
— "Introduction". *Etnicidad, ciudadanía y pertenencia: prácticas, teoría y dimensiones espaciales. Ethnicity, Citizenship and Belonging: Practices, Theory and Spacial Dimensions*. Eds. Sarah Albiez, Nelly Castro, Lara Jüssen y Eva Youkhana. Madrid/Frankfurt: Iberoamericana/Vervuert (Ethnicity, Citizenship and Belonging in Latin America, 1), 2011b. 9-32.
ANDERSON, Benedict. *Imagined Communities: Reflections on the origin and spread of nationalism*. London: Verso 1983.
ANTHIAS, Floya. "Intersectional what? Social divisions, intersectionality and levels of analysis". *Ethnicities* 13, 1 (2013): 3-19.
— "Belongings in a Globalising and Unequal World". *The situated politics of belonging*. Eds. Nira Yuval-Davis, Kalpana Kannabiran y Ulrike Vieten. London: SAGE 2006. 17-31.
APPADURAI, Arjun. "Disjuncture and Difference in the Global Cultural Economy". En: *Theory, Culture & Society* 7 (1990): 295-310.
BEJARANO, Eric J., Marc-André GREBE, David GREWE y Nadja LOBENSTEINER (eds.). *Movilizando etnicidad. Políticas de identidad en contienda en las Américas: pasado y presente // Mobilizing Ethnicity. Competing Identity Politics in the Americas: Past and Present*. Madrid/Frankfurt: Iberoamericana/Vervuert (Ethnicity, Citizenship and Belonging in Latin America, 3) 2013.
BAUMAN, Zygmunt. *Liquid Modernity*. Cambridge: Polity Press 2000.
BRASS, Paul R. *Ethnicity and Nationalism*. New Delhi/Newbury/London: SAGE 1991.
BRUBAKER, Rogers. "Ethnicity, Race, and Nationalism". *Annual Review of Sociology* 35 (2009): 21-42.
— *Ethnicity without groups*. Cambridge: Harvard University Press 2004.

Büschges, Christian. *Demokratie und Völkermord. Ethnizität im politischen Raum.* Göttingen: Wallstein 2012.
Büschges, Christian y Joanna Pfaff-Czarnecka (eds.). *Die Ethnisierung des Politischen. Identitätspolitiken in Lateinamerika, Asien und den USA.* Frankfurt/New York: Campus 2007.
Büschges, Christian, Guillermo Bustos y Olaf Kaltmeier (eds.). *Etnicidad y poder en los países andinos.* Quito: Corporación Editora Nacional 2007.
Cadena, Marisol de la y Star Orin. *Indigenous Experience Today.* Oxford/New York: Berg 2007.
Célleri, Daniela, Tobias Schwarz y Bea Wittger (eds.). *Interdependencies of Social Categorisations.* Madrid/Frankfurt: Iberoamericana/Vervuert (Ethnicity, Citizenship and Belonging in Latin America, 2) 2013a.
— "Introduction: Interdependencies of social categorisations in past and present societies of Latin America and beyond". *Interdependencies of Social Categorisations.* Madrid/Frankfurt: Iberoamericana/Vervuert (Ethnicity, Citizenship and Belonging in Latin America, 2) 2013b. 7-24.
CEPAL. *Cohesión social. Inclusión y sentido de pertenencia en América Latina y el Caribe.* Santiago de Chile: CEPAL 2007.
Constitución Brasil. <http://www2.camara.leg.br/legin/fed/consti/1988/constituicao-1988-5-outubro-1988-322142-publicacaooriginal-1-pl.html> 1988.
Dhamoon, Rita K. "Considerations on Mainstreaming Intersectionality". *Political Research Quarterly* 64, 1 (2011): 230-243.
Elwert, Georg. "Ethnizität und Nation". *Lehrbuch der Soziologie,* 2ª. ed. Ed. Hans Joas. Frankfurt/New York: Campus 2003. 245-263.
— "Nationalismus, Ethnizität und Nativismus - über Wir-Gruppenprozesse". *Ethnizität im Wandel.* Eds. Peter Waldmann y Georg Elwert. Saarbrücken: Breitenbach 1989. 21-60.
Eriksen, Erik H. *Identity and the Life Cycle. Selected Papers.* New York: International Universities Press 1958.
Gabbert, Wolfgang. "Concepts of Ethnicity". *Latin American and Caribbean Ethnic Studies* 1, 1 (2006): 85-103.
García Canclini, Néstor. *Hybrid Cultures. Strategies for Entering and Leaving Modernity.* Minneapolis: University of Minnesota Press 1995.
Geertz, Clifford. "The Integrative Revolution: Primordial Sentiments and Politics in the New States". *Old Societies and New States: The Quest for Modernity in Asia and Africa.* Eds. Clifford Geertz y Ill Glencoe. New York/London: Free Press of Glencoe/Collier-Macmillan 1963. 105-157.
Hale, Charles. Rethinking Indigenous Politics in the Era of the "Indio Permitido". NACLA *Report on the Americas.* Sept.-Oct. (2004): 16-21.
Hall, Stuart. "New Ethnicities". *Stuart Hall: Critical Dialogues in Cultural Studies.* Eds. David Morley y Kuan-Hsing Chen. London/New York: Routledge 1996. 442-451.

HENSEL, Silke. *Leben auf der Grenze. Diskursive Aus- und Abgrenzungen von Mexican Americans und Puertoricanern in den USA*. Frankfurt: Vervuert 2004.
— "The Construction of Race in 20th-Century U.S.-Latino History". *Hybrid Americas: Contacts, Contrasts, and Confluences in New World Literatures and Cultures*. Eds. Josef Raab y Martin Butler. Münster/Tempe: LIT/Bilingual Press 2008. 91-104.
HERZOG, Tamar. "Early Modern Spanish Citizenship. Inclusion and Exlusion in the Old and the New World". *New World Orders. Violence, Sanction, and Authority in the Colonial Americas*. Eds. John Smolenski y Thomas J. Humphrey. Philadelphia: University of Philadelphia Press 2005. 205-225.
HOLSTON, James. *Cities and citizenship*. Durham: Duke University Press 1999.
IGNATIEFF, Michael. *Human Rights as Politics and Idolatry*. Princeton/Oxford: Princeton University Press 2001.
ISIN, Engin F. y Bryan S. TURNER. "Citizenship studies: An introduction". *Handbook of citizenship studies*. Eds. Engin F. Isin y Bryan S. Turner. Los Angeles: SAGE 2008. 1-10.
HOPENHAYN Martín y Ana SOJO. "Presentación". *Sentido de pertenencia en sociedades fragmentadas: América Latina en una perspectiva global*. Eds. Martín Hopenhayn y Ana Sojo. Buenos Aires: Siglo Veintiuno Editores 2011. 13-34.
KALTMEIER, Olaf y Sebastian THIES. "Spectres of Multiculturalism: Conceptualizing the Field of Identity Politics in the Americas". *Latin American and Caribbean Ethnic Studies* (2012): 223-240.
KALTMEIER, Olaf, Sebastian THIES y Josef RAAB. "Multiculturalism and Beyond. The New Dynamics of Identity Politics in the Americas". *Latin American and Caribbean Ethnic Studies* (2012): 103-114.
LOBATO, Mirta Zaida y Sofia VENTUROLI. *Formas de ciudadanía en América Latina*. Madrid/Frankfurt: Iberoamericana/Vervuert 2013.
MAFFESOLI, Michel. *La transfiguración de lo político*. Buenos Aires: Herder 2005.
MARSHALL, T. H. *Citizenship and social class: and other essays*. Cambridge/New York: Cambridge University Press 1950.
MIGDAL, Joel S. "Studying the State". *Comparative Politics. Rationality, Culture, and Structure*. Eds. Mark I. Lichbach y Alan S. Zuckerman. Cambridge: Cambridge University Press 1997. 208-235.
NATERAS DOMÍNGUEZ, Alfredo. "¿Los neotribalismos juveniles urbanos?". *Revista Generación: Tribus Urbanas*, Año XVI, Tercera Época, número 59 (2005): 7-8.
PFAFF-CZARNECKA, Joanna. *Zugehörigkeit in der mobilen Welt: Politiken der Verortung*. Göttingen: Wallstein 2012.
SABATO, Hilda (ed.). *Ciudadanía política y formación de las naciones. Perspectivas históricas de América Latina*. México: El Colegio de México (Serie: Estudios) 1999.
SPIVAK, Gayatri C. *The Spivak Reader: Selected works of Gayatri Chakravorty Spivak*. Eds. Donna Landry y Gerald M. MacLean. New York: Routledge 1996.

SVAMPA, Maristella. "Kontinuitäten und Brüche in den herrschenden Sektoren". *Sozialstrukturen in Lateinamerika*. Eds. Dieter Boris Therese Gerstenlauer, Alke Jenss, Kristy Schank y Johannes Schulten. Wiesbaden: VS Verlag für Sozialwissenschaften 2008. 45-71.

TILLY, Charles. "Citizenship, Identity and Social History". *International Review of Social History* 40, Supplement 3 (1993): 1-17.

WADE, Peter. *Race and Ethnicity in Latin America*. 2ª ed. London/New York: Pluto Books 2010.

WEBER, Max. *Wirtschaft und Gesellschaft: Grundriss der verstehenden Soziologie. Studienausgabe*. Tübingen: Mohr 1980 (1922).

YASHAR, Deborah J. *Contesting citizenship in Latin America: The rise of indigenous movements and the postliberal challenge*. Cambridge/New York: Cambridge University Press (Cambridge Studies in Contentious Politics) 2005.

YÚDICE, George. *El recurso de la cultura. Usos de la cultura en la era global*. Barcelona: Gedisa 2002.

YUVAL-DAVIS, Nira, Kalpana KANNABIRAN y Ulrike VIETEN (eds.). *The Situated Politics of Belonging*. London: SAGE 2006.

I.
REFLEXIONES TEÓRICAS SOBRE: ETNICIDAD, CIUDADANIA Y PERTENENCIA

ETNICIDAD, RACISMO Y CIUDADANÍA.
LATINAS Y LATINOS EN LOS ESTADOS UNIDOS[1]

Silke Hensel

Etnicidad y ciudadanía son dos conceptos que figuran en las discusiones de las ciencias sociales y las humanidades desde hace algún tiempo. Los debates acerca de la etnicidad parecen haber alcanzado su cenit, aunque se ha seguido publicando un gran número de estudios sobre etnicidad y grupos étnicos. Revistas tales como *Journal of Ethnic Studies* o *Ethnic and Racial Studies*, publicadas desde la década de 1970, dejan ver que el campo de los estudios étnicos está establecido desde hace mucho tiempo. Un vistazo a los bancos de datos de las revistas especializadas arroja un resultado de casi cuarenta títulos, tan sólo de aquellas escritas en inglés y que contienen las palabras *ethnic* o *ethnicity*. A diferencia de lo anterior, al realizar una búsqueda con la misma estrategia para las revistas con la palabra *citizenship* en el título, se pueden encontrar sólo diez títulos, cuyos primeros números, además, datan sobre todo de este milenio.[2] Sin embargo, el concepto de ciudadanía no representa un tema nuevo. Uno de los textos clásicos al respecto está basado en el estudio que T. H. Marshall realizó en 1949 (Marshall 1973). En los años setenta, el concepto no logró despertar mucho interés y no fue hasta la década de los noventa cuando esta situación cambió; a partir de ese momento, el campo se ha extendido tanto que, incluso, se habla de los *citizenship studies* (Kymlicka y Norman 1995: 283; Isin y Turner 2002).

En cambio, la vinculación de ambos conceptos en cuanto a fenómenos que igualmente requieren una explicación, y no como *explanans* y *explanandum*, se encuentra pocas veces en el centro de la atención. Por este motivo, a con-

---

[1] Agradezco la traducción a Nathalie Schwan.
[2] Muchas de las revistas dedicadas al tema de la etnicidad se publican desde la década de 1970.

tinuación, las relaciones entre ciudadanía y etnicidad estarán en el centro de mis reflexiones, sin que esto signifique que una cosa explique la otra. Suscribo aquí la definición de ciudadanía de Charles Tilly (1993), quien la concibe como una relación que se establece entre el Estado y el individuo. En muchas sociedades, la etnicidad divide a las masas en distintas categorías o grupos, que disponen de un restringido y diferenciado acceso a los derechos de los ciudadanos, no obstante la universalidad de la formulación de dichos derechos y la igualdad de todos los ciudadanos. A fin de mostrar lo anterior, hablaré con más detalle sobre los conceptos de etnicidad y ciudadanía a fin de ilustrar la construcción y variabilidad histórica de ambos conceptos –estrechamente vinculados–, usando como ejemplo el caso de la población norteamericana de ascendencia mexicana.

ETNICIDAD Y CIUDADANÍA

Para ambos conceptos –el de etnicidad y el de ciudadanía– no sólo hay muchas definiciones que están sobre la mesa de discusión, sino que incluso su propia delimitación es materia de disputa. Los conceptos de etnicidad o grupo étnico, como ya lo demuestra el título de la revista *Ethnic and Racial Studies* antes mencionada, no se separan nítidamente de los de "raza" o "racial" en la literatura especializada (véase Rodríguez 2000: ix-xi). Lo anterior tiene que ver con la historia de ambos conceptos. Mientras que el término raza ganó terreno durante el siglo XIX, pues con la existencia de "razas" no sólo podían explicarse las relaciones al interior de una sociedad, sino también entre las naciones, fue solamente a partir de las primeras décadas del siglo XX cuando se prestaría mayor atención a los conceptos de grupo étnico y etnicidad; incluso fue en esta época cuando fueron acuñados como tales.[3] Ambas cosas representaron una reacción contra las crecientes críticas a la noción de "razas" humanas. En los debates científicos existe desde hace tiempo un amplio consenso de que las "razas" de ninguna manera se refieren a características naturales o a grupos específicos que en virtud de características biológicas comunes ya existen en el campo presocial, sino que surgen, más bien, debido a construcciones sociales. Con todo, o tal vez por esta razón, las fronteras entre los conceptos de "raza" y "etnicidad" se mantienen difusas. Mientras unos plantean que conviene con-

---

[3] En 1941, el sociólogo W. Lloyd Warner acuñó el sustantivo 'etnicidad' y propuso que sustituyera al concepto de raza (Warner y Hunt 1941: xxix).

cebir "raza" como una forma particular de etnicidad, otros rechazan esta idea, pues con ella la experiencia histórica particular de los que pertenecen a las razas oprimidas escapa de la vista.[4] A continuación trataré ambos conceptos de manera conjunta, no tanto por creer que en retrospectiva fuera posible captarlos en una sola definición, sino porque pienso que los dos cumplen funciones sociales muy similares, aunque sea en mayor o menor medida.

Ambos conceptos sirven para la delimitación social, la exclusión de grupos humanos construidos como tales que a la postre son marginados. A partir de la naturaleza de las fronteras es posible hacer una distinción (Hensel 2004: 89-90). Al tratarse de procesos de exclusión racial las fronteras entre los que están dentro y los que están fuera se conciben de una manera muy estricta e impermeable, por lo que la superación de éstas sólo es factible en condiciones muy específicas y relativamente raras (por ejemplo, en el denominado *passing*). Por otro lado, las fronteras étnicas representan un obstáculo serio para la inclusión, pero resultan más permeables que aquellas basadas en criterios raciales. Con ello queda claro que la función homóloga de estructurar la exclusión social no lleva necesariamente a las mismas consecuencias. Cuándo se trata de un concepto y cuándo del otro depende del contexto histórico respectivo y resulta imposible hacer aserciones generales al respecto. Cabe señalar que lo mismo se aplica para la definición de "raza", la de "etnicidad" o la de "grupos étnicos".[5] Puesto que no pueden ser vistas aisladamente de las representaciones discursivas en las que se cristalizan, la definición depende, asimismo, de las respectivas condiciones históricas. Ambos conceptos, sin embargo, nacen, ante todo, en determinadas interacciones y no siempre al hablar de una "raza" o de un "grupo étnico" existe realmente un grupo en sentido sociológico (Brubaker 2004: 7-27). A menudo son más bien determinados actores los que emplean las categorías con el fin de restringir el acceso a recursos limitados o bien, reclamar para sí dicho acceso.

El concepto de ciudadanía tampoco se distingue de manera inequívoca del de nacionalidad. En esta línea, el historiador John Breuilly establece que "El concepto moderno de ciudadano tiene un deje de arbitrariedad, pues se amalgama con el de nacional. Esto significa que la ciudadanía está vinculada con características que marcan a todas las nacionalidades en lo que respecta a sus intereses e identidades. Aquí, el concepto de nación adquiere mayor im-

---

[4] Con respecto a la primera postura, véase Alba (1992: 575). Este punto de vista lo critican, por ejemplo, Omi y Wynant (1994: 16).

[5] Sobre la historia de los conceptos, véase Frederickson (2002) y Sollors (1989: xi-xx).

portancia; el Estado territorial se transforma en Estado nacional y los conceptos de ciudadanía y nacionalidad se vuelven intercambiables" (Breuilly 2001: 34, [trad. Nathalie Schwan]). Este amalgamiento tiene, sin embargo, muchas implicaciones, porque el concepto de ciudadanía –en primer lugar concebido con validez universal para todas las personas que tienen la misma nacionalidad– sólo se aplica a aquellos individuos considerados pertenecientes a la nación. Mientras que la nación, al igual que los conceptos de etnicidad y raza antes mencionados, representa una construcción social en la que surge una representación de la comunidad a partir de discursos y actos simbólicos,[6] la ciudadanía engloba un vínculo establecido de manera normativa, entre un Estado y una parte de los individuos que viven en él (Tilly 1993: 1-17). El Estado es en este contexto un organismo público que existe en una dimensión abstracta e independiente de las identidades e intereses colectivos de los nacionales o ciudadanos, en lo que respecta a la definición formal de ciudadanía (Breuilly 2001: 32). La pertenencia, es decir, la cuestión de quién es considerado ciudadano y, en consecuencia, quién puede reivindicar los derechos y obligaciones derivados de la ciudadanía es, no obstante, un asunto controversial y es sometido a constantes procesos de negociación, tales como la configuración de los derechos y obligaciones. Una definición de ciudadanía de esta índole permite investigar cómo ésta influye sobre las categorías, los papeles y las identidades y viceversa, sin mezclar una cosa con la otra (Tilly 1993: 9). Es aquí donde las categorizaciones e identificaciones colectivas tales como "raza", etnicidad y nacionalidad surten efecto.[7]

El origen de las tres categorizaciones mencionadas, cuándo empiezan a engendrar grupos en el sentido sociológico y cómo pueden transformarse, así como la interrogante de cuál es la naturaleza de su vínculo con la ciudadanía y su papel en los procesos de inclusión (o exclusión), son todos asuntos históricamente contingentes y flexibles. En las páginas siguientes se pasará revista a estas cuestiones basándonos en la población de origen mexicano radicada en Estados Unidos. Se verá que durante la primera mitad del siglo xx predominaron las atribuciones raciales en la percepción de los mexicanos. A partir de 1950, dichas categorizaciones empezaron a transformarse paulatinamente en étnicas. Si bien es cierto que ambas categorías trazaban fronteras sociales y

---

[6] Véase respecto al concepto de nación como comunidad imaginada, Anderson (1983).

[7] Además, estas tres categorías no son las únicas; también la de clase y la de género ejercen influencia sobre la pertenencia y el acceso a los derechos. Véase sobre este tema Kerber (1997) y Orloff (1993: 308-328).

generaban dudas en torno a la pertenencia legitima de los racial o étnicamente otros, los cambios sociales –que de por sí dieron pie al cambio de la primera categorización a la segunda– llevaban a que la etnicidad pudiera convertirse en una fuente de movilización para la población mexicana.

RACISMO Y CIUDADANÍA: *MEXICAN AMERICANS* DURANTE LA PRIMERA MITAD DEL SIGLO XX[8]

Los mexicanos y sus descendientes formaron en el siglo XX el grupo de inmigrantes de origen latinoamericano más numeroso en los Estados Unidos. Por un largo periodo se asentaron sobre todo en el suroeste del país, en aquellos estados federales que habían pertenecido a México hasta mediados del siglo XIX. Además de la proximidad geográfica, las conexiones históricas y las condiciones económicas desempeñaron un papel central en la elección del destino migratorio. Debido a la duradera migración –si bien el incremento de ésta no era constantemente– la población de origen mexicano en el suroeste de Estados Unidos representa hoy en día una porción considerable del total de habitantes. Desde 1930, en este grupo la proporción de ciudadanos estadounidenses ha sido mayor que la de ciudadanos mexicanos.

Durante las primeras décadas del siglo XX las ideas raciales desempeñaron un papel central en la descripción y el análisis de las sociedades. En Estados Unidos, el concepto dominaba los debates en torno a los problemas sociales y las ideas acerca del futuro. La nación se autoconcebía "blanca", y aquellos categorizados como pertenecientes a otras "razas" no debían ser integrados al cuerpo de la nación por su supuesta inferioridad. En la nomenclatura contemporánea se consideraba a los mexicanos *Indians* o *mongrels* (palabra despectiva para mestizos), a quienes se les atribuía una degeneración "racial" a causa del mestizaje. Dado que por una ley de 1790 la naturalización se restringió al estatus de ser "blanco" y que el Tratado de Guadalupe Hidalgo, que terminó en 1848 la guerra entre México y Estados Unidos otorgó la ciudadanía estadounidense a todos los mexicanos radicados en los territorios conquistados, los mexicanos y su descendencia fueron registrados oficialmente en la categoría de "blancos" en el censo oficial. El discurso racista acerca de su supuesta infe-

---

[8] Los siguientes párrafos se basan en mi investigación titulada *Leben auf der Grenze. Mexican Americans und Puerto Ricaner in den USA* (2004).

rioridad y no deseabilidad como estadounidenses se manifestó en 1930 en el censo al introducirse la categoría de "raza mexicana" (García 1984). El hecho de asignar oficialmente a los mexicanos la categoría de "razas no blancas" podía conllevar consecuencias graves. Además de la agudización de la exclusión, la nueva categorización tenía también consecuencias para la inmigración de mexicanos, ya que la ley migratoria de 1924, mediante la cual ante todo se pretendía restringir la inmigración de Europa del este y del sur, contenía una disposición según la cual sólo a las personas que poseían el derecho general a la naturalización se les permitía establecerse en Estados Unidos.[9] Además, en muchos estados del sur y suroeste de los Estados Unidos, el ejercicio de los derechos políticos estaba vinculado al estatus de ser blanco. Por último, también los derechos sociales se encontraban sujetos a la supuesta pertenencia racial. Esto se llevaba a cabo, en parte, mediante la legislación relativa a la segregación, pero también de manera informal. Esto último hizo que la población mexicana se resintiera, aunque el hecho de que oficialmente ya no pertenecieran a la categoría de "raza blanca" ya era un motivo potencial para cimentar su exclusión. Si bien es cierto que la asignación en el censo de 1930 pasó casi sin ser advertida por la propia población mexicana, un debate en torno a las estadísticas locales en El Paso en 1936 levantó una tempestad de controversias que, finalmente, terminaría por desembocar en la revocación en el censo de la categoría "raza mexicana". Desde 1940 los mexicanos fueron nuevamente censados oficialmente como "blancos" (García 1984). La protesta diplomática presentada en Washington por el gobierno mexicano contribuyó de modo significativo a ello, ya que para entonces el presidente Roosevelt había proclamado la Good Neighbor Policy (política de buena vecindad). En las décadas siguientes, la agencia de censo buscó otras posibilidades para contabilizar este grupo poblacional por separado e introdujo varias subcategorías en la de "blancos". La lengua hispana o un apellido hispano representaron tentativas, hasta que se introdujo en 1970 la categoría de *hispanic*.

A raíz de los problemas de la crisis económica mundial, los mexicanos[10] se convirtieron en el blanco de las iras de la gente que pertenecía a las clases menos acomodadas y se consideraba blanca. A los mexicanos se les reprochaba que sus niveles de consumo estaban muy por debajo del nivel de vida nortea-

---

[9] Este hecho debe haber sido motivo para la oposición del gobierno mexicano contra la nueva categoría del censo y la notificación formal al gobierno estadounidense de su protesta.

[10] En el discurso contemporáneo faltaba, en consonancia con el discurso racial, una distinción entre mexicanos y norteamericanos de origen mexicano.

mericano. Estos bajos niveles de consumo no se asociaban, en primer lugar, con ingresos modestos, sino con la "raza", es decir, eran concebidos de cierta forma como una característica racial. En los prejuicios existentes con respecto a los mexicanos, se combinaba una crítica a las grandes empresas organizadas como sociedades anónimas con ideas racistas. Nellie Alexander, de Oakland, California, por ejemplo, se quejaba en una carta dirigida al presidente Herbert Hoover y le solicitaba que se restringiera la inmigración mexicana: "But they [the big companies and corporations, S. H.] are not willing to pay a living wage (that is a living wage for white people) or provide living quarters fit for human beings to live in".[11]

H. W. Jenkins, comerciante de madera y herramientas en Texas, defendía incluso el punto de vista de que sus problemas y los de la nación eran culpa de los inmigrantes: "Foreign immigration is breaking down American ideals. Everything is trying to go to massproduction or chain distribution into a few people's hands (…) Admit all the Mexicans and a great mistake will be made".[12]

A principios de la década de 1920, en el suroeste la presencia de los inmigrantes mexicanos y su descendencia todavía se defendía como una necesidad, aunque ideas racistas lo acompañaban; sin embargo, a partir del estallido de la crisis económica mundial, las criticas aumentaron y llevaron finalmente a deportaciones y repatriaciones de mexicanos y, en menor cantidad, también de estadounidenses de origen mexicano (Hoffman 1974).

Por este motivo, a partir de la década de 1930, muchas de las asociaciones a las que los méxico-americanos estaban afiliados empezaron a presentar a sus miembros como ciudadanos estadounidenses. La League of Latin American Citizens (LULAC), fundada en 1929 en Texas, pese al nombre, era una organización de *Mexican Americans*[13] cuya importancia pronto se extendería más allá de la región al cambiar la descripción de sus afiliados en esos años. Si bien en un primer momento se hablaba de los mexicanos y de los ciuda-

---

[11] Nellie Alexander al presidente Hoover, 1 de octubre 1929, en NARA, RG 85, 55639/616.

[12] H. W. Jenkins a la Immigration Commission, 8 de febrero 1930, en NARA, RG 85, 55639/616.

[13] Al usar el concepto inglés de *Mexican Americans* no sólo se hace referencia a la población de origen mexicano con nacionalidad estadounidense, sino a una determinada generación de activistas, denominada por Richard García la generación de los *Mexican Americans* (García 1991). Ante todo se refiere a quienes pertenecían a la clase media, que en su aspiración de lograr la igualdad de derechos, pretendían lograr la integración de la población de origen mexicano en la anglosajona, véase más abajo.

danos estadounidenses de origen mexicano como pertenecientes a "la raza", pronto la LULAC empezó a subrayar la ciudadanía estadounidense y a exigir la integración plena, sin más distinciones, a la "raza blanca". Dicha exigencia se dirigía, asimismo, a la población de origen mexicano, de quien se esperaba que se adaptara a los valores y costumbres estadounidenses.

Todavía en la década de 1950, muchos representantes de la población de origen mexicano creían que había que defender las demandas por la igualdad de derechos, al constatar que en el caso de esta parte de la población no se trataba de un grupo en sentido estricto. Así, George Sánchez, profesor de la Universidad de Texas y activista durante muchos años en la LULAC y otras organizaciones que luchaban contra la discriminación de los méxico-americanos, escribió en 1951 sobre la idea de que existiera un grupo poblacional hispanoparlante homogéneo en Estados Unidos:

> This is not the case. Unlike the Jew, the Negro, the veterans, or members of the labor union, there is almost nothing that relates a Spanish-speaking person in Colorado to one in Arizona. Even the degree to which they speak Spanish, both in terms of quantity as well as quality, varies greatly.[14]

El objetivo de Sánchez y sus partidarios consistía en "(...) to be full participants in the civic life of the nation".[15] El pleno reconocimiento de la ciudadanía y su ejercicio dependieron por mucho tiempo del reconocimiento como blanco o angloamericano, lo que llevaba a activistas como Sánchez a negar la existencia de un grupo mexicano o latinoamericano.

No obstante, desde los años treinta se comenzaron a perfilar tendencias que debían llevar a un cambio a largo plazo, tanto para el conjunto de la sociedad como para la población de origen mexicano. Relacionado con el New Deal, el gobierno de Franklin D. Roosevelt propagó un nacionalismo civil sin prejuicios, así como también la igualdad económica y social para todos los estadounidenses, centrándose sin embargo en especial en los denominados "nuevos" inmigrantes procedentes de Europa del este y del sur (Gerstle 2001: 154-155). Durante la Segunda Guerra Mundial empezó a formarse un movimiento en pro de los derechos civiles, en el que también participaron personas y activistas de origen mexicano. La contradicción de que los Estados

---

[14] Carta de Sánchez a Baldwin, 16 de enero 1951, en George I. Sánchez Papers, Caja 17, Carpeta 3.
[15] Ídem.

Unidos fueran a la guerra para defender un mundo libre y para luchar contra el racismo, mientras que estos valores no se aplicaban en casa a los soldados afroamericanos y a los de origen mexicano, supuso un motivo importante para reforzar la organización. Al igual que para los afroamericanos, en muchos estados federales existía también para los mexicanos y los méxico-americanos una especie de segregación, aunque fuera informal. A los mexicanos se les denegaba el acceso equitativo a muchos restaurantes y a otros espacios públicos. Las escuelas eran a menudo segregadas y las destinadas para los niños mexicanos estaban notablemente en condiciones menos favorables. También las oportunidades en la industria de la defensa, que beneficiaban sólo a los trabajadores blancos, desempeñaban un papel importante en la demanda de la igualdad de trato.

A lo anterior se añade que en los años cuarenta el gobierno mexicano formuló objeciones contra el trato recibido por los mexicanos. Estas críticas ocasionaron que algunos distritos del estado de Texas fueran excluidos del envío de mano de obra mexicana en el marco del denominado "programa de braceros". El gobierno de Estados Unidos respondió a ello con la instalación de las Good Neighbor Commissions, que se encargarían de investigar quejas sobre actos de discriminación. Si bien es cierto que las demandas de la población de origen mexicano y de sus organizaciones en pro de la igualdad y de una *first class citizenship* dieron pie a que también del lado angloamericano se hablara más acerca de la ciudadanía de los descendientes de inmigrantes mexicanos, esto ocurrió con un cariz bastante extraño. Bischof Byrne, en 1948 integrante de la Good Neighbor Commission de Texas, creía que el problema principal de la población de origen mexicano era que no ejercían su ciudadanía. Así, afirmaba que

> the American vote is a vital thing in our democracy and any group of people who are left outside are in a helpless condition. The best thing this Commission can do is to get these who are Americans to live as Americans and exercise their American rights. (...) I know children of Mexican descent who are students at the top of their class. They are an intelligent group (...) have fine minds (...) let's make Americans out of them and you will find a lot of this unfortunate stuff will be done away with very quickly.[16]

---

[16] Tejas, Good Neighbor Commission. Minutas de los Quarterly Meetings 1948. Minuta del Quarterly Meeting, 26 de marzo, 1948, 11, Center for American History, University of Texas at Austin.

El director del Council of Human Relations en Texas, Thomas Sutherland, abordó el asunto de la nacionalidad de la población de origen mexicano en una carta dirigida a todos los alcaldes del estado, compartiendo el punto de vista de Byrne; a saber, que los méxico-americanos no parecían estar lo suficientemente preparados para el ejercicio de los derechos derivados de dicha nacionalidad:

> Although by far the great majority of these people are American citizens, it is equally true that most of them are not yet fully prepared for citizenship. It is true that they have proved themselves valuable to this country as individuals from this group, as working people and as soldiers, but their lack of a complete knowledge of the English language and various other factors have made them less prepared to shoulder some of the important responsibilities of citizenship, such as an active interest in the progress of the community, a knowledge of their city, county, state, and federal government, and an intelligent vote.[17]

Hasta entonces, las atribuciones raciales habían servido para excluir a los mexicanos de la ciudadanía, pero ahora se argumentaba que eran las diferencias culturales las que les impedían vivir como *Americans* de verdad. Sólo en caso de adoptar dicho estilo de vida, serían capaces de ejercer de manera responsable sus derechos civiles. No dejó de existir la exclusión, pero se empezó a perfilar un desplazamiento en el discurso que tendría repercusiones a largo plazo.

Philip Gleason (1981) observa dos componentes determinantes para la autoimagen de la nación estadounidense, cuya relación ha sido variable a lo largo de la historia. Un componente ideológico destaca valores como la libertad, la igualdad y la autonomía, y tiene un carácter más bien universal. El otro, de carácter particularista, representa a la nación como una población con características distintivas. Desde el fin de la guerra civil, el segundo componente, el lado particularista, habría predominado en las representaciones de la nación estadounidense, pero a mitad de la década de 1920, esta situación empezó a cambiar cuando, en primer lugar en círculos académicos, antropólogos como Franz Boas y más tarde Margareth Mead y Ruth Benedict empezaron a cuestionar seriamente el concepto de raza y, más bien, responsabilizaron de la alteridad a la cultura. Los debates en torno a la Segunda Guerra Mundial y

---

[17] Sutherland en una circular a los alcaldes, sin fecha (1951), en *George I. Sánchez Collection*. Benson Latin American Collection, General Libraries, University of Texas at Austin, Caja 39, Expediente 9. El *Council on Human Relations* se fundó en Tejas en 1950 a iniciativa del gobernador Alan Shivers.

la participación de Estados Unidos en la guerra empujaron en esta dirección y el componente ideológico de la autoimagen estadounidense se puso de relieve. Tras concluir la guerra, además del cambio en el punto de vista acerca del concepto de "raza", el temor político al comunismo contribuyó a que el nacionalismo racista perdiera fuerza (Gerstle 2001: 238-267). En la rivalidad que surgía con los países comunistas, los valores de "igualdad" y "libertad" se hacían prominentes como *topoi* centrales de la nación estadounidense y ocasionaron que la pertenencia étnica pareciera menos importante. Sin embargo, el cambio de ideas no ocurrió de una manera rectilínea ni siempre en la misma dirección. Por el contrario, hubo resistencia y, desde el punto de vista de los que fueron discriminados por motivos "raciales", muchos retrocesos.

CIUDADANÍA Y ETNICIDAD A PARTIR DE LA SEGUNDA GUERRA MUNDIAL

La insistencia en los valores culturales y políticos, que desempeñaban un papel en el creciente nacionalismo civil, llevó a que los inmigrantes de la segunda o tercera generación —es decir, ciudadanos estadounidenses— pasaran a ser el centro de atención del discurso acerca de la integración. Dos conflictos que tuvieron lugar en Los Ángeles en 1943 y que atrajeron la atención de la nación contribuyeron a ello. Se trató, en primer lugar, de un asesinato conocido como el caso de Sleepy Lagoon (por el nombre del lugar de los hechos) y, en segundo lugar, de los denominados disturbios de Zoot-Suit. En ambos casos, jóvenes de origen mexicano fueron acusados de cometer los delitos pese a que no existía prueba alguna para imputarles. En el caso de los disturbios, ni siquiera éstos estuvieron protagonizados por *zoot-suiters* (*pachucos*)[18] de origen mexicano, sino que, antes al contrario, dichos jóvenes habían sido agredidos de forma violenta por soldados de la marina estadounidense (Mazón 1984, Escobar 1999). En este contexto, se patologizaba y se representaba como desarraigados a los niños y jóvenes de padres con origen mexicano. Por tanto, supuestamente desorientados, estos jóvenes se encontraban en cierto sentido en tierra de nadie: ya no poseían la cultura de sus padres y todavía no se habían apropiado de la nueva, la estadounidense.

---

[18] Los *zoot-suiters* o pachucos fueron jóvenes que se distinguieron sobre todo por su vestido especial (el *zoot suit*) y se trataba de una subcultura con bastante influencia no solo entre los jóvenes de ascendencia mexicana, sino también entre los afrodescendientes.

Activistas de los derechos civiles de origen mexicano llamaron la atención en ese momento también sobre los niños y jóvenes e intentaron promover actividades sociales. En los años cincuenta, la lucha contra la segregación escolar fue una estrategia esencial. En el Suroeste, en los lugares que tenían suficiente población de origen mexicano, solían instalarse escuelas específicas para sus hijos. Éstas normalmente no estaban tan bien equipadas como las de los niños blancos y había menos exigencia por parte de los maestros. Dicha lucha, al igual que la segregación en los procesos judiciales, llevó a que los *Mexican Americans* empezaran, en contra de la antigua estrategia de ignorar las diferencias con los estadounidenses blancos, a acentuar sus propias peculiaridades como grupo. A esta tendencia contribuyeron las disputas judiciales ante la Suprema Corte. Dos semanas antes del fallo orientador en el caso Brown vs. Board of Education de 1954, en el cual la Corte decidió que la segregación en instituciones publicas llevaba de manera fundamental a la desigualdad y por tanto debía ser suspendida, la Corte había declarado procedente el recurso de la LULAC y la AGIF en el caso Hernández vs. Texas. Ambas organizaciones argumentaban que la condena de un acusado de origen mexicano –Pete Hernández– era resultado de discriminación, porque en el jurado del tribunal del condado de Jackson que lo había condenado no se había convocado a un ciudadano de ascendencia mexicana desde hacía 25 años. En su exposición de motivos, la Suprema Corte mostró dar validez a dicho argumento y constató que los méxico-americanos eran considerados una clase aparte que sufría discriminación, contraria a los principios constitucionales.

Tras su triunfo electoral en 1964, el presidente Lyndon B. Johnson impulsó una nueva política orientada a la integración resumida bajo el nombre de Great Society. El programa se dedicaba a la lucha contra la pobreza y se dirigía sobre todo a la población afroamericana, cuya situación y demandas marcaban mucho más el movimiento por los derechos civiles que el movimiento chicano (Foner 1998: 284).[19] Muchos méxico-americanos que participaban en el movimiento tuvieron la impresión de que no se tomaban muy en serio sus problemas y en 1966 estalló un conflicto con el gobierno de Johnson. Los méxico-americanos criticaban la Equal Employment Opportunities Commission (EEOC), cuya misión consistía en lograr la contratación equitativa para

---

[19] El uso de la autodenominación "chicano" se generalizó con el surgimiento del movimiento de derechos civiles. Al emplear este término, una nueva generación de activistas tomó distancia de las raíces españolas de México y quiso, por un lado, subrayar el origen indígena; por el otro, el término aludía al origen obrero de los participantes (Limón 1981: 197-225).

los integrantes de todos los grupos poblacionales en la economía, pero en la propia Commission apenas había representantes de los méxico-americanos. Si bien el gobierno organizó un encuentro entre los representantes de la EEOC y los méxico-americanos, el presidente de la comisión no asistió a la reunión, por lo que los participantes de origen mexicano se sintieron ofendidos y abandonaron el encuentro. Esta acción tuvo mucha resonancia en la población de origen mexicano. La LULAC recibió a los participantes de la conferencia de la EEOC con un banquete al que asistieron aproximadamente 400 personas. Por medio de una nueva invitación y con la intención de disculparse, el gobierno intentó recuperar el terreno perdido a raíz del boicot de la conferencia de la EEOC (Pycior 1997: 164). En un encuentro en la Casa Blanca, los méxico-americanos invitados presentaron exigencias acerca del programa de la Great Society e insistieron en que se organizara una conferencia nacional en la misma Casa Blanca para abordar la problemática de la población de origen mexicano. Un año más tarde, el gobierno parecía responder a esta petición y organizaba una reunión preparatoria. Los méxico-americanos invitados solicitaron nuevamente una conferencia que abordara exclusivamente los problemas de la población de origen mexicano. Si bien es cierto que hacia finales de 1967 el gobierno cumplió parcialmente con dicha solicitud al convocar una conferencia en El Paso, no invitó a una serie de líderes jóvenes y radicales del Chicano Movement. Pese a ello, éstos decidieron acudir, en primer lugar para protestar contra la posición desventajosa de los méxico-americanos y contra los esfuerzos –insuficientes, a su juicio– de los políticos para cambiarla. Cuando el gobierno cometió el error de interrumpir la conferencia para una ceremonia en honor del presidente mexicano que estaba de visita, los méxico-americanos invitados se unieron a los manifestantes y abandonaron el recinto. Los distintos grupos organizaron una conferencia alterna que bautizaron con el nombre de "La Raza Unida". Este encuentro y un plan de acción adoptado en dicha ocasión resultaron de gran importancia para la representación de la población de origen mexicano como "la raza".[20] En cierta forma, la propia conferencia alterna simbolizaba la representación que encerraba la identificación con "la raza"; es decir, que el origen y la cultura mexicana en conjunto se erigieron como importantes elementos vinculatorios entre los individuos,

---

[20] Al contrario a la traducción inglesa o norteamericana de la palabra "raza", el significado hispano del término tiene otra connotación. Debido a la perspectiva positiva sobre los mestizos, impulsada esencialmente por José Vasconcelos en los años veinte, el concepto se enfocaba más en las características culturales que en las biológicas.

en contraposición, por ejemplo, a la pertenencia a una clase social o la preferencia política, puesto que en "la raza" confluyeron diferentes organizaciones de clase media con otras obreras. En el "Plan de la Raza Unida" se reflejó la participación de organizaciones políticamente muy diversas, como la Mexican American Political Association (MAPA) y la AGIF o la Cámara Mexicana de Comercio, así como también sindicatos y organizaciones de chicanos:

> La Raza Unida affirms the magnificence [sic!] of La Raza, the greatness of our heritage, our history, our language, our traditions, our contributions to humanity and our culture. We have demonstrated and proven and again affirm our loyalty to the Constitutional Democracy of the United States of America and to the religious and cultural traditions we all share. We accept the framework of constitutional democracy and freedom within which to establish our own independent organizations among our own people in pursuit of justice and equality and redress of grievances. La Raza Unida pledges to join with all our courageous people organizing in the fields and in the barrios.[21]

La referencia a la pertenencia a Estados Unidos no se abandonó del todo, pero se colocó en una dimensión más distante. Es cierto que la constitución de los Estados Unidos seguía siendo aceptada como el fundamento de la vida en sociedad, pero el Plan planteó una identidad colectiva propia de la población de origen mexicano que se nutriera de la cultura, la historia y el origen diversos de Estados Unidos.

El cambio de perspectiva de muchos activistas, que insistían en la diferencia étnica de la población de origen mexicano, se manifestaba también en que ahora refutaban que personas ajenas –es decir, personas de otra etnicidad– los pudieran comprender o representaran sus intereses. Entonces, representantes de distintas organizaciones protestaron contra un proyecto de investigación sobre méxico-americanos de la University of California en Los Ángeles. Después de que representantes de los *Mexican Americans* hubieran participado en los primeros años en los comités de asesores,[22] dirigieron su crítica a partir de 1966 sobre todo hacia la escasa participación de los méxico-americanos en la investigación (Guerra y Cabrera 1966). Se criticó también el compromiso de grupos de origen no mexicano con la población de origen mexicano. El presidente de la MAPA, Bert Corona, por ejemplo, respondió a una solicitud de ayuda por parte de un colaborador de la Citizen's Crusade Against Poverty con

---

[21] Plan de La Raza Unida, en *Galarza Papers*, Caja 13, Exp. 13.
[22] Véase *Quevedo Papers*, Caja 4, Exp. 6.

la negativa de compartir con él la información que le había requerido. En su opinión, los que combatían la pobreza, anglo y afroamericanos asalariados por el gobierno que llegaban a las comunidades de origen mexicano, debilitaban las organizaciones propias de esta población, como la MAPA. Corona destacó:

> I would say to our Anglo Brothers both white and black to go into your own communities and invest in them your 'paid' energies and capacities so that your communities can learn to implement the wise advise of Benito Juárez: "Tanto entre individuos como entre naciones, el respeto (*sic!*) al derecho ajeno es la paz!"[23]

Por una parte, de estas frases se desprende que había desconfianza hacia otros grupos, que no serían capaces de representar adecuadamente los intereses de la población de origen mexicano; por otra, esta actitud resulta comprensible teniendo en cuenta los antecedentes. Muchos blancos que se sentían llamados a sumarse a la causa de la población de origen mexicano lo hacían de una forma paternalista. Las organizaciones anglosajonas criticaban que no hubiera suficientes líderes y que el movimiento chicano les parecía demasiado radical. Asociaciones dedicadas al trabajo social hacían esfuerzos por organizar talleres de liderazgo para jóvenes. En la explicación de motivos de una serie de eventos de este tipo en 1968 decía:

> There is indeed a crisis of leaders among Mexican-Americans –leaders who can serve as mediators between the Mexican-American and Anglo-American community; leaders who are knowledgeable of the problems and are willing to sacrifice themselves to apply some of the solutions; leaders who are truly representative in their efforts for social justice. There is indeed a crisis of leaders, informed men who are constructive rather than destructive in their thinking.[24]

El texto expresa la intención de influenciar y controlar, si bien no de manera directa sino a través de líderes, a la población de origen mexicano. Intereses similares pueden observarse en los patrocinadores de las organizaciones de derechos civiles. Por ejemplo, a finales de la década de 1960, la Fundación Ford ofreció apoyar los esfuerzos de algunos *Mexican Americans* prominentes

---

[23] Bert Corona y Eddie Brown, 1.2.1966 en *Galarza Papers*, Caja 14, Exp. 9.
[24] Propuesta para Mexican-American Leadership Training Seminars, hecha por el Texas Council of Churches (Migrant Ministry); American Jewish Committee (Southwest Region), Bishop's Committee for the Spanish Speaking Texas Catholic Conference, enero 1968 en *Herman Gallegos Papers* (colección no catalogada), Special Collections, Green Library, Stanford University, Caja 29, 3.

en la lucha por la igualdad de derechos.²⁵ Sin embargo, la Fundación Ford no quería donar su dinero a grupos regionales pequeños o locales, sino a una organización de naturaleza superior, que aglutinara a más personas y a varias organizaciones locales, a fin de poder asumir el papel de mediador. Un consejero de la Fundación, Herman Gallegos, que participaba en varias organizaciones, explicó más tarde en una entrevista que dicha iniciativa de la Fundación había dado pie en 1968 a la creación del Southwest Council of La Raza. Anteriormente, la Fundación había financiado en 1967 un encuentro de activistas, que resultó en el establecimiento del Council, que debía funcionar como organización cupular para todas las asociaciones de méxico-americanos. El presidente de la Fundación, McGeorge Bundy, motivó en 1970 la prolongación de la ayuda financiera al Council diciendo que sus líderes habían logrado construir "a visible organization with a sense of permanence and stability", y que habían dado los primeros pasos "toward converting the long pent-up anger and frustration of its people, even in danger of explosion and violence, into beneficial programming and planning".²⁶

El apoyo brindado a las organizaciones de la población de origen mexicano era expresión de un cambio social más amplio. En general, según la idea ampliamente difundida en los sesenta, se creía que era necesario que el Estado interviniera a fin de lograr la equidad social. El gobierno de Johnson hizo suya esta perspectiva y adoptó con relación a las exigencias del movimiento de derechos civiles en 1964 el Civil Rights Act, que prohibió por ley la discriminación de empleados por motivos de raza y color de piel, creencia, origen nacional o género. En 1965 siguieron el Voting Rights Act y en 1968 el Fair Housing Act (Foner 1998: 284-286). Por medio de estas leyes y otras medidas sociopolíticas, reunidas bajo la consigna de "*War on poverty*", en la Great Society la idea de una ciudadanía social recibió reconocimiento del Estado. Postulaba que los derechos civiles no debían ser vinculados a determinadas características culturales o a cualidades que se consideraban naturales. La tendencia de la población de origen mexicano a remarcar el propio grupo y participar de manera activa, pero separada de otros grupos de la población,

---

²⁵ A principios de la década de 1960, la Fundación Ford había financiado una investigación muy extensa en la UCLA sobre las condiciones sociales de la población de origen mexicano. La síntesis de los resultados de ésta, se encuentra en Grebler (1970). Varios investigadores participantes en esta iniciativa publicaron, además, su trabajo por separado (véase Moore 1970; Guzmán 1970).

²⁶ Citado en Lloyd y Montague (1970: 15).

alcanzó en 1970, de cierta forma, su auge con la fundación de un partido político, denominado el Raza Unida Party (RUP). El RUP tuvo sus raíces en la Raza Unida Conference de El Paso en 1967, seguido por un encuentro en San Antonio unos meses más tarde. En este encuentro participaron más de 1.200 delegados, que representaban a unas 50 organizaciones del espectro de la clase media y del movimiento estudiantil (Gonzales 1999: 206). En la elaboración del programa del partido se establecieron los siguientes objetivos:

> El Congreso de Aztlán (…) proclaims the people of la raza to be a nation within a nation, endowed with the right and obligation to struggle for self-determination. (…) We, the people of la raza, have the right to control those institutions which affect our lives.[27]

En 1970 el partido logró, efectivamente, ganar ciertos curules en el ayuntamiento de Crystal City, Texas, pero a largo plazo no resultó ser viable. En este sentido, tanto el sistema bipartidista de Estados Unidos, como las disputas internas sobre la estrategia política adecuada, tuvieron un impacto negativo.[28] Al igual que otras organizaciones del Chicano Movement y sus objetivos, el RUP recibió poco apoyo de la población de origen mexicano en su conjunto. No obstante, cabe considerarlo sintomático para el cambio en la autorrepresentación y en la autoobservación producidas de manera discursiva, que por supuesto tampoco se han paralizado desde 1970.

Conclusión

La perspectiva a largo plazo sobre la historia de los inmigrantes de origen mexicano y su descendencia en Estados Unidos demuestra que las categorías de raza y etnicidad o grupos étnicos, ciudadanía y nación deben historiarse en su carácter de construcciones históricas. Resulta, entonces, más significativo no buscar una definición válida para todos los casos, sino enfocarse en la interrogante de qué funciones tenían y tienen estas categorizaciones en sociedades concretas. El ejemplo de la población de origen mexicano demuestra que las categorizaciones racistas y culturalistas contribuyeron a la exclusión, pues al adjudicarles alteridad a estas personas se les restringió el acceso a los derechos

---

[27] *Gutiérrez Papers*, Caja 8, Expediente "Congreso de Aztlán".
[28] Sobre el partido político y los acontecimientos en Crystal City, véase Navarro (1998: 55).

ciudadanos. Las fronteras sociales de la construcción de razas funcionaron de forma diferente a las atribuciones étnicas. El discurso hegemónico acerca de las minorías construyó un grupo que, debido a sus supuestas características establecidas, intrínsecas y deficitarias no podía pertenecer a la nación y por consiguiente no podía gozar de los mismos derechos que los estadounidenses "de verdad". En una situación tal, apenas era posible representar de manera positiva la existencia de un grupo propio y aprovecharlo como recurso político. La estrategia de los activistas de origen mexicano se enfocaba, consecuentemente, en combatir la alteridad.

Lo anterior cambiaría después de la Segunda Guerra Mundial, cuando en el discurso sobre la sociedad las perspectivas universalistas con respecto a la ciudadanía cobraron mayor importancia. En los años sesenta, la etnicidad se había convertido en un recurso político que podía ser aprovechado para demandas políticas. Esta tendencia no sólo puede atribuirse a aquella parte de la población de origen mexicano que se articulaba como grupo étnico, sino que ocurrió también dentro del contexto de un entorno que en su conjunto había sufrido transformaciones sociales. Resulta difícil, a pesar de todo, señalar quiénes fueron los artífices. Sucedió en un proceso de negociación sostenido, por un lado, entre las distintas organizaciones de derechos civiles –hay que mencionar sobre todo a los activistas afroamericanos– y, por el otro, la sociedad mayoritaria; dicho proceso derivó en la formulación de medidas tomadas por el Estado con el fin de mejorar las condiciones sociopolíticas de la población discriminada. Sin embargo, la ampliación de la ciudadanía hacia estos grupos de ninguna manera era aceptada del todo. Por esta razón, sólo podía alcanzarse por medio de una ardua lucha, hasta la fecha incompleta, también porque la relación entre ciudadanía y etnicidad no ha sido estática desde los años sesenta.

Por lo general, cabe concluir respecto a la correlación entre ciudadanía y etnicidad lo siguiente: es cierto que el concepto teórico de ciudadanía es inherente a una tendencia universal, puesto que con él se establece la relación entre Estado e individuo a condición de la igualdad jurídica de todos los ciudadanos. Sin embargo, en la práctica social no existe ningún colectivo que no haya sido preestructurado a partir de las ideas más diversas sobre la inclusión y sobre la exclusión históricas. Tan sólo la relación entre individuo y Estado está históricamente llena de suposiciones. La conexión que existe entre la construcción del Estado y la representación de una nación lleva a la conexión entre la ciudadanía y las identificaciones colectivas. Toda persona que pertenece a la nación recibe derechos civiles. La exclusión de la nación ocurre conforme a distintas delimitaciones. Aquí el énfasis está puesto en las atribuciones grupales racistas y étnicas, y su relevancia en los procesos de exclusión, aunque cabe destacar que existen otras categorizaciones que restringen el acceso a los derechos civiles, de las cuales el género y la clase social son sólo dos de las más prominentes. Cuando la ciudadanía se centra en la relación existente entre el Estado y el individuo, entonces, en muchas sociedades, las "razas" asociadas respectivamente a diversos grupos étnicos estructuran la masa de individuos. Su construcción implica la restricción de la supuesta igualdad de los ciudadanos. En determinadas circunstancias, la referencia hecha por los marginados a tales identidades grupales puede convertirse en un recurso en los procesos de negociación en torno a los derechos ciudadanos. Para esto, se necesita que un número suficiente de personas reconozcan la autodescripción hecha por el grupo étnico y que ésta sirva de manera efectiva, de modo que dichas personas se identifiquen con ella. Un grupo de estas características sólo emerge si existen actores concretos que lo representen performativamente y lo respeten por medio de sus actos; además, es indispensable también que haya un entorno social correspondiente, para que la categorización pueda servir de recurso a la hora de las disputas políticas. Sólo en la interacción social la etnicidad puede convertirse en un recurso político.

Bibliografía

Archivos

Ernesto Galarza Collection. Special Collections, Green Library, Stanford University.
Eduardo Quevedo Papers. Special Collections, Green Library, Stanford University.
George Sánchez I Collection. Benson Latin American Collection, General Libraries, University of Texas at Austin.
Herman Gallegos Collection. Special Collections, Green Library, Stanford University.
José Angel Gutiérrez Papers. Benson Latin American Collection, General Libraries, University of Texas at Austin.
Records of the Immigration and Naturalization Service. Records of the Central Office, Subject Correspondence, 1906-1932, National Archives and Records Administration, Washington, D.C., Record Group 85 (NARA, RG 85).

Bibliografía

Alba, Richard. "Ethnicity". *Encyclopedia of Sociology*. Eds. Edgar F. Borgatta y Marie L. Borgatta. New York: Macmillan 1992. 575-584.
Breuilly, John. "Über das Schreiben einer vergleichenden Geschichte der Staatsbürgerschaft im modernen Europa". *Staatsbürgerschaft in Europa. Historische Erfahrungen und aktuelle Debatten*. Eds. Christoph Conrad y Jürgen Kocka. Hamburg: Körber Stiftung 2001. 29-47.
Brubaker, Rogers. *Ethnicity without Groups*. Cambridge: Harvard University Press. 2004.
Escobar, Edward J. *Race, Police, and the Making of a Political Identity*. Berkeley: University of California Press 1999.
Foner, Eric. *The Story of American Freedom*. New York/London: W.W. Norton & Company, Inc 1998.
Frederickson, George M. *Racism: A Short History*. Princeton: Princeton University Press. 2002.
García, Mario T. "Mexican Americans and the Politics of Citizenship: The Case of El Paso, 1936." *New Mexico Historical Review* 59 (1984): 187-204.
García, Richard. *Rise of the Mexican American Middle Class. San Antonio, 1929-1941*. Texas: Texas A&M University Press 1991.
Gerstle, Gary. *American Crucible: Race and Nation in the Twentieth Century*. Princeton/Oxford: Princeton University Press 2001.
Gleason, Philip. "Americans All: World War II and the Shaping of American Identity." *Review of Politics* 43 (1981): 483-518.
Gonzales, Manuel G. *Mexicanos: A History of Mexicans in the United States*. Bloomington: Indiana University Press 1999.
Grebler, Leo, ed. *The Mexican-American People: The Nation's Second Largest Minority*. New York: Free Press 1970.
Guerra, Manuel y Arturo Cabrera. An Evaluation and Critique of the "Mexican American Studies Project": A Ford Foundation Grant Extended to the University of California at Los Angeles, prepared by the Educational Council of the Mexican American Political Association. California 1966.
Guzmán, Ralph. *The Political Socialization of the Mexican American People*. New York: Arno Press 1970.
Hensel, Silke. *Leben auf der Grenze. Discursive Aus- und Abgrenzungen von Mexican Americans und Puertoricanern in den USA*. Frankfurt: Vervuert 2004.
Hoffman, Abraham. *Unwanted Mexican Americans in the Great Depression: Repatriation Pressures 1929-1939*. Tucson: The University of Arizona Press 1974.
Isin, Engin F. y Bryan S. Turner, eds. *Handbook of Citizenship Studies*. London: SAGE 2002.
Kerber, Linda. "The Meanings of Citizenship." *Journal of American History* 84. 3 (1997): 833-854.

KYMLICKA, Will y Wayne NORMAN. "Return of the Citizen: A Survey of Recent Work on Citizenship Theory". *Theorizing Citizenship*. Ed. Ronald Beiner. Albany: State University of New York Press 1995. 283-322.

LIMÓN, José. "Expressive Dimensions of Heterogeneity and Change: The Folk Performance of 'Chicano' and the cultural limits of Political Ideology". *And Other Neighborly Names: Social Process and Cultural Image in Texas Folklore*. Eds. Richard Bauman y Roger D. Abrahams. Austin: University of Austin Press 1981: 197-225.

LLOYD, Rees y Peter MONTAGUE. "Ford and La Raza". *Ramparts* 93 (1970): 10-18.

MARSHALL, T. H. *Class, Citizenship, and Social Development: Essays by T.H. Marshall*. Westport: Greenwood Press 1973.

MAZÓN, Mauricio. *The Zoot-Suit Riots: The Psychology of Symbolic Annihilation*. Austin: University of Texas Press 1984.

MOORE, Joan. *Mexican Americans*. Englewood Cliffs: Prentice-Hall 1970.

OMI, Michael y Howard WYNANT. *Racial Formation in the United States: From the 1960s to the 1990s*, 2ª edición. New York/London: Routledge 1994.

ORLOFF, Ann Shola. "Gender and the Social Rights of Citizenship: the Comparative Analysis of Gender Relations and Welfare States". *American Sociological Review* 58 (1993): 308-328.

PYCIOR, Julie L. *LBJ and Mexican Americans: The Paradox of Power*. Austin: University of Texas Press 1997.

RODRÍGUEZ, Clara E. *Changing Race: Latinos, the Census, and the History of Ethnicity in the United States*. New York/London: New York University Press 2000.

SOLLORS, Werner. "Introduction. The Invention of Ethnicity". *The Invention of Ethnicity*. Ed. Werner Sollors. New York/Oxford: Oxford University Press 1989. ix-xx.

TILLY, Charles. "Citizenship, Identity and Social History". *International Review of Social History* 40, Supplement 3 (1993): 1-17.

WARNER, W. Lloyd y Paul S. HUNT. *The social life of a Modern Community*. New Haven: Greenwood Press 1941.

Particularismo étnico en tiempos de globalización: del multiculturalismo al buen vivir

Christian Büschges

Durante el transcurso del año 1990, se efectuaron en los distritos de la entonces República Federativa Socialista de Yugoslavia, por primera vez en la historia, elecciones democráticas en las diferentes repúblicas federadas. En todas estas elecciones se impusieron partidos nacionalistas. Como consecuencia, un año después se publicaron las declaraciones de independencia de Eslovenia, Croacia, Bosnia-Herzegovina y Macedonia. Además, Serbia y Montenegro proclamaron la nueva República Federal de Yugoslavia.

Después de unos primeros conflictos militares entre tropas eslovenas y el Ejército Popular de Yugoslavia en junio de 1991, la invasión de Croacia por tropas serbias a finales de ese mismo año fue el inicio de una cruel guerra que se expandió por casi todo el territorio de la antigua Yugoslavia. Esta guerra provocó hasta su fin en 1999 la muerte de alrededor de 250.000 personas y fue acompañada en algunas regiones de las así llamadas "limpiezas étnicas". En 2007, el Tribunal Internacional de Justicia de La Haya reconoció oficialmente como genocidio la masacre de Srebrenica, en la que habían muerto en 1995 más de 8.000 bosnios musulmanes a manos de tropas serbocroatas.

En junio de 1990, en grandes partes de Ecuador se organizaron huelgas, barricadas en las carreteras y manifestaciones. Durante varios días, diferentes organizaciones étnicas comunicaron públicamente sus demandas frente al Estado: el reconocimiento oficial de las culturas "indígenas" del país, el fomento de la base económica de las comunidades indígenas y la participación de la población indígena en el sistema político nacional. Las protestas abogaron por la reforma de un Estado nación que fue acusado de representar solamente a una sociedad "blanca" o "mestiza". Los conflictos y negociaciones políticos entre las organizaciones indígenas y los gobiernos sucesivos de Ecuador resultaron finalmente en 1998 en la promulgación de una nueva Constitución que declaró al Estado ecuatoriano oficialmente como "democrático, pluricultural y multiétnico".

Politización de lo étnico/etnización de lo político

Los casos de Yugoslavia y Ecuador son solamente dos ejemplos que reflejan la alta coyuntura global de la politización de lo étnico que se inició, a más tardar, en los años noventa del siglo xx (Guelke y Tournon 2012; Maybury-Lewis 2002; Cordell 2000; Warikoo y Norbu 2000). Desde entonces, la diferenciación de grupos humanos según criterios étnicos se ha convertido (de nuevo) en un punto de partida central de la comunicación política. Además, el legitimar temas, actores y prácticas políticas sobre la base de un discurso étnico ha conllevado cambios sustanciales en el espacio político, lo que se puede calificar de etnización de lo político (Büschges 2007). Este fenómeno se expresa, por ejemplo, en la estigmatización, y a menudo exclusión, de grupos sociales particulares –las así llamadas "minorías étnicas o nacionales"– de la comunidad política de un Estado nación o, por el contrario, en la garantía de la participación política de grupos étnicos (o nacionales) a través de cuotas en las instituciones estatales, como también en el establecimiento de nuevas comunidades políticas en forma de un Estado propio o de una región autónoma dentro de un Estado ya existente.

Los casos de Yugoslavia y Ecuador ponen además de relieve una paradoja inherente de la etnización de lo político, a saber, el hecho de que los procesos de etnización pueden incentivar y legitimar tanto negociaciones democráticas como conflictos violentos. Entre estos dos extremos, se pueden observar en la historia y en la actualidad gradaciones, transiciones y formas híbridas, como demuestran los ejemplos de Nepal, Ruanda o México durante los años noventa del siglo xx. También en Europa, por ejemplo en Alemania, han surgido desde el mismo decenio fuertes debates alrededor de los conceptos opuestos de "multiculturalismo" y "cultura dominante" (*Leitkultur*) con respecto a la definición de políticas de integración de las así llamadas "personas con trasfondo migratorio" (*Menschen mit Migrationshintergrund*). El caso alemán demuestra que en la actualidad el tema de las así llamadas "identidades y conflictos étnicos" ha invadido el espacio de la comunicación política incluso en países que históricamente no se consideran como "Estados multiétnicos" o "países de inmigración".

El entrelazamiento entre etnicidad y política no es un fenómeno reciente, y tampoco es un fenómeno evidente e inequívoco. Por el contrario, la pregunta de si, y de qué manera, las reivindicaciones étnicas son consideradas legítimas o no, forma una parte esencial de la comunicación política, y ha sufrido coyunturas variadas en diferentes regiones y períodos históricos (Büschges 2012). Después de muchos siglos en los que grandes imperios e incluso reinos u otras comunidades políticas de una extensión más pequeña habían unido bajo un régimen soberano diferentes pueblos y grupos sociales caracterizados por tradiciones culturales y reglamentos políticos distintos, fue el nacimiento del nacionalismo moderno lo que produjo un cambio profundo y global en el entrecruzamiento de las áreas de lo político y de lo étnico.

A partir de finales del siglo XVIII, se construyó en grandes partes de Europa, dentro del proceso de fundación de Estados nación, el "paradigma étnico" (Kaschuba 2006: 139-143; Smith 1986) como un principio político, introduciendo motivos étnicos en el pensamiento nacional y enlazando motivos nacionales con un discurso étnico. Durante más de un siglo se dio por descontado, primero en Europa y América, que la unidad territorial del Estado nación debía fundarse sobre la coincidencia entre las fronteras políticas y étnicas. Pero también en otras regiones del mundo, el entrelazamiento entre lo político y lo étnico se convirtió en el modelo clave de la fundación, organización y reforma de los Estados. En el proceso de descolonización de África durante los años sesenta del siglo XX se puede observar la última alta coyuntura histórica de esta doctrina política (Smith 1983).

Sin embargo, durante los mismos años sesenta, la idea de una homogeneidad étnica de los Estados nación fue puesta en duda por diferentes movimientos sociales a nivel global. Antes de terminar el siglo, conceptos como "defensa de minorías", "multiculturalismo" y "plurietnicidad" se convirtieron en términos clave de los debates políticos (Kymlicka 2009).

No obstante, por la continuidad de los así llamados "conflictos étnicos", han proliferado desde el cambio de milenio voces críticas frente a lo que se considera una fragmentación de la comunidad política provocada por argumentaciones étnicas. De esta manera, hoy en día se discuten en el campo político y en las ciencias sociales diferentes opciones de una desetnización de lo político, como son un cosmopolitismo renovado (desoccidentalizado) o una interculturalidad que prescinde del postulado de la existencia de grupos étnicos estables y cerrados (Hollinger 2005; Appiah 2007; Walsh 2009).

La etnicidad como recurso político

¿Cómo explicar el fuerte impacto que ha tenido y tiene todavía el concepto de etnicidad sobre los discursos, actores e instituciones que constituyen el espacio político? El discurso étnico postula la existencia de una cultura particular de un grupo social que se basa en una (supuesta) descendencia común. Por esta razón, las políticas de identidad de tipo étnico fomentan la creación y la solidificación de fronteras sociales y políticas. Cabe poner de relieve, sin embargo, que visto desde la perspectiva antropológica actual, y al contrario de las reivindicaciones de nacionalistas o activistas étnicos, los términos "grupo étnico" o "etnia", como también "nación" o "nacionalidad", no se refieren necesariamente a grupos sociales concretos, bien definidos y estables, sino que, desde una perspectiva analítica, son la expresión de lo que hoy llamamos junto a Benedict Anderson "comunidades imaginadas" (Anderson 2006). De esta manera, se puede interpretar la reivindicación de una identidad étnica como una práctica política, con la que los actores sociales luchan por el reconocimiento y la realización de intereses económicos, sociales, culturales, etc. Gayatri Spivak ha calificado esta práctica como "esencialismo estratégico" (Spivak 1996). Estas prácticas se pueden estudiar particularmente en el caso de los así llamados "conflictos étnicos" que derivan justamente de esos intereses concretos que los actores involucrados traducen y comunican en un "lenguaje de etnicidad" (Pfaff-Czarnecka 2012: 63-76). Parece que una argumentación étnica que apele a la supuesta identidad de una persona o de un grupo facilita especialmente el tocar a las personas emocionalmente y movilizarlas políticamente.

Por esta razón, el sociólogo Rogers Brubaker ha abogado por diferenciar entre las categorías ontológicas utilizadas por el activismo étnico y las categorías del análisis científico (Brubaker 2004: 10). Estas últimas deberían prescindir de un enfoque esencialista o lo que Brubaker llama "grupismo". Según Brubaker, retomando el argumento de Benedict Anderson, los así llamados "grupos étnicos", "etnias" o "naciones" no son grupos sociales, sino modelos de interpretación del mundo y prácticas políticas de activistas étnicos o nacionalistas (Brubaker 2009: 28-29).[1] Los "alemanes", los "serbios", los "latinos", los "indígenas" o los "guaraníes" son, por lo tanto, en primer lugar, categorías que sirven para construir, diferenciar y jerarquizar grupos de personas según

---

[1] E.P. Thompson ha demostrado ya hace tiempo con el caso de la "clase obrera" que la práctica social y política del grupismo no se debe confundir con la existencia de un grupo social (Thompson 1963).

criterios que dependen de y se modifican según contextos sociales y políticos concretos. De estas prácticas de esencialismo estratégico pueden surgir "grupos cuyos miembros desarrollan un sentimiento de pertenencia y que se comunican e interactúan por un tiempo, para alcanzar metas comunes" (Elwert 2003: 263). No obstante, es difícil imaginar un grupo social, aún menos un grupo extenso, cuyos miembros mantengan estas prácticas de pertenencia a través de un largo tiempo, por no hablar de épocas. Los protagonistas que manejan discursos étnicos en negociaciones políticas o conflictos violentos son generalmente diferentes tipos de organizaciones que actúan o se les atribuye o acusa de actuar en nombre de grupos étnicos particulares (Brubaker 2004: 14-15). Además, las organizaciones étnicas no cumplen necesariamente con la homogeneidad que reclaman, pues muestran diferencias y jerarquías sociales internas (Anthias 2013: 3-7; Elwert 2003: 248).

Por lo tanto, para entender la función de la etnicidad en el ámbito político, la investigación debe enfocar en primer lugar las "categorías prácticas, actuaciones 'situativas', lenguajes culturales, esquemas cognitivos, marcos [*frames*] discursivos, rutinas organizativas, formas institucionales y proyectos políticos" (Brubaker 2004: 11), con los que los actores sociales contribuyen a una etnización de lo político en contextos históricos y regionales concretos. Desde una perspectiva histórica y, a la vez, sistemática, se pueden diferenciar tres modelos políticos o formas de Estado que se caracterizan por un manejo particular de los patrones étnicos de la interpretación del mundo social para construir, legitimar y organizar las fronteras externas e internas de una comunidad política: el imperio (desde Roma hasta la Unión Soviética o China), el Estado nación (a partir de finales del siglo xviii), y el Estado multicultural (desde los años setenta del siglo xx) (Büschges 2012). Mientras que el modelo imperial se ha construido y mantenido a lo largo de la historia sobre la base de una diferenciación interna de la población según criterios étnicos, el Estado nación postuló la unidad entre fronteras político-territoriales y fronteras étnicas. El multiculturalismo, retomando y adaptando tanto la lógica imperial como nacional, aboga por una reforma de los Estados nación existentes para alcanzar una coexistencia política de diferentes grupos étnicos (o nacionalidades, naciones) entendidos como particulares y homogéneos dentro de los límites territoriales del mismo Estado. A principios del siglo xxi, el mismo modelo multicultural ha provocado críticas, tanto por los resultados a menudo modestos que las políticas de multiculturalismo han conllevado para las así llamadas "minorías" o "grupos étnicos históricamente marginados", como por la competencia que esta política ha provocado a menudo entre diferentes grupos que luchan por el acceso a programas estatales o proyectos internacionales de desarrollo.

En los siguientes párrafos voy a enfocar primero las premisas y problemas del modelo multicultural para discutir después algunos nuevos enfoques que tratan de desetnizar las semánticas políticas tratando de no recaer en discursos y prácticas etnocéntricos o asimilistas y que buscan repensar la relación entre particularismo étnico y valores universales.

Auge y crisis del modelo multicultural

A pesar del último apogeo histórico del nacionalismo durante el proceso de descolonización de África en los años sesenta y setenta del siglo xx, y no obstante uno u otro caso aislado de separatismo de nuestro tiempo (por ejemplo, Sudán), cabe poner de relieve que la idea de nación como colectivo culturalmente homogéneo y de Estado nación como su máxima expresión política han perdido fuertemente legitimidad política. La convicción de los primeros nacionalistas de que el nacionalismo fuera el vehículo y garante de la emancipación política y de la participación democrática de todos los individuos y pueblos se había revelado a mediados del siglo xx, a más tardar, como una falacia.

El Estado nación constituyó demasiado a menudo en su historia el marco político para la discriminación étnica, bien dentro de sus fronteras o a través de la expansión chovinista de éstas. La reivindicación básica del nacionalismo, o sea, la coincidencia de las fronteras étnicas y políticas, no se ha podido realizar prácticamente en ningún Estado nación. Las así llamadas "minorías étnicas o nacionales" son la expresión más clara de esta situación. Con las olas continuas de migración desde el cambio de milenio a nivel global, el Estado nación como unidad culturalmente homogénea se ha convertido definitivamente en una ficción política. Partiendo de esta observación, el nacionalismo moderno aparece sólo como una etapa transitoria entre la diversidad imperial de la época moderna y la diversidad posmoderna de nuestros tiempos.

Es durante los años sesenta y setenta del siglo xx cuando el multiculturalismo ha entrado en el espacio de la comunicación política para legitimar un nuevo modelo político que se basa en el reconocimiento de la diferencia étnica dentro de los límites de un Estado, lo que ha dado lugar a diferentes tipos de políticas estatales de protección y fomento de minorías étnicas. Es en Canadá donde el multiculturalismo se convirtió, en 1971, por primera vez en ideología oficial y política de Estado. El objetivo declarado oficialmente por el gobierno de Pierre Trudeau fue garantizar el desarrollo cultural y la participación social de todos los ciudadanos canadienses, reconociendo a la vez de forma oficial la existencia de diferentes grupos constituidos por características étnicas, religiosas o lingüísticas propias en la sociedad (Laczko 1994). Junto con Canadá, los EE. UU. y Australia son los dos países que se mencionan como ejemplos clásicos de Estados que ejercen una u otra forma oficial de multiculturalismo político. En Europa son sobre todo Bélgica y Suiza, a pesar de las críticas que el concepto ha provocado durante los últimos años. En Alemania, el término entró durante los años ochenta en el espacio de la comunicación política, y actualmente también se usa con connotaciones más bien negativas.

En los Estados que surgieron en Latinoamérica, Asia y África después de la caída de los territorios coloniales europeos, el concepto de multiculturalismo ha sido reemplazado a menudo por el de plurietnicidad o plurinacionalidad como base de la organización política. Este hecho se debe a la herencia de decenios o siglos de subordinación colonial por diferentes poderes europeos respaldados por grupos de antropólogos que ayudaron a legitimar un orden sociopolítico basado en una estricta diferenciación o separación de "culturas", "etnias" o "razas" (Peels 1997).

De esta manera, y reforzado por las crecientes migraciones internacionales, el multiculturalismo –o la plurietnicidad– es sobre todo un fenómeno poscolonial, herencia del colonialismo. Un impulso importante para el nacimiento del multiculturalismo como ideología política a nivel internacional fueron el movimiento por los derechos civiles y la movilización sociopolítica de la población afroamericana en los EE. UU. durante los años cincuenta y sesenta del siglo XX (Hobsbawm 1998). Desde entonces, en EE. UU., el concepto de identidad étnica entró en la comunicación política y tuvo como un primer efecto concreto la aprobación del Civil Rights Act en 1964 contra la discriminación "racial" y, un año después, el programa del Affirmative Action designado a integrar mejor en el sistema de educación a los cuatro grupos étnicos reconocidos oficialmente, o sea, los *Afro-Americans*, los *Native Americans*, los *Asian Americans* y los *Hispanics* (Anderson 2004).

La coyuntura más reciente y más amplia de políticas estatales del multiculturalismo a nivel global se dio en los años noventa del siglo XX, proceso que fue acompañado por la creación de nuevos Estados nación (por ejemplo, sobre el territorio de la antigua Yugoslavia). Ambos fenómenos se vinculan al derrumbe de la Unión Soviética y a la crisis mundial del comunismo como ideología de integración social y política que abrió el espacio a la expansión global de políticas de identidad de tipo étnico. La estrecha relación entre este proceso ideológico y la reorganización o el surgimiento de nuevos movimientos sociales se puede observar particularmente en América Latina a partir de los años sesenta. A pesar de las políticas estatales del indigenismo entre los años veinte y cuarenta del siglo XX, sobre todo en México y en la región andina, la interpretación del mundo social y de los conflictos sociales había continuado expresándose en un "paradigma clasista". Los sindicatos y organizaciones de campesinos siguieron siendo los movimientos sociales más grandes e importantes, a menudo en compañía de los partidos socialistas o comunistas, o ligados al partido único del PRI en el caso de México (Scheuzger 2009). Sólo a partir de los años setenta se puede observar un aumento significativo de organizaciones sociales y políticas que se crearon alrededor de una identidad y de reivindicaciones expresamente étnicas, y que se convirtieron durante los años noventa en actores sociales y políticos importantes del espacio político de varios países latinoamericanos, como son los casos de Ecuador y Bolivia (Ospina, Kaltmeier y Büschges 2009).

Las políticas de identidad de tipo étnico conquistaron durante los años noventa también los espacios de comunicación política de Asia y África (Kymlicka y He 2005; Berman, Eyoh y Kymlicka 2004; Geschiere 2009). Además, incluso en países donde se habían establecido ya decenios atrás políticas estatales de multiculturalismo, se produjo un nuevo auge de la etnicidad en el espacio político durante los años noventa. Éste es, por ejemplo, el caso de los activistas étnicos de las islas de Hawái, incorporadas en 1898 a los EE. UU., que abogan desde principios de los años noventa por una distinción entre los *Native Hawaiians*, considerados como población originaria, y los *non-native locals* de una migración posterior (Young 1998).

En su esencia, y con respecto a las metas y prácticas políticas, el multiculturalismo o la plurietnicidad han heredado del nacionalismo la idea de una coincidencia entre las fronteras étnicas y políticas. Por consiguiente, la agenda política del multiculturalismo se expresa a menudo en un lenguaje prestado del nacionalismo, como es el caso de Canadá, donde los activistas étnicos de la provincia de Quebec definen a los habitantes de lengua francesa, como también a los tres pueblos indígenas oficialmente reconocidos por el Estado, como "naciones" para legitimar sus reivindicaciones de una limitada autonomía territorial dentro del Estado canadiense (Kymlicka 1998: 127-130). Además, los actores étnicos que representan a los mencionados *Native Hawaiians* no sólo se definen como "pueblo indígena", sino también como una "nación" cuando presentan sus demandas económicas y políticas frente al gobierno federal estadounidense (Young 1998).

Los conceptos de multiculturalismo y de plurietnicidad son el producto de un desplazamiento conceptual de la legitimación étnica del territorio, de la jurisdicción y la población de un Estado (el Estado nación) al reconocimiento de la existencia de diferentes comunidades étnicas con derechos particulares o estatutos de autonomía dentro de los límites del mismo Estado (Estado multicultural o plurietnico) (Kymlicka 1999: 32). Aparte de esta herencia del ideario nacionalista, el Estado multicultural o plurietnico retoma además principios del modelo imperial, dado que reúne diferentes comunidades políticas definidas por su identidad étnica particular bajo un orden político soberano. Al contrario del Estado nación, definido como étnicamente homogéneo o "neutral", el Estado multicultural acepta la diversidad étnica al interior del orden político definiendo y defendiendo formas específicas de representación y participación política para grupos étnicos oficialmente reconocidos.

La globalización del particularismo étnico

A principios del siglo xx, el Estado nación fue considerado a nivel global como la máxima expresión política del derecho a la autodeterminación de los pueblos (Fisch 2010: 144-165). A finales del mismo siglo, se ha visto desafiado fuertemente por el Estado multicultural o plurietnico, sobre todo con respecto al reconocimiento de los así llamados pueblos indígenas. Históricamente ya se puede observar esta tendencia en la política de nacionalidades que Lenin instauró durante la segunda década del siglo xx en las repúblicas soviéticas (Kappeler 1993: 302-305). Esta política trató de integrar los diferentes movimientos nacionalistas del período zarista tardío en el nuevo orden socialista. En el transcurso del siglo, la política de nacionalidades de Lenin ha servido en muchas regiones del mundo a diferentes movimientos étnicos como ejemplo y modelo para afrontar la supuesta homogeneidad cultural del Estado nación.

Éste es el caso de la Confederación de Nacionalidades Indígenas del Ecuador (CONAIE), fundada en 1986, que utiliza el término hasta hoy en día para expresar y legitimar los "derechos" histórico-culturales que reclama para los pueblos indígenas del país dentro de un Estado definido como plurinacional (Confederación 1994). De una manera similar, las First Nations canadienses utilizan el concepto de nación para definir y justificar las reivindicaciones políticas concretas que deducen de la (supuesta) diversidad étnica de la población de Canadá (Moll 2006).

Además, cuando en el país asiático de Nepal estalló en 1990 una revolución democrática, los maoístas nepaleses incentivaron una movilización étnica de la población rural del país y propusieron un modelo administrativo que dividía el país en provincias étnicas autónomas, reflejando la existencia de diferentes "nacionalidades indígenas" en el país. Cabe poner de relieve que el término indígena no se había utilizado tradicionalmente en Nepal, sino que fueron los mismos maoístas los que lo retomaron de la discusión internacional para ganar el apoyo de la población rural y ampliar la legitimidad de su lucha (Hachhethu 2004).

El flujo transnacional de conceptos étnicos y la globalización de semánticas étnicas en la comunicación política se debe, no en último lugar, a la creación de diferentes foros internacionales, como el World Council of Indigenous Peoples (1975-1996), y a los grupos de trabajo sobre "minorías" y "pueblos indígenas" de las Naciones Unidas durante los años noventa del siglo xx (Kemner 2011). Además, las mismas organizaciones indígenas dejaron pronto de posicionarse solamente a nivel local o nacional, como demuestran las Cumbres Continentales de los Pueblos y Nacionalidades Indígenas de Abya Yala, que desde su fundación en el año 2000 han reunido en cuatro ocasiones a representantes de organizaciones indígenas de todo el continente americano para consultas políticas. Finalmente, cabe poner de relieve que hoy existen una gran cantidad de actores de la sociedad civil y de organizaciones de cooperación internacional que se dedican expresamente al "etnodesarrollo". Se debe añadir a este abanico de actores e instituciones una serie de normas acordadas a nivel internacional cuyo fin es la protección de minorías, como son el "Convenio sobre pueblos indígenas y tribales en países independientes" de la Organización Internacional del Trabajo (OIT) del año 1989, el "Convenio marco para la protección de las minorías nacionales" del Consejo Europeo de 1995 o la "Declaración de las Naciones Unidas sobre los Derechos de los Pueblos Indígenas" de 2007 (Levangie 2008).

Como ya ha demostrado el caso de los maoístas nepaleses, no sorprende el hecho de que la internacionalización creciente de los acuerdos sobre la protección de minorías y, más específicamente, de poblaciones indígenas, coincida durante los años noventa con un aumento global de movimientos sociales y reivindicaciones políticas que se caracterizan por un discurso y reivindicaciones étnicas en favor de un "grupo" o "pueblo indígena". La incrementada atención global con respecto a los "asuntos indígenas" explica por ejemplo el hecho de que los activistas étnicos de las así llamadas "tribus montañesas" (*hill tribes*) en Tailandia o Bangladesh se refieran a su grupo como "pueblos indígenas" a pesar de que las tradiciones culturales de las respectivas regiones no conocen referencias históricas hacia un territorio específico (Kymlicka y He 2005: 11). Se pueden mencionar en este contexto también las comunidades afroecuatorianas actuales que tratan de ligar sus reivindicaciones étnicas a un territorio concreto (Sánchez 2013), siendo ésta una estrategia que las organizaciones indígenas del Ecuador rechazan rotundamente, reclamando de esta manera la singularidad de sus derechos históricos.[2]

Lo que se observa desde los años noventa del siglo XX a nivel global es la expansión de un "lenguaje de la etnicidad" (Pfaff-Czarnecka 2012), o más concretamente aún, de una "lógica de lo indígena" o "autóctono" (Geschiere 2009) en el espacio político. En Europa se podría mencionar el caso de la Alianza Democrática de los Húngaros en Rumanía, que no sólo considera que los húngaros que desde el año 1920 viven en la Transilvania rumana forman parte de la nación húngara y son una minoría nacional en Rumanía, sino que los caracteriza como "comunidad indígena" y reclama para ellos derechos colectivos y autonomía territorial en la educación, la cultura y otras esferas sociales. Estas reivindicaciones de autonomía no sólo contradicen obviamente la idea del Estado nación rumano, sino que construyen una homogeneidad cultural de la población rumana de origen húngaro que simplemente no existe (Brubaker 2004: 21-22).

Desafíos del multiculturalismo

No obstante la alta coyuntura de actores y discursos étnicos en el espacio político global, se debe destacar el hecho de que hasta ahora sólo 22 Estados han ratificado el mencionado convenio de la Organización Internacional del Trabajo de 1989, y que la Declaración de las Naciones Unidas sobre los Derechos de los Pueblos Indígenas de 2007 ha sido rechazada por los EE. UU., Canadá, Australia y Nueva Zelanda, que rehúsan codificar derechos amplios

---

[2] Comunicación personal de Nina Pacari, dirigente indígena y miembro de la COINAIE, durante la escuela de verano "Mobilizing Ethnicity-Competing Identity Politics in the Americas: Past and Present" en la Universidad de Bielefeld, Alemania, en julio de 2012.

y concretos de minorías. La etnización de lo político en sus formas y prácticas multiculturales o pluriétnicas significa un serio desafío para los Estados siempre y cuando ésta no se limite a la reivindicación o concesión de unos derechos de minorías claramente restringidos en un sentido demográfico o espacial, sino cuando apunta a reformar de una manera general las reglas de la representación y participación del sistema político según criterios étnicos.

Para aplicar los modelos multiculturales o pluriétnicos en la práctica política, los actores, sean estos gobiernos estatales o movimientos sociales, persiguen normalmente dos estrategias: por un lado, la introducción de un sistema de cuotas para instituciones y mecanismos de representación y participación (no solamente) política a favor de grupos étnicos particulares; por otro lado, la concesión de una autonomía territorial limitada al nivel de la administración local o regional. Estas reformas ven en el reconocimiento y la organización administrativa de la diferencia étnica de la población un elemento de democratización de la sociedad y del sistema político de un país. El multiculturalismo político construye de esta manera una utopía que nos hace recordar a los pensadores nacionalistas del (inicio del) siglo XIX, que estaban convencidos de que el Estado nación culturalmente homogéneo iba a ser el garante de la emancipación política de grupos sociales históricamente desfavorecidos, en este caso, de la clase media o burguesía.

No obstante, como han mostrado los casos de Yugoslavia y Nepal, los movimientos democráticos de los años noventa del siglo XX estuvieron acompañados en varios lugares del mundo de diferentes formas de etnización de lo político que han provocado nuevas tensiones políticas y conflictos violentos expresados en el lenguaje de la indigenidad o la autoctonía. La doble cara de Jano que se observa en el caso de la etnización de lo político, y que ya se había mostrado en el caso del nacionalismo, reapareció. Inclusión y exclusión, emancipación y supresión se unieron una vez más.

El intento de arraigar las políticas multiculturales o pluriétnicas en un reglamento jurídico preciso y administrativo supone una ardua tarea. A veces, el reconocimiento y la discriminación positiva de un grupo étnico producen nuevas líneas de conflicto en una sociedad. De esta manera, la movilización étnica de los mencionados "hawaianos nativos" durante los años noventa provocó conflictos de pertenencia de los *non-native locals*, que se veían excluidos de la "nación" o "patria" (*homeland*) que el nuevo movimiento étnico reclamó para los descendientes de la población originaria de las islas (Young 1998). En el caso de Latinoamérica, conocemos otros ejemplos de este tipo, como son, entre otros, los colonos "mestizos" que se mudaron durante los años sesenta del siglo xx desde la sierra a la selva oriental del Ecuador y que a partir de finales de este decenio se verían confrontados con el nuevo movimiento indígena de los shuar, que reivindicaba sus derechos históricos sobre el mismo territorio (Hendricks 1991). El antropólogo holandés Peter Geschiere ha investigado otros ejemplos de este afán por lo indígena o autóctono en África y Europa (Holanda) y los conflictos violentos que esta ideología ha producido en algunos casos (Geschiere 2009).

En términos generales, se puede constatar que el multiculturalismo político y las políticas de identidad que lo acompañan tienden a acentuar metas particulares que amenazan con disminuir una solidaridad social (más) amplia (Benhabib 2008). En Europa se habla actualmente mucho del peligro de las "sociedades paralelas". Pero, sobre todo en el contexto africano, tanto observadores nacionales como internacionales destacan el peligro de que los líderes étnicos sigan abogando por una fragmentación del espacio político y de la estructura administrativa, provocando nuevos conflictos étnicos (Berman, Eyoh y Kymlicka 2004).

Otro problema de la reciente coyuntura de etnización de lo político es el hecho de que las organizaciones étnicas que entran al sistema del multiculturalismo político producen y consolidan nuevas "élites étnicas", mientras que la mayoría de la población a la que representan no experimenta necesariamente un mejoramiento significativo de sus condiciones de vida. Parecido al caso de los movimientos nacionalistas del siglo xix, los discursos étnicos han conllevado la tendencia a ocultar la existencia de otros factores importantes de la diferenciación social, sobre todo de clase o de género. Estas circunstancias ayudan a explicar por qué, después de la alta coyuntura de la movilización étnica en Latinoamérica durante los años noventa, en el presente se habla mucho sobre una crisis de los movimientos indígenas (Ospina 2009).

Uno de los desafíos más grandes del multiculturalismo político es establecer y definir las autonomías territoriales étnicas. En la mayoría de los casos es sumamente difícil definir las fronteras y los derechos que deberían diferenciar los así llamados "territorios originarios", *homelands*, etc., del resto del territorio nacional. Se repite de esta manera a nivel regional el dilema que ha caracterizado el proceso de la creación de Estados nación durante los siglos xix y xx. A menudo es la propia pregunta acerca de quién pertenece a la "población indígena" o "autóctona" de una región o un Estado la que produce conflictos políticos e incluso actos de violencia, como ha demostrado Peter Geschiere para el caso de Camerún y de otros países africanos de hoy (Geschiere 2009). El potencial conflictivo que emana de la definición y circunscripción de territorios administrativos étnicos dentro de las fronteras de un Estado nación no se refiere solamente a los proyectos de (re)construcción de los así llamados "territorios originarios" de pueblos indígenas de las antiguas colonias europeas en las Américas, en Asia y Oceanía. En Europa se conoce bien el caso de los sápmi, que se consideran un "pueblo indígena" que reclama un territorio histórico que se extiende por los Estados actuales de Noruega, Suecia, Finlandia y Rusia (Thuen 1995).

En búsqueda de un nuevo universalismo: interculturalidad, cosmopolitismo y buen vivir

No cabe ninguna duda de que la reivindicación de una cultura milenaria particular ha ofrecido a los movimientos indígenas de América Latina y de otras regiones del mundo un recurso político para hacer visible y afrontar la tremenda desigualdad y discriminación histórica de amplios sectores de la sociedad y proponer, sobre la base de un discurso étnico, una reforma del sistema político y de la sociedad que busca garantizar el respeto a la diversidad cultural de la población de un país. No obstante, la etnización de las relaciones sociales y sistemas políticos sigue creando conflictos a menudo violentos en diferentes regiones del mundo. El problema fundacional del Estado nación, es decir, la opresión o exclusión de grupos sociales o pueblos enteros por motivos étnicos, no ha desaparecido por completo en el modelo multicultural o pluriétnico.

Frente a los problemas y dudas que la legitimación étnica de agendas políticas ha producido a lo largo de la historia, se escuchan últimamente tanto en el espacio político como en los ámbitos académicos voces que abogan abiertamente por una desetnización de lo político. El historiador británico Eric Hobsbawm ha abogado desde una posición marxista por un retorno de los "pueblos" al "pueblo" (Hobsbawm 1998). Además, desde los años noventa del siglo xx, los mismos movimientos indígenas se distancian a veces de un enfoque puramente étnico en su lucha social y política, creando vínculos con temas y actores de otros movimientos sociales. "No todo para los indios" fue el eslogan de la campaña de la CONAIE en 2001 (Cucurella y Lucas 2002). En México, los zapatistas han rechazado a menudo la visión de unas raíces meramente regionales y étnicas del conflicto de Chiapas, poniendo de relieve una crisis del sistema político a nivel nacional. En Ruanda, como consecuencia de la guerra civil y el genocidio de los años noventa del siglo xx, sigue estando oficialmente prohibido utilizar categorías étnicas (tutsi, hutu, etc.) en el espacio público.

En relación a la herencia multicultural de muchos países actuales y la continuidad de flujos migratorios a nivel global, se están discutiendo diferentes modelos sociales y políticos que tratan de prescindir de un "enfoque grupal" de tipo étnico. Se pueden mencionar en este contexto las reformulaciones recientes de los conceptos de interculturalidad y de cosmopolitismo. Mientras que los tradicionales discursos y prácticas políticos de la interculturalidad desde los años setenta del siglo xx habían apuntado en muchos casos a integrar (si no a asimilar) a grupos de inmigrantes o minorías étnicas en la sociedad mayoritaria, la discusión actual pone de relieve desde una perspectiva poscolonial la necesidad de llegar a un verdadero diálogo entre diferentes códigos culturales. Éstos ya no son considerados como pertenecientes exclusivamente a grupos sociales particulares y cerrados, sino como característica de sociedades entendidas como pluralistas (Walsh 2009; Giebeler 2009; Mignolo 2006; Altmann 2014: 258-259 y 300-302) cuyos miembros están cada vez más involucrados en flujos transnacionales de personas, mercancías, símbolos, etc. (Appadurai 1998).

De una manera parecida, los actuales enfoques poscoloniales o desoccidentalizados del cosmopolitismo tratan de reformular la visión de una humanidad unida haciendo hincapié en la diversidad y el particularismo como punto de partida de un proceso de negociación de valores universales (Appiah 2007; Beck 2004; Antweiler 2011).

Estas reformulaciones desetnizadas o posétnicas (Hollinger 2005) de la sociedad se basan en gran parte en la tradición académica europea-occidental. No obstante, también existen hoy en día enfoques que no parten del *mainstream* político y académico occidental para repensar la relación complicada entre universalismo y particularismo, como demuestran las discusiones actuales sobre el concepto del "buen vivir" en la América andina. Conocido en Ecuador desde el cambio de milenio en su expresión quichua como *sumak kawsay* o *alli kawsay*, y en Bolivia en su versión aymara como *suma qamaña*, el concepto del buen vivir está relacionado comúnmente con el sector indígena. No obstante, con mucha razón se podría decir que el origen y desarrollo de este concepto tiene tanto rasgos interculturales como cosmopolitas. En Ecuador, fue el sarayaku Carlos Viteri quien acuñó el término de *sumak kawsay* alrededor del año 2000 como reflejo de su colaboración en un proyecto de investigación sobre desarrollo sostenible en el oriente ecuatoriano financiado por la Fundación Friedrich-Ebert de Alemania (Altmann 2014: 259-267). Conceptualizado por Viteri como modelo de economía y visión del mundo propios de los pueblos indígenas, fue Alberto Acosta, economista y futuro ministro de Economía durante la primera presidencia de Rafael Correa, e igualmente participante en el mencionado proyecto de la Fundación Ebert, quien utilizó el concepto para contraponerlo al modelo capitalista occidental de desarrollo económico. En 2007, el presidente Rafael Correa adoptó el proyecto del buen vivir en su agenda política, y por iniciativa de la CONAIE y como resultado de las negociaciones en la Asamblea Constitucional, el buen vivir fue incluido en la nueva Constitución de Ecuador de 2008 como categoría clave de un nuevo proyecto político para el país.

El fracaso en 2013 de la iniciativa Yasuní lanzada en 2007 por Rafael Correa con el fin de evitar la explotación petrolera en la Amazonía ecuatoriana a cambio de una indemnización económica internacional ha demostrado la dificultad de armonizar diferentes lógicas económicas y visiones del mundo (Arauz 2012). Por esta misma razón, se ha acusado al presidente Correa de no haber llevado adelante seriamente el proyecto. No obstante, a nivel global, el concepto del buen vivir ha sido y es recibido hoy en día con bastante entusiasmo en diferentes sectores políticos y sociales. Además, el ideario del buen vivir corresponde con enfoques científicos de la tradición occidental, como son la "ecología profunda" de Arne Naess (1912-2012) o la "ética de la tierra" de Aldo Leopold (1887-1984), y también se refleja en corrientes políticas actuales de la izquierda ecológica, como es el "socialismo del buen vivir" de Boaventura de Sousa Santos o el "biocentrismo de izquierda" de Eduardo Gudynas, entre otros (Cortez y Wagner 2010: 11-14). Frente a las evidencias actuales de un cambio global del clima puede resultar que lo que ahora para muchos parece una utopía, o sea, el diálogo intercultural entre un pueblo en la Amazonía y las Naciones Unidas como representante de la "sociedad mundo" (*Weltgesellschaft*) (Beck 1998), se pueda convertir en un futuro no muy lejano en una nueva práctica del cosmopolitismo.

Bibliografía

Altman, Philipp. *Die Indigenenbewegung in Ecuador. Diskurs und Kolonialität*. Bielefeld: transcript 2014.
Anderson, Benedict. *Imagined communities. Reflections on the origin and spread of nationalism*. Revised New Edition. London: Verso 2006.
Anderson, Terry H. *The pursuit of fairness. A history of affirmative action*. Oxford: Oxford University Press 2004.
Anthias, Floya. *Identity and Belonging. Conceptualisations and political framings*. Kompetenznetz Lateinamerika. Ed. Working Paper Series, nº. 8, 2013.
Antweiler, Christoph. *Mensch und Weltkultur. Für einen realistischen Kosmopolitismus im Zeitalter der Globalisierung*. Bielefeld: transcript 2011.
Appadurai, Arjun. "Globale ethnische Räume. Bemerkungen und Fragen zur Entwicklung einer transnationalen Anthropologie". *Perspektiven der Weltgesellschaft*. Ed. Ulrich Beck. Frankfurt: Suhrkamp 1998. 11-40.
Appiah, Kwame Anthony. *Cosmopolitanism. Ethics in a world of strangers*. London: Penguin Books 2007.
Arauz, Daniela. *Vom indigenen Menschenrecht auf Territorium zu den 'Rechten der Natur': Der ecuadorianische Staat im Spiegel des Konfliktes um Erdölfördermaßnahmen auf indigenem Territorium*. Tesis de diploma inédita. Universidad de Bamberg 2012.
Beck, Ulrich. *Der kosmopolitische Blick*. Frankfurt: Suhrkamp 2004.
— (ed.). *Perspektiven der Weltgesellschaft*. Frankfurt: Suhrkamp 1998.
Benhabib, Seyla. "Gastfreundschaft, Souveränität und demkratische Institutionen". *Kosmopolitanismus und Demokratie. Eine Debatte*. Ed. Seyla Benhabib. Frankfurt/ New York: Campus 2008. 129-159.
Berman, Bruce, Dickson Eyoh y Will Kymlicka (eds.). *Ethnicity and democracy in Africa*. Oxford: James Currey 2004.
Braathen, Morten Bøås y Gjermund Sæther (eds.). *Ethnicity kills? The politics of war, peace, and ethnicity in Subsaharan Africa*. Basingstoke: Macmillan 2000.
Brubaker, Rogers. "Ethnicity, Race, and Nationalism". *Annual Review of Sociology* 35 (2009): 21-42.
— *Ethnicity without groups*. Cambridge: Harvard University Press 2004.
Büschges, Christian. *Demokratie und Völkermord. Ethnizität im politischen Raum*. Göttingen: Wallstein 2012.
— "La etnicidad como recurso político. Etnizaciones y de-etnizaciones de lo político en la América Andina y Asia del Sur". *Etnicidad y poder en los países andinos*. Eds. Christian Büschges, Guillermo Bustos y Olaf Kaltmeier. Quito: Corporación Editora Nacional 2007. 15-35.
Cheah, Pheng y Bruce Robbins (eds.). *Cosmopolitics. Thinking and feeling beyond the nation*. Minneapolis: University of Minnesota Press 1998.

Confederación de Nacionalidades Indígenas del Ecuador. *Proyecto Político de la CONAIE.* Quito: Consejo de Gobierno de la CONAIE 1994.
Cordell, Karl (ed.). *The politics of ethnicity in Central Europe.* Basingstoke: Macmillan 2000.
Cortez, David y Heike Wagner. "Zur Genealogie des indigenen 'guten Lebens' ('sumak kawsay') in Ecuador". *Lateinamerikas Demokratien im Umbruch.* Eds. Leo Gabriel y Herbert Berger. Wien: Mandelbaum Verlag 2010. 167-200.
Cucurella, Leonela y Kintto Lucas (eds.). *Nada solo para los indios.* Quito: Abya Yala 2002.
Elwert, Georg. "Ethnizität und Nation". *Lehrbuch der Soziologie.* Ed. Hans Joas. 2ª. ed. Frankfurt/New York: Campus 2003. 245-263.
Fatheuer, Thomas. *Buen Vivir. Eine kurze Einführung in Lateinamerikas neue Konzepte zum guten Leben und zu den Rechten der Natur.* (Schriften zur Ökologie, Bd. 17). Berlin: Heinrich-Böll-Stiftung 2011.
Fisch, Jörg. *Das Selbstbestimmungsrecht der Völker. Die Domestizierung einer Illusion.* München: C.H. Beck 2010.
Geschiere, Peter. *The perils of belonging. Autochthony, citizenship, and exclusion in Africa and Europe.* Chicago: University of Chicago Press 2009.
Giebeler, Cornelia. "Conceptos de Inter-, Trans- y Intraculturalidad en la Educación". *Construyendo Interculturalidad: Pueblos Indígenas, Educación y Políticas de Identidad en América Latina.* Eds. Juliana Gregor-Ströbele, Olaf Kaltmeier y Cornelia Giebeler. Bonn: Publikationsreihe der Gesellschaft für Technische Zusammenarbeit 2009. 15-20.
Guelke, Adrian y Jean Touron (eds.). *The study of ethnicity and politics. Recent analytical developments.* Opladen: Budrich 2012.
Hachhethu, Krishna. "The Nepali state and the Maoist insurgency, 1996-2001". *Himalayan "Peoples War." Nepal's Maoist Rebellion.* Ed. Michael Hutt. London: C. Hurst & Co. Publishers 2004. 58-78.
Hendricks, Janet: "Symbolic counterhegemony among the Ecuadorian Shuar". *Nation-States and Indians in Latin America.* Eds. Greg Urban y Joel Sherzer. Austin: University of Texas Press 1991. 53-71.
Hobsbawm, Eric J. "Identitätspolitik und die Linke". *Perspektiven* 33 (1998): 25-28.
Hollinger, David A. *Postethnic America. Beyond multiculturalism.* 3ª. ed. New York: Basic Book 2005.
Kappeler, Andreas. *Russland als Vielvölkerreich. Entstehung – Geschichte – Zerfall.* 2ª. ed. München: C.H. Beck 1993.
Kaschuba, Wolfgang. *Einführung in die Europäische Ethnologie,* 3ª. ed. München: C. H. Beck 2006.
Kemner, Jochen. "Lobbying for global indigenous rights. The World Council of Indigenous Peoples (1975-1997)". *Fiar. Forum for International Research* 4:2 (2011): s.p.

KÜHL, Jørgen y Robert BOHN (eds.). *Ein europäisches Modell? Nationale Minderheiten im deutsch-dänischen Grenzland 1945-2005*. Bielefeld: Verlag für Regionalgeschichte 2005.

KYMLICKA, Will. *Multicultural odysseys. Navigating the new international politics of diversity*. Oxford: University Press 2009.

— *Finding our way. Rethinking ethnocultural relations in Canada*. New York: Oxford University Press 2004.

— *Multikulturalismus und Demokratie. Über Minderheiten in Staaten und Nationen*. Hamburg: Rotbuch Verlag 1999.

KYMLICKA, Will y Boagang HE (eds.). *Multiculturalism in Asia*. Oxford: Oxford University Press 2005.

LACZKO, Leslie. "Canada's pluralism in comparative perspective". *Ethnic and Racial Studies* 17:1 (1994): 20-41.

LEVANGIE, Shelagh. *Globalized native politics. Negotiating the UN Declaration on the Rights of Indigenous Peoples*. Saarbrücken: Akademikerverlag 2008.

MAYBURY-LEWIS, David (ed.) *The politics of ethnicity. Indigenous peoples in Latin American states*. Cambridge: Harvard University David Rockefeller Center for Latin American Studies 2002.

MIGNOLO, Walter. "The de-colonial option and the meaning of identity in politics". *Desarrollo e Interculturalidad, Imaginario y Diferencia: la Nación en el Mundo Andino*. Ed. Hamilton Magalhães Neto. Rio de Janeiro: Academia de la Latinidad 2014. 119-156.

MOLL, Harald. *First nations, first voices. Die Rechtsstellung indigener Völker Kanadas unter Berücksichtigung der besonderen Verhältnisse in British Columbia*. Berlin: Duncker & Humblot 2006.

OSPINA, Pablo. "Nos vino un huracán político: la crisis de la CONAIE". *Los Andes en movimiento. Identidad y poder en el nuevo paisaje político*. Eds. Pablo Ospina, Olaf Kaltmeier, Christian Büschges. Quito: Corporación Editora Nacional 2009. 123-146.

OSPINA, Pablo, Olaf KALTMEIER y Christian BÜSCHGES (eds.). *Los Andes en movimiento. Identidad y poder en el nuevo paisaje político*. Quito: Corporación Editora Nacional 2009.

PEELS, Peter. "The anthropology of colonialism. Culture, history and the emergence of Western governmentality". *Annual Review of Anthropology* 26 (1997): 163-183.

PFAFF-CZARNECKA, Joanna. *Zugehörigkeit in der mobilen Welt. Politiken der Verortung*. Göttingen: Wallstein 2012.

— "Debating the State of the Nation". *Ethnic futures. State and identity in four Asian countries*. Eds. J. Pfaff-Czarnecka, A. Nandy, D. Rajasingham, T. Gomez. New Delhi: SAGE 1999. 41-98.

SÁNCHEZ, Jhon Antón. "Identidad política y movilización social de los afrodescendientes en América Latina". *Movilizando etnicidad. Políticas de identidad en con-*

tienda en las Américas: pasado y presente. Eds. Eric Javier Bejarano, Marc-André Grebe, Dawid Grewe y Nadja Lobensteiner. Madrid/Frankfurt: Iberoamericana/ Vervuert 2013. 55-78.

Scheuzger, Stephan. *Der Andere in der ideologischen Vorstellungskraft. Die Linke und die indigene Frage in Mexiko*. Frankfurt: Vervuert 2009.

Smith, Anthony D. *The ethnic origins of nations*. Oxford: Basil Blackwell 1986.

— *State and nation in the third world. The Western state and African nationalism*. New York: St. Martin's Press 1983.

Spivak, Gayatri. "Subaltern studies. Deconstructing historiography". *The Spivak reader*. Eds. Donna Landry y Gerald MacLean. London: Routledge. 203-236.

Thuen, Trond. *Quest for Equity. Norway and the Sami Challenge*. St. John's: Institute of Social and Economic Research 1995.

Young, Kanalu G. Terry. *Rethinking the native Hawaiian past*. New York: Garland Publishing 1998.

Walsh, Catherine. *Interculturalidad, estado, sociedad. Luchas (de)coloniales de nuestra época*. Quito: Abya Yala 2009.

Warikoo, K. y Dawa Norbu (eds.). *Ethnicity and politics in Central Asia*. Denver: Academic Books 2000.

Ciudadanía étnica: un modelo pertinente para América Latina[1]

Guillermo de la Peña

Hauxa Manaka: ¿promesa incumplida?

En una solemne ceremonia celebrada el día 28 de abril del año 2008 en la comunidad o'dam de San Bernardino de Milpillas Chico, municipio de Pueblo Nuevo, Durango, se firmó el Pacto Hauxa Manaka, un documento que prometía un notable avance en el reconocimiento de los derechos culturales de los pueblos indígenas, y en particular del pueblo wixarika, también conocido como huichol. Ante el presidente de la República, suscribieron este documento los gobernadores de los estados de Durango, Jalisco, Nayarit, San Luis Potosí y Zacatecas, y fueron testigos de honor el director general de la Comisión Nacional para el Desarrollo de los Pueblos Indígenas (CDI) y representantes del Congreso de la Unión.[2]

El Pacto recoge las conclusiones de la Consulta sobre los Lugares Sagrados del Pueblo Wixarika, llevada a cabo en 2006 y 2007 por la CDI; a partir de ella, se reconocen los cinco lugares sagrados más importantes en la cosmovisión wixarika, correspondientes a los puntos cardinales que marcan los confines del mundo y constituyen sitios de peregrinación. El Pacto asume el nombre de uno de ellos, Hauxa Manaka, que la tradición coloca en las inmediaciones de la comunidad de San Bernardino, en la cumbre del Cerro Gordo. Los gobiernos estatales se obligan a promover leyes y normas para proteger la continuidad de estos cinco lugares y las rutas para acceder a ellos —cuatro se

---

[1] Versión revisada del texto preparado para el Congreso "Dinámicas de inclusión y exclusión en América Latina. Perspectivas y prácticas de etnicidad, ciudadanía y pertenencia", organizado por la Red de Investigaciones sobre América Latina (Alemania), la Universidad de Guadalajara y el CIESAS, Guadalajara, Jal., 4-6 de septiembre de 2013.

[2] Véase el texto del Pacto en el *Periódico Oficial del Estado de Nayarit*, 15 de noviembre de 2008.

encuentran fuera de los territorios comunitarios huicholes– así como a respetar el libre tránsito de los peregrinos. En particular, se refieren al sitio llamado Wirikuta, ubicado en el desierto de Real de Catorce, en el estado de San Luis Potosí. Las autoridades confirman además el derecho constitucional de los pueblos indígenas a mantener y reproducir su cultura y se comprometen a apoyar su conocimiento y difusión.[3]

El optimismo suscitado por el Pacto no tuvo larga duración. En declaraciones públicas, diversos representantes huicholes han denunciado el deterioro de los lugares sagrados debido a invasiones o a problemas ecológicos que no han merecido la atención de los gobernantes estatales o nacionales. Por ejemplo, el sitio denominado Haramara, en la costa vecina a San Blas, Nayarit, se ve amenazado por proyectos inmobiliarios; Hauxa Manaka es víctima de la desforestación y Xapa Wiyemeta, ubicado en una isla en el lago de Chapala, sufre la contaminación de las aguas circundantes. Pero el caso más grave es el de Wirikuta. En el desierto de Real de Catorce, el 10 de noviembre de 2010, el gobierno federal concedió 22 permisos de explotación minera, en beneficio de la empresa canadiense First Majestic Silver Corporation. Según el boletín emitido en marzo de 2011 por las autoridades tradicionales de la comunidad de Tateikie, el proyecto minero "amenaza con la afectación irremediable de la flora, la fauna y los manantiales sagrados".[4]

A Wirikuta acuden anualmente, en la estación primaveral, cientos de peregrinos huicholes, pues quienes desean ser fieles a las costumbres ancestrales deben emprender este recorrido al menos una vez en su vida. En la peregrinación realizan abluciones purificadoras en el agua de los manantiales y recogen los frutos del peyote, o *hícuri*, que es un elemento fundamental en su cosmología y sus ceremonias religiosas. Reconocida por la UNESCO como un lugar sagrado, la reserva territorial de Wirikuta ha sido además inscrita en el Sistema Estatal de Áreas Naturales Protegidas del Estado de San Luis Potosí y confirmada por el mismo estado como patrimonio cultural del pueblo huichol. Asimismo, cuenta con un plan oficial de manejo ecológico desde junio

---

[3] Siete meses antes del Pacto, la Asamblea de la ONU había aprobado la Declaración sobre los Derechos de los Pueblos Indígenas, cuyo artículo 12 les reconoce el "derecho a mantener y proteger sus lugares religiosos y culturales y a acceder a ellos privadamente". Véase el texto completo de la Declaración en Stavenhagen (2007: 173-183).

[4] Citado en <http://frenteendefensadewirikuta.org/wirikuta/>. Este sitio es una de las mejores fuentes de información sobre los problemas del territorio de Wirikuta a partir de las concesiones mineras.

de 2008. La concesión minera ignoró este plan, pues incluyó 15 explotaciones que afectan más del 60% del área protegida. Para defenderse, las autoridades huicholas, en febrero de 2012, emitieron la Declaración de Wirikuta, que fue difundida por los medios y por Internet.[5] Además, con el apoyo de asociaciones civiles, promovieron un juicio de amparo en el Distrito Federal. Por otra parte, expresaron alarma ante la intervención minera tanto el alto comisionado para los Derechos Humanos de la Organización de las Naciones Unidas como el relator especial sobre los Derechos de los Pueblos Indígenas de la misma institución. Este último elaboró un reporte sobre el caso, fechado el primero de septiembre de 2011; en éste indicaba que, de acuerdo al artículo 7 del Convenio 169 de la Organización Internacional del Trabajo, el gobierno mexicano tenía la obligación de realizar estudios sobre los efectos de las concesiones mineras en colaboración con el pueblo wixarika, cosa que no había hecho. Y añadió que, de conformidad con el artículo 19 de la Declaración de la ONU sobre los Derechos de los Pueblos Indígenas, cualesquiera concesiones que repercutan en las costumbres de tales pueblos deberían contar con "el consentimiento libre, previo e informado" de los afectados.[6]

La defensa de Wirikuta

En marzo de 2013 el Consejo Regional Wixarika para la Defensa de Wirikuta, integrado por autoridades tradicionales del pueblo huichol, presentó una solicitud de amparo ante la justicia mexicana en contra de las concesiones otorgadas a la First Majestic Silver Corporation. Este hecho fue conocido a través de la prensa nacional e internacional y de instituciones como Cultural Survival. Además, las protestas públicas realizadas durante los últimos meses por representantes huicholes y organizaciones no gubernamentales no sólo han llamado la atención de la sociedad mexicana, sino que también han provocado nuevas reacciones internacionales. Incluso la propia empresa minera, bajo presión, ha ofrecido "ceder" los espacios que ocupan los sitios sagrados y renunciar a llevar a cabo obras que los afecten. Un ofrecimiento que, hasta la fecha, ha quedado en el aire. Sin embargo, la justicia federal ha dado entrada

---

[5] Véase: <http://consultaprevia.org.mx/?page_id=200926>.
[6] <http://unsr.jamesanaya.org/casos-2011/08-mexico-situacion-del-supuesto-otorgamiento-de-concesiones-mineras-en-la-region-de-wirikuta-real-de-catorce-san-luis-potosi-donde-se-encuentran-sitios-sagrados-del-pueblo-wixarika-huichol>.

al trámite de amparo y ha ordenado la suspensión provisional de los trabajos mineros, aunque esto aún no garantiza que el trámite sea exitoso.[7]

En este contexto, es necesario reflexionar sobre el caso de Wirikuta, no sólo por su importancia intrínseca, sino también porque es ilustrativo de la problemática relación existente entre las culturas indígenas, su reconocimiento constitucional y la política económica de México. En primer lugar, encontramos una diferencia radical en lo que podríamos denominar "estilos ontológicos"; es decir, en las concepciones acerca del origen, la composición y el funcionamiento del cosmos (cfr. Descola 2013). En el caso específico del debate por Wirikuta, hay un fuerte contraste entre la forma en que los huicholes conciben cómo está constituida la realidad del mundo y la forma en la que la entienden las autoridades económicas de la república mexicana. Para estas últimas, la tierra y el agua, las montañas y los valles, el viento y las piedras son recursos aprovechables para producir riqueza material, mediante la mejor tecnología disponible y en consonancia con las oportunidades que brinda el mercado global. Desde tal perspectiva utilitaria, el discurso acerca del valor de los lugares sagrados es tal vez una metáfora poética, pero no un argumento válido para desmantelar un proyecto que genera ganancias. En cambio, para los huicholes, la naturaleza refleja la historia que los vincula con sus ancestros divinizados, de quienes han recibido los bienes terrenales como herencia que ellos pueden usar para sobrevivir. Para merecer y disfrutar esta herencia, es obligatorio protegerla de maltratos y devastaciones, así como cumplir con los rituales prescritos por la costumbre y depositar ofrendas en los puntos que recorrieron los ancestros. La ruta de peregrinación a Wirikuta, así como el paisaje desértico en donde brotan los manantiales y crece el peyote, representan y reproducen narrativas que explican el origen de la etnia wixarika y otorgan actualmente significado a su vida y costumbres cotidianas.[8]

Tratar de entender y respetar las ontologías y las cosmologías de los indígenas –sean éstos huicholes, tarahumaras, mazatecos, mixes, etc.– no implica reificar las culturas de estos pueblos como bloques homogéneos e inmutables. Todas las culturas manifiestan diferencias internas y están inmersas en procesos de cambio que las resignifican (De la Peña 1998; Martínez Casas 2007; Hernández Castillo 2008). Pero en cada grupo cultural las mudanzas se inter-

---

[7] Diario *El Economista* (México, D.F.), 12 de septiembre de 2013.
[8] Para información sobre el mundo huichol, la peregrinación a Wirikuta y sus significados, véanse, entre otros, los trabajos de Myerhoff (1974); Ortiz Monasterio, Nava y Mata Torres (1998); Jáuregui y Neurath (2003) y Liffman (2012).

pretan de acuerdo a los modelos cognitivos existentes y la resignificación sigue una lógica propia. Forzar los cambios y desdeñar las interpretaciones étnicas del mundo implica actos violentos de agresión, que provocan resistencia. Una resistencia que no puede comprenderse desde una visión histórica superficial o una filosofía supuestamente moderna –en realidad, crasamente utilitarista– que quiere reducir los valores simbólicos a pesos y centavos.

En los últimos años, una de las maneras de expresar resistencia por parte de los pueblos indígenas ha sido mediante la invocación del derecho a la cultura propia como derecho humano, al tenor de los documentos internacionales que han suscrito la mayoría de los Estados miembros de la ONU (véase Stavenhagen 2007). Además, en México y muchos países latinoamericanos, el derecho a la cultura propia tiene explícitamente rango constitucional, a causa de las reformas aprobadas por los congresos en las dos últimas décadas. Lo cual no deja de ser paradójico, pues justo en este periodo muchos Estados de la región adoptaron las medidas neoliberales del llamado Consenso de Washington y adaptaron sus legislaciones en consecuencia. Es paradójico, porque en la lógica neoliberal se espera y se favorece que los individuos participen, tanto en las colectividades nacionales a las que pertenecen como en el ámbito internacional, en dos maneras fundamentales: como productores de bienes con valor en los mercados, y asimismo en calidad de consumidores de esos bienes. En otras palabras, el Estado neoliberal reconoce y promueve de manera prioritaria el derecho de los individuos a participar libre y racionalmente en los mercados, dentro y fuera de sus países. Este derecho define un tipo de ciudadanía marcada por criterios globales de oferta y demanda (Ong 2006) y ejemplificada por los papeles sociales de empresario, trabajador productivo y consumidor. Sin embargo, en la estructura jurídica del Estado mexicano –y también de otros Estados, de América Latina y de otras partes del mundo– existen diferentes criterios para definir qué es ser ciudadano. En los párrafos siguientes, trataré de analizar la coexistencia de diversos tipos de ciudadanía, así como la importancia de lo que llamo ciudadanía étnica.

Ciudadanía: vicisitudes de un concepto

El concepto moderno de ciudadanía surgió en los siglos xviii y xix, a partir de dos corrientes entrelazadas de pensamiento: la Ilustración y la filosofía liberal. Ambas proclamaban la autonomía del individuo como sujeto fundamental de la moral, la política y la economía. Los derechos ciudadanos proclamados por los documentos de la Revolución Francesa y la Declaración de Independencia estadounidense se referían a las libertades civiles del individuo, quien debía tener la capacidad de actuar conforme a su razón e interés, sin limitaciones corporativas, pero respetando la libertad de los demás individuos. Estos derechos civiles producirían una sociedad racional e igualitaria, y permitirían el desarrollo del mercado como fuerza organizativa de la vida económica. Para garantizar el respeto a la libertad individual, era menester que existiera separación formal y real entre el poder judicial y el ejecutivo. Este último tendría como función eminente la vigilancia del respeto a las libertades, guiada por leyes exigibles para todos y promulgadas por un Parlamento independiente y representativo.[9]

El proyecto de ciudadanía liberal suponía que la igualdad frente a la ley y la participación libre en el mercado conducirían a la nivelación social y económica, y que la representatividad democrática, instrumentada por el sufragio, obraría como prevención del despotismo político y económico. Sin embargo, no tardaron mucho en desmentir tales supuestos los hechos denunciados tanto por los teóricos del socialismo y del comunismo como por los liberales reformistas. La libre concurrencia por sí misma no favorecía la distribución de la riqueza. Ni la igualdad frente a la ley ni el sufragio democrático (que, por cierto, tardó muchísimo en ser efectivo y universal) frenaban la concentración del capital ni el avance de una industrialización que dislocaba radicalmente las formaciones socioeconómicas tradicionales y convertía a la mayoría de la población en un proletariado empobrecido, explotado e indefenso. De poco o nada valían las libertades civiles en abstracto a quienes no podían ejercerlas en concreto, por carecer de los recursos suficientes para llevar una vida digna. En consecuencia, a lo largo del siglo XIX y en las primeras décadas del XX, los movimientos sindicales y los partidos y organizaciones de izquierda reclamaron un nuevo tipo de derechos: los derechos sociales. Para garantizarlos, el Estado debía intervenir en los mercados de bienes y de trabajo para (al menos) acotar la explotación, disminuir las diferencias entre las clases y frenar el proceso de pauperización. Surgió así el concepto de ciudadanía social, por el que se reclamaban salarios mínimos, condiciones humanas de trabajo, vivienda digna, y acceso universal a la educación escolar y a los servicios de salud.

---

[9] Para una exposición crítica de las ideas liberales sobre ciudadanía, véase Bauman 2002.

A lo largo del siglo xx, y sobre todo en las décadas posteriores a la Segunda Guerra Mundial, los partidos de tendencias laboristas y socialdemócratas propugnaron, al interior de la esfera capitalista, regímenes de ciudadanía que combinaran el componente liberal y el componente social; esto es, un equilibrio entre los derechos civiles, políticos y sociales. En la formulación de una teoría de los derechos sociales, la figura más importante fue probablemente T. H. Marshall, cuyo ensayo *Ciudadanía y clase social* se publicó en 1950 y sirvió de plataforma a las discusiones posteriores. Ahora bien, tanto Marshall como sus predecesores liberales suponían que la ciudadanía se ejercía al interior de un Estado que la garantizara; pero, al incorporarse el concepto de derechos sociales, se implicaba que el Estado tendría la fuerza y la centralización suficiente para intervenir en los mercados y emprender políticas de bienestar para toda la población (Roberts 1995). Además, la socialdemocracia adoptó otro precepto del liberalismo y de las nacientes teorías de la modernidad: que la ciudadanía requería de la existencia de una colectividad culturalmente unificada, bajo un Estado nacional que tuviera la capacidad de mantener (e incluso crear) no sólo la unidad política, sino también la unidad de la cultura. La nación moderna, concebida en términos de homogeneidad de lengua, símbolos, memoria histórica, valores y costumbres se postulaba como condición de posibilidad para lograr la comunicación de los ciudadanos entre sí y con el gobierno, la formulación de metas compartidas, la acción colectiva, la eficiencia económica y la movilidad social (Gellner 1989).

El concepto de derechos sociales, al llevar implícito el reconocimiento de las diferencias que la clase social introducía en los reclamos legítimos de los ciudadanos, establecía un contraste muy importante con la ciudadanía universalista de los liberales. Ahora bien, en el enunciado marshalliano este contraste se resolvía planteando que la superación de las desigualdades sociales reforzaba precisamente la capacidad ciudadana de los individuos. Con todo, ni Marshall ni los tratadistas de su época tomaron en cuenta las diferencias étnicas y culturales que podían impactar en la ciudadanía (Turner 1990), ni hicieron mención de la Carta de la ONU, promulgada en 1948, en donde se instauraba la noción de derechos humanos exigibles globalmente y se establecía el disfrute de la cultura como uno de esos derechos. Pero el reconocimiento explícito del derecho de las *minorías* culturales a sus propias culturas ocurrió sobre todo en otros dos documentos sobresalientes del mismo organismo internacional: el Pacto de los Derechos Económicos, Sociales y Culturales y el Pacto Internacional de los Derechos Civiles y Políticos, ambos de 1966 (ratificados por la Asamblea en 1976). En este reconocimiento se adoptaba el concepto de cultura en su sentido antropológico. Por su parte, otras instituciones filiales de la ONU adoptaron posiciones que rechazaban y combatían el racismo y cualquier discriminación por razones de género, edad, etnia, lengua o capacidades físicas (Stavenhagen 1984). De esta manera, la jurisprudencia internacional fue creando nuevas bases para la construcción de una nueva teoría global de la ciudadanía.[10] Para el tema que nos ocupa son particularmente relevantes los documentos internacionales que introducen el concepto *pueblo indígena* (que va más allá del término *minoría* cultural o étnica) al vocabulario jurídico internacional y se sientan las bases para reconocer a estos pueblos como sujetos colectivos de derechos, entre los que se cuentan la conservación y reproducción de su cultura, el control del uso de sus recursos y la autonomía política.

Como es sabido, las demandas por los derechos culturales han sido, en todo el mundo, motivo de discusiones e interpretaciones múltiples a lo largo de las últimas décadas. (Si los derechos sociales siguen siendo un dolor de cabeza para los liberales fundamentalistas, los derechos culturales pueden producirles apoplejía.) Me referiré brevemente a dos álgidas cuestiones en disputa. La primera se refiere al reconocimiento de sujetos colectivos de derecho. La cultura en su sentido antropológico no se predica simplemente por los individuos, sino por las colectividades; por tanto, si éstas poseen derechos propios se da al traste con la primacía del sujeto individual. Algunos autores (Taylor 1995; Villoro 1998, Salmerón 1998, Olivé 1999; Kymlicka 1989, por ejemplo) han buscado una solución conciliadora al plantear que, puesto que la realización de los individuos es imposible fuera de una comunidad cultural, es indispensable por tanto fortalecer los derechos colectivos de las comunidades (los que permitan y faciliten su persistencia y desarrollo) para posibilitar los derechos individuales. Otro argumento, a mi juicio muy fuerte, sostenido, entre otros autores, por James Tully (1995) y Xabier Etxeberría (2003), es que de hecho todas las legislaciones modernas reconocen algún tipo de derechos colectivos,[11] por ejemplo, el derecho de una familia de hacerse cargo de los hijos menores de edad; pero, sobre todo, se reconoce por tirios y troyanos el derecho de los Estados como entida-

---

[10] En particular, el Convenio 169 de la Organización Internacional del Trabajo (1989), la Convención sobre la Protección y Promoción de la Diversidad de las Expresiones Culturales de la UNESCO (2005) y la Declaración de los Derechos de los Pueblos Indígenas de la ONU (2007). Véase Stavenhagen (2007).

[11] Todavía más: aunque no lo reconozcan, todas las Constituciones incluyen concepciones heterogéneas de derecho.

des colectivas a la autodeterminación, al territorio, al gobierno propio, a la no intervención extranjera, etc. La segunda cuestión en disputa se refiere al tema de la heterogeneidad de los valores y las costumbres, puesto que al proclamarse la legitimidad de los derechos culturales diferenciados se admite la legitimidad de valores y costumbres contradictorios entre sí, que incluso podrían implicar la violación de los derechos humanos. La respuesta de Habermas (1999) a esta cuestión es que se puede admitir el pluralismo normativo y de valores, siempre y cuando se respete un núcleo intocable de derechos humanos. La acotación que hacemos muchos antropólogos a esta tesis de Habermas es que los derechos humanos también están definidos culturalmente y, por tanto, para establecer ese núcleo intocable es necesario el diálogo intercultural.[12]

En fin, no estamos hablando de cosas obvias y simples, sino difíciles y complejas. Lo que es evidente es que atravesamos un proceso intrincado de replanteamiento de la ciudadanía y del Estado nacional. En este replanteamiento se han introducido las nociones de multiculturalismo e interculturalidad. La primera alude a la necesidad de reconocer y tolerar lo diferente, pero a veces se interpreta como si las fronteras entre las culturas fueran fijas y claramente delineadas, lo cual no es sostenible en nuestro mundo de comunicaciones múltiples y vertiginosas, migraciones masivas y multilaterales, hibridaciones simbólicas y economías en flujo. Además, ha ocurrido que el multiculturalismo se piensa, desde la perspectiva neoliberal, como algo "superestructural", separado de los problemas económicos y sociales (Hale 2002). En cambio, la interculturalidad alude al respeto y la aceptación –no sólo de los símbolos del otro, sino asimismo de sus formas de pensar y vivir–, pero también alude a la interdependencia, el diálogo y al cambio (Appiah 2006). Postula que no existen culturas superiores ni inferiores, que todas son perfectibles y pueden aprender de otras y cambiar, sin que eso signifique que el aprendizaje y el cambio sean impuestos. Tiene sentido, entonces, hablar de una ciudadanía de la interculturalidad, como lo hace por ejemplo Xabier Etxeberría (2003). Sin embargo, dentro del marco que proporciona la interculturalidad puede proponerse el concepto históricamente específico de *ciudadanía étnica*, con relación a las colectividades que en los países poscoloniales –como los de América Latina– mantienen identidades y procesos culturales distintivos. Para terminar, me referiré brevemente a este concepto y recuperaré la narración inicial sobre los reclamos del pueblo wixarika sobre el territorio de Wirikuta.

---

[12] Véase al respecto Cowan *et al.* (2001).

Tránsitos: del corporativismo a la gobernanza neoliberal y las demandas por una ciudadanía étnica

Como otros países latinoamericanos, México fue construyendo, a lo largo del siglo XX, una especie de Estado de bienestar que controlaba monopólicamente los recursos y las empresas estratégicas, reconocía ciertos derechos sociales y utilizaba el sindicalismo y la reforma agraria como factores (limitados) de redistribución de la riqueza, además de prestar, en forma acotada, servicios públicos de educación y salud. En buena medida, el acceso a la *ciudadanía social* (derechos sociales y servicios públicos) estaba fuertemente mediado por la organización corporativa del Partido Revolucionario, que (bajo diferentes nombres) gobernó el país ininterrumpidamente durante 70 años. Las libertades civiles y el sufragio universal se fueron conquistando, aunque muy lentamente. En el panorama nacional, los indígenas eran utilizados como símbolo de identidad, pero la misión del Instituto Nacional Indigenista, la institución pública dedicada a "la cuestión étnica", era, fundamentalmente, la de integrarlos y *aculturarlos*.

A partir de la década de 1980, el país se ha ido transformando radicalmente mediante una serie de cambios, presentados por las clases dirigentes como partes integrantes de un paquete de democratización de la sociedad mexicana. La mayoría de las empresas estatales se ha privatizado, la reforma agraria fue suspendida, los servicios públicos han dado mayor cabida a la participación privada, las políticas de desarrollo se orientaron a favorecer preferentemente la operación libre del mercado y las políticas que implicaban subsidios se reorganizaron (como *políticas sociales*) para focalizarse en la población definida como vulnerable. Este adjetivo sirvió también para calificar a la población indígena; no obstante, la adopción por parte de México del Convenio 169 de la OIT en 1992 y los reclamos de las organizaciones y las movilizaciones étnicas (la más famosa, pero no la única, fue el levantamiento del Ejército Zapatista de Liberación Nacional en 1994) redundaron en las reformas constitucionales que reconocían los derechos de los pueblos indígenas a sus culturas y autonomía.

En este contexto se ha ido configurando, no sin conflictos, un nuevo modelo de ciudadanía, que puede adjetivarse como étnica (no simplemente *cultural*) y reclama cuatro tipos interrelacionados de derecho.[13] Los resumo a continuación.

---

[13] Puede encontrarse un desarrollo más amplio de este modelo en De la Peña (2007).

El primero se refiere a la visibilidad digna. La pertenencia a un pueblo indígena no puede ser considerada una anomalía y por tanto, la pluralidad de expresiones visibles de pertenencia –el idioma, la indumentaria, los rituales, las costumbres domésticas, etc.– deben ser aceptadas como conductas normales en una sociedad democrática. Lo mismo ha de plantearse respecto de las religiosidades y sistemas de pensamiento aborigen (ontologías, cosmologías): poseen su propia lógica y –aunque partan de supuestos distintos a los del pensamiento "occidental"– representan formas valiosas de entender la realidad.

El segundo tipo de derecho es el de conservar y reproducir, en todas sus manifestaciones, la cultura propia. Esto no implica fosilizarla ni encerrarla en un gueto: todas las culturas cambian, al ocurrir nuevas formas de adaptación al entorno que responden a la capacidad creativa de sus miembros y a aprendizajes y préstamos resignificados de otras colectividades. Pero sí implica el reconocimiento del valor de la diversidad cultural y la obligación de la sociedad y los gobiernos de no obstaculizarla, e incluso, de ayudar a su viabilidad, dada las relaciones asimétricas que existen entre los pueblos indígenas y la sociedad mayor. Las políticas de educación bilingüe e intercultural son al respecto un factor de primordial importancia; pero no han de dirigirse solamente a la población indígena, sino al público escolar en general: al significar tanto diversidad como interdependencia, la interculturalidad no puede practicarse unilateralmente. Las agresiones a manifestaciones culturales, no lesivas para otros sectores de la población, deben considerarse (y sancionarse) como violaciones a los derechos humanos y ciudadanos, pero el fomento de situaciones de "desarrollo separado" (*apartheid*) disfrazadas de protección es igualmente reprobable.

En tercer lugar, los pueblos indígenas reclaman justamente el derecho de controlar los recursos (tangibles e intangibles) necesarios para que su cultura no sea desplazada por las fuerzas de la sociedad dominante. No se busca que las culturas resistan al cambio, sino de que resistan a perder el control del cambio (cfr. Bonfil 1983): que los pueblos se conduzcan a ellos mismos por trayectorias viables de desarrollo, utilizando cuando les resulte conveniente tecnologías novedosas, pero conforme a valores propios. Tanto la protección de los territorios, tierras comunales y lugares sagrados, así como el principio de consulta previa, libre e informada acerca de políticas o intervenciones externas que afecten la vida de un pueblo buscan precisamente afianzar este derecho. Pero es igualmente importante el respeto democrático a la pluralidad de ideas, creencias, valores y símbolos.

Finalmente, sin el derecho a la autonomía política los otros derechos difícilmente son viables. Implica, ante todo, la capacidad de tener mecanismos de elección y formas de gobierno propio, pero también formas propias de representación ante los diversos niveles de gobierno de la sociedad mayor. Se trata, fundamentalmente, de la participación equitativa y no sujeta a controles corporativos en las decisiones públicas que conciernen a la vida de los pueblos indígenas en cuanto tales y en sus relaciones con la vida de la nación.

Estos cuatro tipos de derecho no son *a priori* incompatibles con la ciudadanía civil y política del liberalismo, ni con la ciudadanía social de la socialdemocracia; pero en la práctica requieren de negociaciones y ajustes que pueden ser y de hecho son contradictorios con los intereses de actores poderosos. El caso de la disputa por las concesiones mineras en Wirikuta muestra esta necesidad. El limitar la utilización mercantil de un bien raíz por respeto a creencias religiosas o al patrimonio identitario de una colectividad no atenta contra la libertad económica; simplemente la acota en función del derecho individual a la libertad de creencias y también –aunque no se formule– del derecho de una colectividad a conservar un patrimonio. No se consideraría razonable el otorgar concesiones sobre el subsuelo de la basílica de Guadalupe o de la pirámide de Teotihuacán, por más suculentos que fueran los negocios que de ahí se derivaran; pero resulta fácil menospreciar la defensa que hace un pueblo indígena de sus lugares sagrados. Y resulta difícil aceptar que en principio el patrimonio cultural de un pueblo indígena es tan valioso como el patrimonio nacional. La protección de los recursos materiales indígenas (la tierra y el territorio) es atacada porque conlleva el reconocimiento de sujetos colectivos, pero no se asume tampoco como un mecanismo de compensación social que funciona para evitar el agravamiento de la desigualdad. El derecho a la consulta previa, libre e informada es un mecanismo de gobernanza (o "gobernamentalidad") neoliberal, que en la práctica se constituye como un espacio de pugnas de poder (Rodríguez Garavito 2011); pero igualmente puede ser aprovechado por los pueblos indígenas en su propio beneficio, como lo están haciendo los huicholes. Y en lo que respecta a la autonomía, los gobiernos de todos los niveles se han resistido tanto a aceptar la racionalidad de las formas diferenciadas de autoridad (cuando no han intentado subordinarlas por mecanismos clientelistas) y a institucionalizar claramente la representación étnica. Sin embargo, en el caso de Wirikuta, gracias a las reformas a la Constitución y a la existencia del Pacto Hauxa Manaka, la petición de amparo a la justicia federal por parte de las autoridades comunales no ha sido en principio rechazada, lo que hace apenas 25 años hubiera sido impensable.

México, como muchos países de América Latina, ha reconocido, después de siglos, la diversidad cultural y étnica de su población. También ha optado por la democracia formal como sistema de gobierno. Pero le será imposible convertirla en realidad vivida sin la ciudadanía étnica y la interculturalidad.

Bibliografía

Appiah, Kwame Anthony. *Cosmopolitanism. Ethics in a World of Strangers*. New York/London: W.W. Norton and Co. 2006.
Bauman, Zygmunt. *En busca de la política*. México: Fondo de Cultura Económica 2002.
Bonfil, Guillermo. "Lo propio y lo ajeno: una aproximación al problema del control cultural". *Revista Mexicana de Ciencias Políticas y Sociales*, 27, (1983): 181-191.
Cowan, Jane K., Marie-Bénédicte Dembour y Richard A. Wilson (eds.). *Culture and Rights. Anthropological Perspectives*. Cambridge: Cambridge University Press 2001.
De la Peña, Guillermo. "Articulación y desarticulación de las culturas". *Filosofía de la cultura*. Ed. David Sobrevilla. (Enciclopedia Iberoamericana de Filosofía, vol. 15). Madrid: Trotta/Consejo Superior de Investigaciones Científicas 1998. 101-130
— *Culturas indígenas de Jalisco*. Guadalajara: Secretaría de Cultura de Jalisco 2006.
— "Derechos indígenas y ciudadanía étnica". *Agenda del desarrollo*, vol. 12: *Derechos y políticas sociales*. Coord. José Luis Calva. México: Miguel Ángel Porrúa/UNAM/Cámara de Diputados 2007.
Descola, Philippe. *Beyond Nature and Culture*. Chicago: University of Chicago Press 2013.
Etxeberría, Xabier. "La ciudadanía de la interculturalidad". *Ciudadanías inconclusas. El ejercicio de los derechos en sociedades asimétricas*. Eds. Nila Vigil y Roberto Zariquiey. Lima: Pontificia Universidad Católica del Perú/Cooperación Técnica Alemana 2003.
Gellner, Ernest. *Cultura, identidad y política. El nacionalismo y los nuevos cambios sociales*. Barcelona: Gedisa 1989.
Habermas, Jürgen. *La inclusión del otro. Estudios de teoría política*. Barcelona: Paidós 1999.
Hale, Charles R. "Does Multiculturalism Menace? Governance, Cultural Rights, and the Politics of Identity in Guatemala". *Journal of Latin American Studies*, 34, (2002): 485-524.
Hernández Castillo y Aída Rosalba. *Etnografías e historias de resistencia. Mujeres indígenas, procesos organizativos y nuevas identidades políticas*. México: CIESAS 2008.

JÁUREGUI, Jesús y Johannes NEURATH (coords.). *Flechadores de estrellas. Nuevas aportaciones a la etnología de coras y huicholes.* México/Guadalajara: Instituto Nacional de Antropología e Historia/Universidad de Guadalajara 2003.

KYMLICKA, Will. *Liberalism, community and culture.* Oxford: Oxford University Press 1989.

LIFFMAN, Paul. *La territorialidad wixarika y el espacio nacional.* Zamora/México: El Colegio de Michoacán/ CIESAS 2012.

MARSHALL, T. H. *Citizenship and social class.* Cambridge: Cambridge University Press 1960.

MARTÍNEZ CASAS, Regina. *Vivir invisibles. La resignificación de la cultura otomí en Guadalajara.* México: CIESAS 2007.

MYERHOFF, Barbara. *Peyote Hunt. The Sacred Journey of the Huichol Indians.* Ithaca: Cornell University Press 1974.

OLIVÉ, León. *Multiculturalismo y pluralismo.* México: Paidós/UNAM 1999.

ONG, Aihwa. *Neoliberalism as Exception. Mutations in Citizenship and Sovereignty.* Durham/London: Duke University Press 2006.

ORTIZ MONASTERIO, Pablo, José Antonio NAVA y Ramón MATA TORRES. *Corazón de venado.* México: Casa de las Imágenes/UAM Xochimilco/CONACULTA 1998.

ROBERTS, Bryan. *The making of citizenship. Cities of peasants revisited.* London: Arnold 1995.

RODRÍGUEZ GARAVITO, César. "Ethnicity.gov: Global Governance, Indigenous Peoples, and the Right to Previous Consultation in Social Minefields". *Indiana Journal of Global Legal Studies*, 18, (2011): 263-305.

SALMERÓN, Fernando. *Diversidad cultural y tolerancia.* México: Paidós/UNAM 1998.

STAVENHAGEN, Rodolfo. "Los derechos humanos de las minorías culturales". *Diálogos: Artes, Letras, Ciencias humanas* Vol. 20, n°. 3 (117), (1984): 48-51.

— *Los pueblos indígenas y sus derechos.* México: UNESCO 2007.

TAYLOR, Charles. "Cross-Purposes: The Liberal-Communitarian Debate". *Philosophical Arguments.* Cambridge: Harvard University Press 1995.

TULLY, James. *Strange Multiplicity. Constitutionalism in an Age of Diversity.* Cambridge: Cambridge University 1995.

TURNER, Brian. "Outline of a theory of citizenship". *Sociology*, Vol. 24, n° 2, (1990): 189-217.

VILLORO, Luis. *Estado plural, diversidad de culturas.* México: Paidós/UNAM 1998.

Negociaciones de participación y configuraciones de derechos. Conceptualizando la relación entre ciudadanía y pertenencia

Tobias Schwarz

Tema y estructura del texto

Dado que el ser humano es un ser social, la pertenencia constituye un elemento básico de las sociedades humanas y la discusión en torno a este término nos lleva directamente a reflexionar sobre la sociabilidad en sí misma. Qué significa sociedad es, ciertamente, una pregunta que ni la Red de Investigación, ni este ensayo pretenden responder. Por esta razón, se debe escoger una perspectiva desde la cual se pueda analizar la pertenencia.

El punto de partida de mis consideraciones es la pertenencia a unidades políticas, lo que refleja mi interés por inclusiones y exclusiones específicas inscritas en las políticas de membresía estatal (véase Schwarz 2013b). Por lo tanto, primero me concentro en la *pertenencia a instituciones políticas* (formal e informal).

Segundo, parto de la idea de que la pertenencia se convierte en objeto de negociaciones debido a que conlleva importantes consecuencias sociales. Este tipo de implicaciones se pueden observar en derechos y obligaciones explícitos dentro de instituciones políticas, y es sólo a causa de dichas *consecuencias de pertenencia* que cobra importancia la cuestión sobre quién puede participar y quién debe ser excluido de ellas. Un efecto de tal razonamiento es que, según mi perspectiva, tanto la simple constatación de pertenencia individual –sea ésta percibida subjetivamente o "sentida" de manera introspectiva– como la supuesta determinación "objetiva" de *pertenencia*, no son relevantes a través de una ciencia que se entiende fuera de los procesos de negociaciones sociales. En la siguiente sección, se desarrollará esta idea a través de la discusión de los enfoques en los trabajos de Rogers Brubaker (2010), Nira Yuval-Davis (2011), Floya Anthias (2006) y Johanna Pfaff-Czarnecka (2012).

En tercer lugar, a mi juicio, se puede suponer la pertenencia sobre la base de múltiples criterios, que van desde contactos temporales o funcionales, redes sueltas o estrechamente relacionadas, hasta la percepción de similitudes o la creación de grupos. Llamo a este conjunto de elementos *pertenencia sustancial* para diferenciarla de la *pertenencia nominal*.

En cuarto lugar, argumentaré que la conexión empírica entre pertenencia y ciudadanía presenta un nexo constitutivo teórico: ciudadanía es *expresión de* y, al mismo tiempo, transmite la *impresión de* pertenencia.

Al incluir la mayor cantidad posible de legitimaciones de (no) pertenencia, se constituye una base comparativa de dimensiones diacrónicas y sincrónicas, las cuales pueden ser usadas de manera productiva dentro de un proyecto interdisciplinario como la Red de Investigación sobre América Latina, en la cual, colaboran investigadoras e investigadores de institutos de historia, etnología, ciencias culturales y sociología, quienes, desde diferentes posiciones teóricas, emplean los conceptos de *pertenencia* y *ciudadanía* –entre otros– con el fin de estudiar la relación de los individuos con la organización política de lo social. En la segunda parte del texto, se presentarán algunos proyectos empíricos de doctorado y posdoctorado de la Red que parten de la interrelación entre *pertenencia* y *ciudadanía*. En mi opinión, estas perspectivas tienen en común el hecho de que, tanto la configuración de los derechos de ciudadanía como la negociación de los accesos a tales derechos, son discutidas sobre el trasfondo de la pertenencia social. Esto se debe a que toda negociación de pertenencia tematiza –por lo menos de manera implícita– los derechos (así) accesibles y, al mismo tiempo, cada negociación de derechos de ciudadanía se basa en la suposición de pertenencia. De esta manera, todos estos proyectos de investigación plantean la cuestión de en qué medida se entiende la pertenencia como el fundamento de derechos institucionalizados o informales. Por ende, y con el fin de relacionar mis consideraciones teóricas a proyectos específicos de investigación, expondré de forma más detallada algunas de las perspectivas sobre pertenencia en los trabajos empíricos de la Red.

Determinación del concepto "pertenencia"
Delimitación en unidades políticas

Dado que los seres humanos están necesariamente vinculados a redes de relaciones sociales, la pertenencia es un fenómeno social universal, por lo tanto, no existen individuos que no pertenezcan a algo.[1] En este sentido, pertenencia es un término omnipresente y, por ello, está sub-determinado como perspectiva teórica, ya que puede denominar tanto la participación en interacciones en grupos reales (círculos de amigos, vecindario) como el ser miembro de una institución social (familia, asociación, partido políticos, administración local, Estado nacional), o la asignación (propia o de otros) a categorías sociales que no poseen una organización formal (padres, desempleados, etc.), así como la pertenencia sentida por un individuo a un lugar real o a un grupo real humano. Por ende, el uso teórico del término sólo puede fundamentarse después de haberlo delimitado en su definición.

A su vez, los intentos de determinar el concepto desde su base conllevan, implícita o explícitamente, una delimitación correspondiente. Las contribuciones sociológicas que se dedican a las migraciones internacionales actuales y a la correspondiente inmigración entre Estados nacionales modernos proponen una definición consistente de pertenencia.[2] Entre otras cosas, discuten las diferencias percibidas como "culturales" o "étnicas" entre los inmigrantes y la sociedad general. Estos planteamientos se ocupan de manera detallada tanto de los reconocimientos y las discriminaciones vividas en el día a día, como de las consecuencias de la diversidad cultural para las representaciones de la cohesión de la sociedad, de aquello que es entendido como "nosotros" o de la legitimación de exclusiones. Con ello, analizan qué formas de pertenencia son o pueden ser relevantes para el autoentendimiento de unidades políticas, así como quién las determina.[3] El uso del término es definido de manera similar a través de la referencia explícita a la pertenencia *local*, por ejemplo, a un vecindario concreto (Savage, Bagnall y Longhurst 2004).

En contraste, algunos aportes limitan demasiado el significado del término "pertenencia". Johanna Pfaff-Czarnecka (2012) alega una contradicción entre pertenencias "naturales" y "evidentes". Por un lado, pertenencias en las que los seres humanos están necesariamente incorporados, y por el otro, pertenencias "artificiales" a las que clasifica como "identidad colectiva". Según este discerni-

---

[1] Según la perspectiva de la teoría de sistemas, toda exclusión ocurre dentro de la sociedad y, por ende, supone una inclusión en otro sistema parcial (Stichweh 2009: 38).
[2] Véase por ejemplo Anthias (2002); Coutin (2003); Anderson, Gibney y Paoletti (2011); Adamson, Triadafilopoulos y Zolberg (2011); Bhambra (2006); Brubaker (2010); Favell (1999); Yuval-Davis (2007).
[3] Floya Anthias (2006: 18) invierte esta perspectiva al plantear no cómo se puede lograr una cohesión dentro de sociedades heterogéneas, sino porqué la diversidad pone en peligro esta cohesión.

miento, la "identidad colectiva" acentúa las fronteras claramente definidas de lo social (Pfaff-Czarnecka 2012: 24), mientras que la "pertenencia" representa una forma "distendida" de "protección", "seguridad" y "calidez" en el seno de una comunidad "evidente" (Pfaff-Czarnecka 2012: 11, 26, 29, 79).

El observar con mayor detenimiento la contraposición prototípica de colectivos, unos fundamentados políticamente y otros "obviamente", resulta, a mi entender, empíricamente insostenible, puesto que no puede haber una "comunidad" sin concepciones políticas de orden (véase Crowley 1999: 32). Cada afirmación sobre una pertenencia presuntamente indiscutible tiene una significación política al dispensar el poder de las negociaciones sociales o incluso naturalizar la dominación. De la misma manera, el goce de derechos específicos de miembro no puede entenderse sin la aceptación de una fundamentación específica de pertenencia, por lo que cada argumentación para una membresía formal tiene que ser, de algún modo, calificada.

Esta conexión es llevada a fondo por Nira Yuval-Davis (2011) al precisar que los respectivos colectivos imaginados y la pertenencia a ellos se encuentran en una relación dialéctica los unos con la otra; es decir, que se condicionan y consolidan mutuamente (Yuval-Davis 2011: 10). Los criterios para estas suposiciones de pertenencia tienen su base en la insinuación de similitudes, de una historia compartida o de otros lazos "culturales". Considero que el reflexionar sobre la relación entre una sociedad y su organización política a través del concepto de "pertenencia" tiene *necesariamente* consecuencias excluyentes. Así formulada, la concepción de *lo político* es amplia e incluye todas las formas para la toma de decisiones sobre asuntos que conciernen a todos, es decir, no sólo el uso de derechos políticos explícitos, sino también civiles, sociales y culturales.

En esto se basa también la preponderancia de los análisis sobre pertenencia a un Estado moderno, ya que el Estado nación constituye aún en gran medida un marco relevante para las políticas de pertenencia. Las instituciones estatales son poderosos actores que pueden clasificar la (no) pertenencia con mayor relevancia en comparación con los actores individuales (por ejemplo, la categorización institucionalizada "ciudadano"/"extranjero"; véase Brubaker y Cooper 2000: 15). El Estado (nacional o las unidades subestatales institucionales) es actualmente el gestor más importante de pertenencia –con consecuencias importantes en lo legal– y por eso no puede dejarse de lado en el estudio de las fundamentaciones políticas de pertenencia.

En el trabajo de Rogers Brubaker y Frederick Cooper (2000) sobre la crítica del concepto de "identidad" veo un enfoque sistemático que también intenta ampliar el estudio de pertenencias. Los autores apelan por una diferenciación entre "strongly binding, vehemently felt groupness" y "more loosely structured, weakly constraining forms of affinity and affliation" (Brubaker y Cooper 2000: 21).[4] Asimismo, desglosan las relaciones sociales —a las que se puede aplicar el concepto weberiano de *Zusammengehörigkeitsgefühl* (sentido de pertenencia compartido)— en características comunes aceptadas por los actores (*commonality*), por un lado, y en el vínculo percibido entre ellos (*connectedness*) por el otro; asimismo, plantean una interacción variable entre estos dos factores (Brubaker y Cooper 2000: 13).

Por ejemplo, en las identidades nacionales colectivas se observa bastante comunalidad y pocas conexiones; en las redes de relaciones sociales se observa bastante conexión pero poco en común. Según el significado atribuido a las comunalidades supuestas o las conexiones vividas, resultan diferentes constelaciones que van desde lazos bastante sueltos, clientelismo, fusiones temporales o contactos funcionales (por concordancias parciales determinadas o intereses comunes), hasta la formación de grupos en sentido estricto. Sólo la última genera *groupness*, la que se caracteriza por su "emotionally laden sense of belonging to a distinctive, bounded group" (Brubaker y Cooper 2000: 19). Es precisamente este razonamiento tan estrecho, centrado en el concepto de grupo, el que ha sido puesto en tela de juicio como "peril of belonging" (Geschiere 2009).

También Thomas Eriksen nombra las relaciones sociales "clientelistas", por ejemplo, como una forma de ordenación social que se distingue de otras formas "tradicionalistas" (entre las que también se encuentra la etnicidad; Eriksen 2002: 152). Estas clases distintas de pertenencias pueden influir las unas en las otras, fortalecerse entre sí o pueden ser incompatibles. Mi concepción de pertenencia también comprende diferentes formas, con el fin de poder abarcar las amplias variaciones de representaciones de pertenencias. Considero imprescindible una diferenciación de este tipo sobre todo para aquellos contextos en los que deben ser comparados diferentes casos.

Igual de confusa como la sola referencia a *groupness*, o su exclusión, considero la contraposición de "emocional" contra "funcional" (o "instrumental") como se lee en los trabajos de Pfaff-Czarnecka, Yuval-Davis y otros, y que

---

[4] El argumento principal de los autores es que en el caso de *groupness* y/o *commonality* resulta sensato hablar de "identidad", pero no cuando se trata de categorizaciones externas. Tampoco se puede hablar de que seres humanos/grupos tengan una "identidad" cuando se trata de autoidentificaciones estratégicas.

también es sostenida por Joel Migdal.[5] Este último argumenta que las demarcaciones sociales ayudan a transformar "instrumental alliances" en "communities of belonging with deep affective ties" (Migdal 2008: 15). Mi entendimiento de pertenencia, sin embargo, no requiere de lazos afectivos profundos, sino que analiza la tensión existente entre relaciones instrumentales y negociables, por un lado, y las asumidas como significativas y consistentes, por el otro. Si únicamente los lazos "profundos" y emocionalmente fortalecidos generaran pertenencia, las demarcaciones así surgidas no necesariamente serían flexibles.

Frente al concepto de identidad colectiva no se habría ganado entonces nada si partiésemos exclusivamente, como Migdal, de "communities of belonging, wich hold together beyond people's momentary considerations of their personal interests" (Migdal 2008: 15). Pues, incluso siendo absolutamente correcto que existe una diferencia básica entre relaciones emocionales y aquellas puramente racionales, ambas formas son pertenencia: en el primer caso imaginada como "natural", y con ello fuera de todo tipo de cuestionamiento; en el segundo, interesada, efímera o, de una manera similar, "producida". Sin embargo, con esto no se descarta la posibilidad de que una relación funcional también pueda ser sublimada simbólicamente para hacerla (más) eficaz (por ejemplo, la estrategia de la gerencia de una empresa que se dirige a sus empleados como miembros de una familia para producir una mayor identificación entre ellos). De igual manera, las alianzas estratégicas o instrumentales también pueden convertirse en uniones emocionales significativas a través de rituales o con el transcurso del tiempo (cuando los ya mencionados empleados realmente se identifican con la frase "somos una familia").

En este sentido, considero adecuado el uso de un concepto de pertenencia que contenga dimensiones importantes en cuanto al término de identidad (como acertadamente sugiere Pfaff-Czarnecka 2012: 19), pero que no se limite a éstas. Imaginaciones de similitud e identidad son, a mi juicio, también un posible elemento con el que se puede fundamentar pertenencia, además de relaciones situacionales, proyectos políticos compartidos u otras relaciones sociales que producen lazos colectivos. El análisis de representaciones de per-

---

[5] Sin embargo, precisamente debido al carácter omnipresente de pertenencia, ésta no es, necesariamente, un "deseo" humano. Sólo en el idioma inglés la palabra *belonging* refleja un deseo o añoranza (por su cercanía a *to be longing for…*), mientras que esta connotación no está difundida en otros idiomas. La raíz *par* (del latín *pars*, 'la parte') de los términos romances *pertenecer*, *appartenance*, etc., así como el término alemán *Zugehörigkeit*, indican, por el contrario, directamente la relación del individuo con el todo.

tenencia debe incluir, entonces, todas las fundamentaciones de pertenencia posibles como equivalentes y examinarlas de acuerdo a su efectividad empírica: desde el origen común, la cultura compartida, los mismos intereses, las clasificaciones o identificaciones de distinto nivel de poder, hasta las uniones funcionales y temporales.

Partiendo del enfoque central de mi trabajo empírico, me concentro en la pertenencia (formal e informal) a instituciones políticas (a saber, un Estado nacional, una comunidad indígena, un municipio local, etc.). Mi interés consiste en una forma determinada de pertenencia social, la cual presenta importantes consecuencias sociales de una manera específica: se encuentra estrechamente relacionada con los derechos de ciudadanía, la participación política y la afirmación del poder.

Pertenencia como objeto de negociaciones

El significado de pertenencia se hace visible cuando las negociaciones no son evidentes; es decir, cuando los criterios que hacen que se distinga entre pertenecientes y no pertenecientes se convierten en objetos de negociaciones. Se negocia la pertenencia porque tiene importantes consecuencias sociales: tanto derechos u obligaciones explícitos en contextos institucionales como, a un nivel más general, la aprobación de la existencia de una institución social a través de la afiliación informal a ella. Sólo debido a consecuencias de esta índole es relevante la cuestión sobre quién puede o debe participar.

Puesto que las negociaciones de pertenencia con consecuencias sociales constituyen el punto de partida para las siguientes reflexiones, se puede excluir del análisis la simple constatación de pertenencia desde una perspectiva individual, en la que la pertenencia es percibida de manera subjetiva o "sentida" introspectivamente. En el presente ensayo no se trata de esbozar un modelo que determine en qué caso los individuos se sienten pertenecientes, pues una perspectiva de este tipo –limitada a la presencia de lazos sociales percibidos subjetivamente y supuestamente más allá de toda reglamentación social– significaría una determinación psicológica de pertenencia y no de sus respectivos fundamentos e influencias sociales. Por el contrario, parto del hecho de que es a causa de las relaciones de poder social que existen condiciones que posibilitan o dificultan la experiencia de pertenencia. Al mismo tiempo, la pertenencia, percibida como evidente o como controvertida, puede afectar, en diferentes grados, las relaciones sociales futuras. Por estos motivos, resulta productivo para el estudio de la pertenencia, analizar sus representaciones junto con sus influencias en las negociaciones sociales.

Tampoco se trata de definir supuestas pertenencias "objetivas" a través de una ciencia que se entiende fuera de los procesos sociales de negociación. Una perspectiva de este tipo sólo situaría, a través del uso clasificatorio de conceptos sociológicos determinados, a individuos y grupos en determinadas categorías a las que, según los investigadores, éstos pertenecerían. Es en este sentido como entiendo –y lanzo– la propuesta de Yuval-Davis de incluir "positionalities", entendidas como dimensiones estructurales de desigualdades, en la definición de pertenencia.[6]

Es por ello que no defiendo la idea de realizar un análisis estructural, ocupado en diagnosticar en qué medida existe o se da la pertenencia, y que derive en declaraciones fundamentadas de manera causal que competen a otros campos (por ejemplo, intentando explicar exclusión social, desigualdad o marginación a través de la falta de pertenencia). Una definición de esta naturaleza reflejaría, en dicho caso, el *resultado temporal* de determinadas representaciones de pertenencia (para las que ya existen acercamientos más aptos como los estudios de desigualdad social), más no las constelaciones de poder y los procesos que llevan a la negociación de dichas representaciones de pertenencia. Las ciencias sociales se convertirían, entonces, en un actor clasificador que establece pertenencia de manera normativa.

De manera diferente a Yuval-Davis, también Brubaker y Cooper hablan de "social location" (Brubaker y Cooper 2000: 17). Entiendo esta perspectiva no como una localización socio-estructural "desde afuera" sino como una perspectiva de los actores dentro de su entorno. En ese sentido, se refiere a cómo los seres humanos se posicionan a sí mismos en relación con su medio ambiente, frente a otros seres humanos y a otros objetos, a través de cercanía y lejanía espacial o social, de experiencias biográficas, en cuanto a una red compuesta de las agrupaciones antes mencionadas y/o de clasificaciones e identificaciones.

---

[6] "Being a man or a woman, black or white, working class or middle class, a member of a European or an African nation, people are not just different categories of social location, with different contextual meanings, they also tend to have certain positionalities along axes of power that are higher or lower than other such categories" (Yuval-Davis 2011: 13). Si bien Yuval-Davis resalta que su análisis de pertenencia busca incluir "different facets" con el fin de no transmitir un cuadro con planos de base y superestructura (Yuval-Davis 2011: 7), sí basa su concepto de "positionalities" de manera evidente en "social locations" definibles a partir de la "estructura" social.

Las representaciones de pertenencia de los actores (desde intelectuales, organizaciones políticas, hasta administraciones del Estado nacional) son, en mi opinión, los objetos que realmente merecen ser investigados. Este enfoque se centra en establecer cómo y a través de qué llegan a ser influyentes, sin el ánimo de establecer pertenencias por su iniciativa propia.

Diferenciación entre pertenencia nominal y sustancial

La pertenencia puede ser supuesta sobre la base de diversos criterios. A esta base la llamo *pertenencia sustancial* con el fin de poder diferenciarla de la negociación de *pertenencia nominal*. La pertenencia nominal, es decir, el proceso de negociación que lleva a la constatación de pertenencia, puede tener dos formas: primero, este proceso puede ser informal, por ejemplo, a través de clasificaciones o identificaciones rutinarias en las que la pertenencia (sustancial) se supone de manera implícita. En segundo lugar, puede ser regulada de manera explícita expresándose, entonces, a través de la afiliación formal a una institución social.

Para poder entender el uso de los adjetivos nominal y sustancial, se debe completar el entendimiento coloquial de "pertenencia" a través del uso sistemático del concepto. El concepto cotidiano connota tanto la base, según la cual se fundamenta la pertenencia, como también sus consecuencias. La comprensión no sistemática del "ser perteneciente" o del "sentirse perteneciente" abarca representaciones de unidad o características comunes, y también sus posibles efectos (esto es, la participación en decisiones colectivas, el sentimiento de tener una patria asegurada, entre otros). Tanto los fundamentos como las consecuencias de pertenencia se funden los unos con los otros en el hecho de ser perteneciente. Que esta comprensión cotidiana sea redundante –esto es, que considere que la pertenencia se basa en la pertenencia (por ejemplo en las relaciones con otros seres humanos) y que la pertenencia genera pertenencia (por ejemplo en la identificación con un grupo)– deja de ser problemática cuando estos componentes, distintos en su lógica, se adhieren entre sí completamente. Sin embargo, cuando uno de ellos se convierte en objeto de controversia se hace necesario su separación teórica. Este tipo de problemáticas se dan cuando los fundamentos de pertenencia se convierten en objetos de negociaciones conflictivas o cuando se advierten confusiones en la generación de una teoría científica, tal como sucedió al final de la década de los años noventa con la crítica al amplio concepto de identidad.

Por esta razón y para el uso sistemático del concepto de pertenencia, propongo llamar "pertenencia sustancial" a aquellos criterios que justifiquen suponer la pertenencia. El concepto de "pertenencia nominal", por el contrario, estará reservado para la comprobación (temporal o controversial) de la pertenencia dentro de un proceso de negociación. Las consecuencias de una comprobación de este tipo no serán tocadas por estos dos conceptos.

El concepto de *pertenencia sustancial* se refiere tanto a las fundamentaciones para suponer pertenencia como a sus combinaciones, incluyendo todos los criterios posibles: desde características vistas como comunes, tales como un origen común o una cultura compartida, los mismos intereses, etc., hasta las uniones funcionales y temporales. Según esta comprensión, están incluidas las representaciones que son alternativas a grupos cerrados y que, sin embargo, generan relaciones y vínculos: redes, experiencias compartidas, decisiones racionales y funcionales, recuerdos de lugares, etc. Por eso, respaldo el uso de una concepción amplia de pertenencia sustancial, que contenga tanto representaciones flexibles e incluyentes como excluyentes, esencialistas y rígidas. Sólo a través de esta amplia concepción de pertenencia se puede analizar y comparar las *diferentes* formas de representaciones de pertenencia.

La *pertenencia nominal* abarca, por un lado, las negociaciones informales que permanecen siempre implícitas y, por el otro, la constatación formal y explícita de pertenencia. Por un lado, encierra la pertenencia experimentada o "sentida" en lo cotidiano, que es informal en el sentido de que no es regulada explícitamente, sino que se basa en identificaciones de actores individuales; pero al mismo tiempo, la participación o la discriminación vivida cotidianamente no suceden, evidentemente, a voluntad o por casualidad, sino que se estructuran de acuerdo a las condiciones dentro de una sociedad. Quién se identifica con qué y porqué no es una decisión individual, sino que sigue modelos sociales de posicionamiento y clasificación, y, lo que es más importante para mi forma de entender la pertenencia, éstos son interpretados de manera diferente por los diversos actores, deben ser negociados y pueden cambiar. Establecer desde afuera este tipo de pertenencias parece a primera vista imposible; sin embargo, algunas sensaciones de pertenencia son más plausibles y difundidas que otras, incluso cuando estas representaciones informales llegan a ser contradictorias o se transforman. También en estos casos se dan definiciones informales acerca del porqué debe existir pertenencia y para qué tipo de unidades.

Por otro lado, la pertenencia nominal también contiene la participación *formal*, marcada desde afuera a través de actos clasificatorios que llevan a una concesión explícita del estatus de miembro. Además, puede originarse pertenencia a través de modos informales de participación que después son autorizados implícitamente. Estas dos formas tienen importantes consecuencias, ya que posibilitan el acceso a derechos determinados y también a obligaciones que sólo son válidas para aquellos clasificados como pertenecientes. Estas legitimaciones hacen que la pertenencia se convierta en algo valioso para el individuo y llevan a que pueda experimentar limitaciones por falta de dicha membresía.

Las instituciones sociales que regulan la pertenencia de manera implícita o explícita se extienden desde relaciones aparentemente dadas, como la familia (que se muestra sólo como biológica pero que en realidad es una institución social), por grupos reales que pueden ser vividos directamente en el día a día (como clubes sociales, colegas de una empresa, etc.) o unidades más grandes e impersonales (el pueblo o el vecindario en una ciudad, la participación en una red, el ser empleado en una empresa), hasta organizaciones políticas concretas (el estamento en la sociedad feudal, la administración de comunas hoy en día, las asociaciones profesionales, o las comunidades indígenas subestatales), incluyendo la institución abstracta del Estado (es decir, el ser súbdito de un monarca o ciudadano en el Estado nación moderno). El reconocimiento formal e informal de pertenencia se encuentra regulado en las unidades mencionadas debido a que conlleva privilegios, diferenciando a los sujetos pertenecientes de los no pertenecientes. Esta negociación de pertenencia puede estar formalizada explícitamente, por ejemplo en determinados ritos de paso de la adolescencia o del matrimonio, o a través de la naturalización en un Estado nación. Este proceso puede, no obstante, permanecer implícito, cuando por ejemplo la participación en determinadas interacciones, o incluso la simple presencia en un lugar, establece el estatus de miembro casi automáticamente, como sucede en redes informales en donde la actividad es lo que cuenta. Sólo en el caso de un reconocimiento explícito de pertenencia –el reconocimiento formal del estatus de miembro– los criterios referentes a este acontecimiento suelen ser por lo general más transparentes que en el caso de la suposición informal de pertenencia. En ambos casos es muy amplia la variedad de posibles fundamentaciones para la suposición de pertenencia y se extiende desde el parentesco, la (supuesta) ascendencia u otros aspectos en común, prácticas compartidas y otras interacciones, hasta vínculos sueltos o decisiones funcionales o temporales que establezcan vinculaciones.

Ya he señalado un malentendido generalizado, a saber, que la pertenencia nominal (la constatación de pertenencia) y la sustancial (es decir, sus fundamentos) son designadas a través del mismo término. Si se tratase de formas institucionalizadas de pertenencia, por ejemplo a una organización política, esta confusión podría eliminarse simplemente de manera conceptual hablando de "membresía" (por ejemplo, del carné de un partido político o de una nacionalidad) que se basará en la y que expresará "pertenencia". Esta diferenciación conceptual se complica aún más en relación a la significación informal del concepto, ya que, cuando surge pertenencia de manera implícita, por ejemplo a través de la larga estadía en un sitio, tanto esta fundamentación como la pertenencia en sí son llamadas "pertenencia" (puesto que no se certifica ninguna "membresía" formal). Incluso sus consecuencias, como el sentimiento de patria, también son llamadas "pertenencia".

Por esta razón, hablo de *pertenencia nominal* para denominar su negociación a través de determinaciones formales e informales (véase el concepto "policies of belonging", usado entre otros por Yuval-Davis [2007] y Brubaker [2010]). Esto implica tanto una reglamentación formal de afiliación, como atribuciones implícitas e identificaciones subjetivas. No obstante, si por el contrario, discuto qué criterios son percibidos o atribuidos como base para pertenencia, entonces estoy refiriéndome a *pertenencia sustancial*.

En cuanto a las consecuencias sociales de (no) pertenencia, no es necesaria una denominación especial, ya que éstas pueden extenderse desde la inclusión o la participación, la seguridad y la protección, el goce de derechos y de obligaciones específicas, hasta marginalidad, discriminación o exclusión. Debido a que aquí discuto la pertenencia *a unidades políticas*, "ciudadanía" se convierte, como consecuencia, en el punto central del siguiente análisis.

La relación entre ciudadanía y pertenencia

Al comienzo del presente capítulo se mencionó que el marco general de mi análisis está determinado por el enfoque en la pertenencia a instituciones políticas. Por consiguiente, utilizo el término "ciudadanía" para destacar el vínculo existente entre la pertenencia nominal y los efectos que resultan de ella. "Ciudadanía" señala tanto la pertenencia nominal a una comunidad como los derechos implícitos a esta pertenencia (por ejemplo en Holz

2000: 195).⁷ De acuerdo a mi entendimiento de ciudadanía, el estatus de miembro formal (por ejemplo una determinada nacionalidad) y la calidad y configuración de derechos relacionados a dicho estatus se constituyen recíprocamente.

Esta reciprocidad es válida en ambas direcciones: la afiliación formal no sería objeto de cuestionamiento si no conllevara derechos determinados (de los que no gozan los no pertenecientes); al mismo tiempo, este conjunto de derechos es dependiente de una relación específica: la de la pertenencia a una unidad política determinada (para la discusión de pertenencia posnacional véase Schwarz 2013b: 15-18). También Yuval-Davis (2007) remarca esta relación al indicar que los colectivos concretos se crean facilitando pertenencias a través de las negociaciones y "políticas" de pertenencia.

De este modo, la definición explícita de membresía, así como sus negociaciones informales o las múltiples suposiciones implícitas sobre (no) pertenencia sustancial, se encuentran en estrecha relación con l ciudadanía, entendida no sólo como el instante de una configuración específica e histórica de derechos, sino, además, como un proceso de postulación, ampliación o privación de dichos derechos (para una explicación más amplia de esta perspectiva de ciudadanía, véase Schwarz 2013b: 7-9).

La ciudadanía se encuentra ligada de forma ceñida a la *pertenencia nominal* al ser dependiente de una poderosa definición de membresía. Dado que los derechos de ciudadanía son siempre derechos diferenciales que no están a disposición de todos de igual manera, sino sólo a aquellos *ciudadanas/os* pertenecientes a la comunidad política, se hace necesaria la definición de esta categoría. Al mismo tiempo, todas las reflexiones sobre estos derechos incluyen siempre las negociaciones de la categoría "ciudadana/o". Este acoplamiento de derechos específicos a sujetos concretos es válido también para clasificaciones estatales y para grupos particulares subestatales equipados con derechos particulares. Teniendo en cuenta que, desde finales del siglo XX, la importancia de grupos "indígenas", "tradicionales", "marginados", etc. dentro de la población nacional correspondiente es cada vez mayor, y que subjetividades definidas, ya sean religiosas, culturales, sexuales o políticas, articulan sus exigencias específicas por derechos diferenciales (véanse

---

⁷ El término "ciudadanía" indica la pertenencia nominal a unidades estatales, subestatales o paraestatales que organizan dominación. Aunque este término connote una unidad espacial e institucionalmente definida –la ciudad–, me enfoco en él por falta de una alternativa conceptual que suponga una "ciudadanía en una unidad organizada políticamente".

Baumeister 2003; Dagnino 2006: 35-39), aumenta la necesidad de definir la pertenencia y de hacer operante su verificación.

En segundo lugar, existe un vínculo estrecho entre ciudadanía y pertenencia porque la conciencia de tener derechos puede llevar a sentirse participante. Muchas veces, sin embargo, se vive lo contrario: el no gozar de (los mismos) derechos se percibe como una exclusión de la afiliación; es decir, una puesta en cuestión de pertenencia.

Poseer los derechos correspondientes al estatus *nominal* puede ser entendido por los actores como una prueba de pertenencia *sustancial*. Esto conlleva el surgimiento de una identificación con la institución y, a su vez, la legitimación de la dominación. Un (posible, muchas veces controvertido) efecto de los derechos de ciudadanía basados en pertenencia *nominal* es que ellos confieren pertenencia *sustancial* que, a la vez, facilita que se legitime el poder. En este sentido, el hecho de saberse perteneciente y de poder participar formalmente facilita la aprobación de la dominación. Lo mismo sucede, especialmente, cuando la pertenencia nominal es un bien limitado, como es el caso de la nacionalidad exclusiva (y muchas otras afiliaciones subestatales particulares), pues sólo a través del acceso a determinados privilegios, que son otorgados exclusivamente a miembros específicos, puede generarse unión y lealtad en lugares en donde las diferencias sociales son tan grandes que un actuar comunitario no sería probable. La *suposición* de pertenencia sustancial genera, entonces, la impresión de legitimidad de poder (véase Hansen 2001: 90).

Pertenencia y ciudadanía en los proyectos de la red de investigación

Hasta ahora he argumentado que en la vida real tanto los derechos específicos de los miembros de una unidad política como sus pertenencias a ella son casi imposible de separar. No obstante, una división abstracta de estos dos elementos es absolutamente factible y permite la diferenciación ideal de tres accesos empíricos a la relación entre pertenencia y ciudadanía: a) estudios dedicados principalmente a la negociación y el acceso a los derechos antes nombrados, debido a que la pertenencia *nominal* de los actores no es objeto de controversia; b) estudios sobre la postulación de derechos a través de grupos cuya pertenencia *sustancial* es objeto de controversia (especialmente cuando no existe ningún tipo de membresía explícita); y c) estudios que se dedican al surgimiento histórico de una pertenencia política moderna y, *al mismo tiempo*, de los derechos ligados a ella.[8]

a) Pertenencia nominal inconclusa, derechos controvertidos

Desde la segunda mitad del siglo xx, los derechos ciudadanos en el mundo occidental no se limitan a una determinada categoría de raza o género. Los "viejos" movimientos sociales de las organizaciones de trabajadores o feministas, que hacia 1900 empezaron a exigir el derecho al voto, así como también el movimiento civil negro estadounidense –en la segunda mitad del siglo pasado– fueron paradigmáticos para las luchas que llevaron a la universalización del estatus de ciudadanía. A partir de entonces, se considera una anomalía que determinados grupos, pese a poseer la nacionalidad formal, puedan acceder sólo de manera parcial a los derechos inmanentes a dicha nacionalidad. De este modo, los grupos marginados son degradados a miembros de segunda clase al tener un acceso limitado a los derechos existentes *de jure*. Se cuestiona, entonces, su pertenencia sustancial, o bien, su demanda de derechos se basa en la suposición de pertenencia sustancial. También en Latinoamérica los grupos marginados han exigido desde comienzos del siglo xx lo que, de acuerdo a su pertenencia nominal como *ciudadanos*, en realidad les corresponde: ser representados políticamente de una manera adecuada. Con ello exigen, además de un estatus *formal* como miembros nacionales, también obtener el acceso fáctico a los derechos ligados a esta condición. Ya que, por lo general, se supone un vínculo estrecho entre pertenencia social y participación política, también ellos necesariamente resaltan el ser parte de la nación (o el querer serlo), por ejemplo, indígenas o negros. De esta manera pueden generar un cambio de lo que se conoce como "típicamente" mexicano, guatemalteco o brasileño. Existen trabajos concentrados en esta accesibilidad a los derechos y sus posibles formulaciones en el proceso de negociación, aquellos que tienen como tema

---

[8] Se trata de una diferenciación sistemática, ya que existen estudios individuales que unen, de facto, enfoques diferentes, por ejemplo discutiendo sucesivamente c) y a); véase Sábato (2009). Bauböck promueve que se combinen los diferentes enfoques y llama a esto "Citizenship Constellations" (Bauböck 2010). Otra línea de investigación, cuyos trabajos llevan "ciudadanía" en su título, investigan la definición, la adquisición y la pérdida del estatus de miembro nacional y sólo de manera implícita los derechos unidos a estos factores. Éste es un campo especialmente para juristas, y el concepto jurídico correcto para ello no es "ciudadanía", sino "nacionalidad".

la ciudadanía "multicultural" (Hooker 2005), "diferenciada" (Young 1989) o una ampliación de los derechos en el sentido de una "democratización" de la sociedad (Dagnino 2006; Yashar 1998).

Dentro de la Red de Investigación, tres proyectos empíricos se concentran en esta negociación de derechos por parte de las clases sociales subalternas. Johanna Below, Bea Wittger y Nadja Lobensteiner tematizan cómo los grupos marginados por medio de la pobreza, la escasa educación, el origen campesino o la cultura indígena, negocian su posición social en diálogo con y en oposición a instituciones estatales centralizadas. Las negociaciones de este tipo pueden diferenciarse según dos motivaciones: por un lado, las negociaciones de derechos por los actores puede estar legitimada universalmente (es decir, como una exigencia de una misma inclusión para todos los miembros, como en el proyecto de Wittger); por otro lado, algunos derechos pueden estar fundamentados de manera particular (como en el caso de las políticas de diferencia indígenas analizadas por Lobensteiner). En casos determinados pueden observarse transiciones entre ambos polos de legitimación (como en el proyecto de Below sobre la transformación de una identificación clasista a una culturalista).

Mediante los debates en torno a las escenificaciones públicas de "cultura y arte indígena" dentro de la maquinaria artesanal *mainstream* de la capital de Santiago de Chile, Lobensteiner analiza el empleo estratégico de identidad colectiva para la fundamentación de derechos. Determinadas organizaciones, asociaciones, científicas/os y periodistas, así como artistas y personalidades culturales, que se entienden como representantes de "los mapuches" en Chile o que argumentan en su nombre, se basan en la singularidad cultural de este grupo indígena y, al mismo tiempo, se resisten a la reivindicación de su cultura particular por parte del Estado chileno. Con ello ejercen una política de identidad ofensiva fundamentada de manera *particularista*. A partir de una posición privilegiada respecto a la disposición indígena sobre su territorio, exigen la conservación de la cultura mapuche. En este sentido, la definición estatal de pertenencia a la "comunidad mapuche" no desempeña un papel importante. También la promoción cultural, cuyas narrativas y racionalidades son el objeto de análisis de Lobensteiner, se suscribe en la "protección", "conservación" y "cuidado" de la "identidad cultural" de un "pueblo"; en cierta manera, aquellos que se entienden como personalidades culturales "indígenas" están afirmando las diferencias fijadas por el Estado. Así, un objetivo prioritario de las exposiciones estudiadas por Lobensteiner es definir y representar la indigenidad a través de la "cultura de los mapuches", la cual estaría dada de manera aparentemente indiscutible. Mediante las decisiones de los gremios sobre qué debe aparecer en las exposiciones de "arte indígena", se puede reconocer, a mi juicio, cuáles son las representaciones de pertenencia sustancial que justifican la calificación de "arte indígena".

Wittger, en cambio, se concentra en aquellos actores cuya demanda de participación social no se basa en una construcción de diferencia cultural. Analiza el movimiento de ocupación de viviendas en Río de Janeiro y demuestra que los actores ven la ocupación de edificios vacíos como la reclamación de un derecho social legitimado universalmente. En Brasil, la exclusión de determinados grupos de la población de sus plenos derechos ciudadanos tiene una larga tradición. A lo largo del siglo XX, la igualdad formal fundada en la pertenencia *nominal* a un Estado nación no ha llevado "automáticamente" a derechos materiales ni tampoco a situaciones de vida igualitarias, más bien ha perpetuado la desigualdad ya existente. Para superar estas desigualdades, los actores subalternos se basan en el clásico principio universal de igualdad de inclusión al pertenecer sustancialmente. Los actores interpretan las diferencias vividas no como "naturales" o como importantes para su "identidad", sino como superables. Wittger resalta que no sienten ni una pertenencia sustancial a un grupo particular –del cual deriven derechos especiales– ni tampoco alegan una representación "apolítica" del ser autóctono como base para derechos diferenciales.[9] Más bien, consideran los derechos ciudadanos exigidos a través de la nacionalidad nominal, sin lugar a dudas, como legítimos.

Below investiga la negociación de derechos de ciudadanía por medio del Conselho Nacional das Populações Extrativistas brasileño (en este volumen). Proveniente de vinculaciones sindicales, este movimiento social surge a mediados de la década de 1980 y hoy en día articula un ideal de ciudadanía en la que los derechos culturales y ecológicos desempeñan un papel central. Inspirado en el concepto de zonas protegidas indígenas, el movimiento ha logrado zonas especiales para la protección de "extractivistas"; la población viviente en estos territorios se encuentra bajo derechos y obligaciones colectivos específicos.[10]

---

[9] Esta última argumentación podría referirse a zonas determinadas en las que las personas viven y por las que hacen valer sus exigencias. Este hecho es absolutamente posible en Brasil como lo muestra el ejemplo de los quilombos urbanos.

[10] A los habitantes de estas zonas se denomina jurídicamente "grupos de población extractivistas tradicionales"; los territorios protegidos deben servir para la conservación del sustento y de la cultura de estos grupos.

Además, en los últimos años se ha ido conformando en Brasil una nueva categorización formal de determinados grupos de población: la de los *povos e comunidades tradicionais*. Al lado de los indígenas, *quilombolas, pomeranos, ciganos*, entre otros, el Conselho reclama derechos particulares, fundamentados en la singularidad cultural y la necesidad urgente de protección. Below analiza en su investigación cómo el Conselho precisa ciudadanía, así como la autoidentificación de los "extractivistas", un objeto estrechamente relacionado al concepto en cuestión. Si bien al parecer aumenta cada vez más el énfasis en la diferencia cultural dentro de la argumentación política del Conselho, Below sostiene que entre los activistas y dirigentes de la organización existe todavía un fuerte sentimiento de pertenencia a la población subalterna del Brasil, así como un lazo tanto a sindicatos de campesinos como a partidos de izquierda.

La cuestión sobre las representaciones de pertenencia sustancial de los extractivistas organizados en el Conselho remite, entonces, a dos posiciones sociales tomadas paralelamente: lo que comenzó como una representación de las y los recolectoras/es de caucho inmigrados en la región amazónica con una estrecha relación a sindicatos y al partido obrero, ha ido ampliándose a grupos de población "extractivistas". En correlación a este desarrollo, se acentúa cada vez más la autoidentificación como "comunidad tradicional" con una cultura específica y una relación especial con el medio ambiente. No obstante, Below apunta que el proceso de transformación del Conselho respecto de cómo se entiende a sí mismo continúa. A su juicio, la ampliación de derechos colectivos fundamentados culturalmente –la etnización de lo político– influye cada vez más en la exigencia de derechos de ciudadanía centrales.

b) Pertenencia sustancial controvertida, derechos reclamados

De igual manera, trabajan con la combinación de *pertenencia* y *ciudadanía* los estudios dedicados a investigar los reclamos de derechos de grupos a pesar de no tener ningún tipo de afiliación formal o cuya pertenencia es controvertida y, por ende, sus reclamos de derechos son precarios. Este fenómeno puede surgir a través del desplazamiento de fronteras territoriales o de la migración internacional. En ambos casos se negocian derechos apoyados en un estatus de miembro explícito. Con ello, esta perspectiva de ciudadanía abarca también las exigencias por el acceso (ampliado o reducido) a dichos derechos *más allá* de una afiliación formal a un Estado, por lo que estas exigencias pueden extenderse hasta la negociación de las unidades políticas básicas constituyendo la dominación. En el tipo a), de miembros formales pertenecientes a grupos de facto desfavorecidos, se trata de una lucha por el reconocimiento utilizando un argumento normativo, según el cual a la pertenencia formal le corresponden derechos materiales. En el tipo b), de los individuos que formalmente *no* son miembros (sobre todo, inmigrantes), la pregunta se plantea así: ¿en qué consiste su no pertenencia que los excluye de una afiliación? ¿Con qué forma de pertenencia fundamentan estos grupos sus exigencias de participación? Éstas son preguntas clásicas de los estudios sobre migración.

En la Red de Investigación, los proyectos de Lara Jüssen, Eva Youkhana (Jüssen y Youkhana 2011) y Tobias Schwarz se dedican a estudiar los grupos que, debido a su migración internacional, no poseen una afiliación formal en el Estado nación y que, no obstante, exigen derechos. Además de la definición formal *estatal*, también pueden incluirse a este tipo otras afiliaciones formales e informales, siempre y cuando éstas sean relevantes para el otorgamiento o la privación de derechos. Esto último puede suceder cuando la pertenencia a una comunidad "indígena", de la que dependen los derechos de participación política local, es controversial (a lo que se dedica el proyecto de Daniela Célleri).

En su investigación sobre comerciantes jóvenes de las comunidades rurales en la región de Otavalo, en la sierra ecuatoriana, Daniela Célleri se dedica a analizar la relación entre su emigración y retorno, la transformación social en sus comunidades de origen y la percepción propia de este grupo y otros miembros de la comunidad (Célleri 2013). Su interés principal es el mantenimiento y las consecuencias de la construcción de "un origen común" en contextos migratorios. En su trabajo de campo etnográfico se centra en cómo la creencia en un origen común como "indígenas otavalos" influye en los sentidos de pertenencia de migrantes jóvenes en dicha región y en su interacción con la "comunidad de origen" durante el proceso de migración circular. Sólo a primera vista la pertenencia a esta comunidad se define a través de un origen común imaginado. Esta relación aparece como natural, es decir, que no puede ser cuestionada a voluntad de los individuos; sin embargo, los actores en quienes se concentra Célleri son extremadamente móviles. En la búsqueda de mercados para sus mercancías, sus redes sociales se extienden no sólo a la ciudad más cercana, sino que traspasan las fronteras nacionales llegando incluso a continentes distantes. Su pertenencia nominal a una comunidad local, que bien podría estar reglamentada de manera simple, es, por dos razones, todo menos evidente. En primer lugar, su posición socioeconómica contrasta con la percepción tradicional que tienen los indígenas campesinos rurales de sí mismos. En segundo lugar, su realidad migratoria trasnacional se superpone a las representaciones de pertenencia sustancial basadas hasta ahora en la localidad y actividad dentro de la comunidad. El trabajo de Célleri requiere, entonces, un cuestionamiento de la –supuestamente obvia– territorialización y localización de la categoría "kichwaotavalo" para poder entender las representaciones de pertenencia de los actores.

La autora demuestra que la categorización étnica "comunidad indígena de los Kichwa Otavalos" en realidad se asienta en la interacción y la continua comunicación entre la comunidad local y las/los migrantes, que tienen un estilo de vida citadino y móvil. Por lo que en los comerciantes jóvenes se manifiesta un entendimiento específico de pertenencia sustancial emocionalmente revestido de un "enraizamiento" en la comunidad de origen y que hace que la categorización social "Kichwa" aparezca como una mancomunidad deseada. Sin embargo, tanto los habitantes móviles como fijos del pueblo que Célleri investigó representan lecturas opuestas a los criterios del indígena "auténtico", a través de los cuales se legitima la pertenencia nominal a la comunidad. Los comerciantes económicamente exitosos ocupan una posición social más alta que muchos de los habitantes del pueblo que no comercian y que más bien se dedican a la conservación de su cultura "tradicional". Estos últimos representan, culturalmente, la imagen del miembro ideal de la comunidad, mientras que los primeros, la imagen ideal económica (Célleri 2013: 9-12). A mi entender, de esta manera se hace evidente que la etnicidad es sólo uno de varios factores sustanciales que se integran dentro de esta negociación de pertenencia nominal.

Mediante el ejemplo de los cambios recientes en la ley de inmigración y en la Constitución de la República Dominicana, Tobías Schwarz analiza de forma directa la competencia del Estado en lo referente a pensar y formar el colectivo nacional (Schwarz 2013a). Destaca los cambios en la política dominicana de pertenencia, visibles en la primera década del siglo XXI pero con raíces en los principios del siglo XX. En el marco de contrataciones a gran escala de mano de obra extranjera entre las décadas de 1920 y 1980, sobre todo del vecino Haití, fueron llevados a la República Dominicana trabajadores baratos para la zafra. Estos "braceros" estaban sujetos a un rígido control, puesto que el Estado dominicano los consideraba como una amenaza para el desarrollo de la propia nación, la misma que debía "blanquearse" cada vez más. Por este motivo, la mano de obra contratada no era vista como parte de la propia población, y permanecía separada espacial y simbólicamente de la nación. La legislación de inmigración desempeñó un papel muy importante dentro de este aspecto. Las trabajadoras y los trabajadores migrantes "de raza negra" sólo podían ser contratados después de haber obtenido expresamente un permiso, su estatus legal estaba unido a su actividad en una plantación determinada y, por lo general, su estadía era considerada como temporal. Por lo tanto, su incorporación social estaba descartada y la administración dominicana ni siquiera pensaba en una posible membresía nacional. Sin embargo, en la República Dominicana –y como en casi todos los países independientes del continente americano– la nacionalidad dependía del nacimiento en el territorio nacional. Excepto que los padres se encontrasen en territorio nacional en servicio diplomático para otro Estado, o estuvieran viajando a través del país, todo niño nacido dentro de la república obtenía de manera automática la nacionalidad dominicana aunque sus padres no la tuvieran. De esta manera, los descendientes de los braceros adquirían el estatus de pertenencia nacional, por lo menos *de jure*. Este principio se cambió de forma esencial en el año 2004 mediante modificaciones de las normas de pertenencia estatal. A partir de ese momento, sólo los ya dominicanos o los padres con estadía legal tenían hijos "nacionales", quedando explícitamente excluidos de ello los braceros, denominados "trabajadores temporales". Este cambio en la ley fue incorporado a la constitución en el año 2010. Desde entonces, los descendientes de los braceros "heredan" el estatuto jurídico precario de sus padres e incluso de sus abuelos: un estatus legal de residencia sin valor en lo que se refiere a la nacionalidad. Este estatus formal, dictaminado por una legislación de inmigración restrictiva, se aplicó directamente en la definición de nacionalidad. Al interpretar el permiso de residencia de sus antepasados como una señal distintiva de no pertenencia sustancial, heredable de generación en generación, el Estado dominicano puede excluir, hasta hoy, a gran parte de la inmigración haitiana de la pertenencia nacional (Schwarz 2014).

c) Génesis de pertenencia nominal simultánea a los derechos correspondientes

Los estudios históricos que de forma paralela se dedican a la formación del conjunto de derechos y de la pertenencia política moderna –en la que se basa el mencionado conjunto– son un paréntesis entre los tipos a) y b). Incluso después de la fundación de las repúblicas independientes en Latinoamérica en las primeras décadas del siglo XIX, el carácter de una participación política explícita no estaba claramente definido. Esta transición histórica resulta hoy contradictora si se toma en cuenta que, en ese entonces, en Latinoamérica, a pesar del *leitmotiv* de "los mismos derechos para todos los ciudadanos" y de que después de las independencias nacionales las categorías raciales ya no eran válidas, todas las mujeres y muchos habitantes pobres no tenían acceso al estatus de ciudadanos. En esta situación, el entendimiento real que se tenía de *ciudadanos* aún no abarcaba a toda la población, sino sólo a aquella parte en condición de tomar decisiones, caracterizada a través de "masculinity, warriorship and property" (Isin 2009: 373). Sólo los hombres poseedores y autónomos pertenecían al grupo de ciudadanos. Por lo tanto, estos estudios históricos analizan una fase en la que se dieron desplazamientos de fronteras simbólicas que llevaron a una reformulación de *citizenry* (por ejemplo, mediante la introducción de la cualificación de censos o, más tarde, la inclusión de las mujeres). En este proceso de desplazamiento surgieron grupos cuya pertenencia nominal y sus respectivos derechos se transformaron en objeto de negociaciones.

Las investigaciones históricas del siglo xix se dedican principalmente a un derecho ciudadano que en ese entonces se destacaba de los otros: el derecho a voto. La cuestión sobre quién era entendido como "ciudadano elector" es analizada por David Grewe y Marc-André Grebe dentro de la Red de Investigación.[11] Las dos preguntas centrales y complementarias de sus trabajos son, a mi juicio: ¿en qué tipo de pertenencia sustancial se basó esta nueva concepción de pertenencia política? y ¿qué consecuencias se derivan de esta pertenencia nominal según la opinión de los contemporáneos?

Marc-André Grebe analiza la fundamentación de pertenencia política –el derecho formal de participación en el poder estatal– a través de la pertenencia social, económica y/o cultural con el ejemplo de Ecuador a finales del siglo xviii y comienzos del xix (Grebe 2013). Estudia cómo estos factores fundamentan o se oponen a una participación política dirigiendo la mirada hacia el significado que tenían las clasificaciones étnicas en el momento de adquirir derechos políticos. En el periodo de tiempo analizado, dichas clasificaciones desempeñaron un papel muy importante, ya que a consecuencia de la Revolución Francesa el total de la ciudadanía se amplió de manera drástica a través de

---

[11] Los estudios que se inscriben en la época prerrepublicana tienen como objeto de investigación, entre otras cosas, los derechos civiles (por ejemplo, quién tenía derecho a heredar; Sahlins 2004), o, el alivio de la pobreza (Fahrmeir 2000). También analizan quiénes gozaban de estos derechos, convirtiéndose de esta manera en ciudadanos (premodernos) o nacionalizados *de facto* (Herzog 2003).

la "citizenship revolution" (Sahlins 2003). En Hispanoamérica, todavía bajo la Constitución monárquica de 1812, la *citizenry* primero se diferenció explícita y étnicamente. Es decir: en el grupo de hombres libres se incluían europeos, criollos y habitantes originarios americanos, en tanto que la población negra estaba excluida. A diferencia de la situación en los Estados Unidos de aquel tiempo, por ejemplo, las jóvenes repúblicas latinoamericanas ya habían eliminado este sistema racializado durante la primera mitad del siglo XIX. Grebe argumenta, sin embargo, que en muchos casos la pertenencia cultural influyó en el sistema político. Las negociaciones de pertenencia local, vivida directamente, eran la base para la representación política formal; al mismo tiempo, el modo de vida en la sierra ecuatoriana a comienzos del siglo XIX estaba determinado por las comunidades segregadas en "indios" y "españoles" como consecuencia de la tradición colonial heredada. Las imaginaciones que tenían los actores sobre su pertenencia a un reino –más tarde a una república– siempre se cimentaban en pertenencias locales y por ende físicamente perceptibles (Grebe 2013: 102).

También la investigación de Grewe aborda el tema de negociaciones de ciudadanía, específicamente en México entre 1812 y 1835 (Grewe 2013). Su estudio se ocupa de los derechos políticos de los negros, puesto que, como se menciona antes, los "afrodescendientes" (que en 1800 representaban el 10% de la población total de México) quedaron excluidos de la ciudadanía introducida por primera vez en el imperio español en 1812. El estudio empírico de Grewe analiza quiénes eran vistos como ciudadanos con derecho a voto y también investiga la fase de transformación de un régimen colonial con exclusiones étnicas explícitas a un sistema republicano –por lo menos nominal– étnicamente inclusivo. Llega a la conclusión de que tanto las autoidentificaciones tradicionales de aquel entonces de "indios", "españoles" y "castas" como las suposiciones en cuanto a pertenencias locales desempeñaron un papel muy importante en la legitimación de la representación política.

Los debates historiográficos persistieron, si en este caso se trató de una continuidad de las relaciones coloniales de poder bajo el atuendo de la república, o bien de una nueva configuración. Sin embargo, la ruptura con el principio de separación en dos repúblicas a través del ideal de una ciudadanía igualitaria, evidentemente, no significó un cambio inmediato para el concepto que los actores tenían acerca de a qué pueden pertenecer los seres humanos y qué vínculos son durables y significativos. Las unidades tradicionales corporativistas desaparecieron sólo poco a poco. La comunidad local, para las élites de la ciudad, continuó siendo el punto de referencia principal para las actividades políticas. Siguiendo mi terminología, podría decirse que para la fundamentación de la nueva pertenencia nominal –que generó privilegios ciudadanos– fueron de gran importancia las suposiciones transmitidas de pertenencia sustancial: especialmente las interacciones locales y el prestigio social. Este último se adquiría, sobre todo, a través de la reputación, propiedad de tierra y distintas actividades. Estaba subordinado a constantes negociaciones que eran libradas por grupos reales y muchas veces operaron sólo de manera marginal usando la pertenencia abstracta a la Corona española y, más tarde, a la nación ecuatoriana. El privilegio de participar en las decisiones de la comunidad se basaba más bien en las pertenencias sustanciales que se experimentaban en la vida real. La participación en el sistema estatal abstracto de representación política se transmitía a través de la vecindad en una localidad determinada, de actividades económicas dentro de ésta y de cualidades culturales 'adecuadas'. Desde este enfoque centrado en las negociaciones de pertenencia se puede interpretar también los conflictos sobre la representación política.

Conclusión

Como ha sido descrito hasta ahora, mi concepción de pertenencia ha servido para la diferenciación conceptual entre supuestos fundamentos *sustanciales* para la afiliación a unidades políticas, entre pertenencias institucionalizadas o informales *nominales*, así como entre sus *consecuencias* (como la cohesión social o la aceptación de dominación). Además, he podido constatar que cada negociación de pertenencia (nominal) tematiza las consecuencias del ser considerado como perteneciente; y que cada negociación de derechos ciudadanos requiere una forma de pertenencia (sustancial). La pregunta planteada al comienzo de este trabajo (cómo la pertenencia se convierte en un hecho con consecuencias sociales), puede responderse: mediante los derechos que tienen una relación con la pertenencia. En este sentido, la ciudadanía es una *expresión de* y, al mismo tiempo, transmite la *impresión de* pertenencia. Adicionalmente, el conocimiento de derechos igualitarios puede llevar a la integración social, entendida como una aceptación de la organización del poder político. De esta manera, las "politics of belonging to the nation state" así como las "politics of citizenship in the nation state" (Brubaker 2010: 64) se remiten constantemente las unas a las otras.

Al mismo tiempo, planteo un enfoque que incluya la mayor cantidad posible de legitimaciones de (no) pertenencia dentro de la demarcación de colectividad política con el fin de elaborar la base para dimensiones de comparación diacrónicas y sincrónicas. Éstas pueden ser asumidas como dadas (por ejemplo la procedencia) o estar fundamentadas a través de valores supuestamente compartidos (religión, patriotismo, racionalidad) o pueden expresar comportamientos funcionales (el seguir determinadas reglas o la simple interacción). Sólo mediante una concepción amplia de pertenencia no normativa pueden ser analizadas las diferentes formas de representación de pertenencias sustanciales, así como también pueden ser comparadas sus respectivas constelaciones y consecuencias en diferentes casos.

Esta amplia concepción de pertenencia puede ser empleada de manera productiva y llevar a esquemas más complejos al permitir la comparación de distintos contextos; y se presta especialmente para una red de proyectos en la cual varios investigadoras e investigadores se ocupan de diferentes estudios de caso que, no obstante de ser analizados a través de enfoques complementarios, utilizan una estructura teórica común.

Bibliografía

Adamson, Fiona B., Triadafilos Triadafilopoulos y Aristide R. Zolberg. "The Limits of the Liberal State: Migration, Identity and Belonging in Europe". *Journal of Ethnic and Migration Studies*, 37.6 (2011): 843-59.

Anderson, Bridget, Matthew J. Gibney y Emanuela Paoletti. "Boundaries of belonging: deportation and the constitution and contestation of citizenship". *Citizenship Studies*, 15.5 (2011): 543-45.

Anthias, Floya. "Where do I belong? Narrating collective identity and translocational positionality". *Ethnicities*, 2.4 (2002): 491-514.

— "Belongings in a Globalising and Unequal World". *The Situated Politics of Belonging*. Eds. Nira Yuval-Davis, Kalpana Kannabiran y Ulrike Vieten. London/Thousand Oaks: SAGE 2006. 17-31.

Bauböck, Rainer. "Studying Citizenship Constellations". *Journal of Ethnic and Migration Studies*, 36.5 (2010): 847-59.

Baumeister, Andrea. "Ways of Belonging: Ethnonational Minorities and Models of 'Differentiated Citizenship'". *Ethnicities*, 3.3 (2003): 393-416.

Bhambra, Gurminder K. "Culture, Identity and Rights: Challenging Contemporary Discourses of Belonging". *The Situated Politics of Belonging*. Nira Yuval-Davis, Kalpana Kannabiran y Ulrike Vieten. London/Thousand Oaks: SAGE 2006. 32-41.

BRUBAKER, Rogers. "Migration, Membership, and the Modern Nation-State: Internal and External Dimensions of the Politics of Belonging". *Journal of Interdisciplinary History*, 41.1 (2010): 61-78.

BRUBAKER, Rogers, y Frederick COOPER. "Beyond 'identity'". *Theory & Society*, 29.1 (2000): 1-47.

CÉLLERI, Daniela. "Returning Home and Being Runa. Dynamics of in- and exclusion in an Otavalan village, Ecuador". *Interdependencies of Social Categorisations*. Eds. Daniela Célleri, Tobias Schwarz y Bea Wittger. Madrid/Frankfurt: Iberoamericana/Vervuert 2013. 165-186.

COUTIN, Susan Bibler. "Cultural Logics of Belonging and Movement: Transnationalism, Naturalization, and U.S. Immigration Politics". *American Ethnologist*, 30.4 (2003): 508-526.

CROWLEY, John. "The politics of belonging - some theoretical considerations". *The Politics of Belonging: Migrants and Minorities in Contemporary Europe*. Eds. Andrew Geddes y Adrian Favell. Aldershot: Ashgate 1999. 15-41.

DAGNINO, Evelina. "Meanings of Citizenship in Latin America". *Canadian Journal of Latin American and Caribbean Studies*, 31.62 (2006): 15-52.

ERIKSEN, Thomas Hylland. *Ethnicity and Nationalism: Athropological Perspectives*. 2ª ed. London: Pluto Press 2002.

FAHRMEIR, Andreas. *Citizens and Aliens*. New York: Berghahn 2000.

FAVELL, Adrian. "To belong or not to belong: the postnational question". *The Politics of Belonging: Migrants and Minorities in Contemporary Europe*. Eds. Andrew Geddes y Adrian Favell. Aldershot: Ashgate 1999. 209-227.

GESCHIERE, Peter. *The Perils of Belonging: Autochthony, Citizenship, and Exclusion in Africa and Europe*. Chicago: University of Chicago Press 2009.

GREBE, Marc-André. "Ciudadanía, constituciones y el papel de la etnicidad como recurso político en la sierra ecuatoriana (1812-1830)". *Procesos: Revista Ecuatoriana de Historia*, 36 (2013): 73-110.

GREWE, David. "¿Ciudadanos afro-descendientes? Disputas sobre etnicidad y ciudadanía en México, 1810-1820". *Movilizando etnicidad. Políticas de identidad en contienda en las Américas: pasado y presente / Mobilizing Ethnicity. Competing Identity Politics in the Americas: Past and Present*. Eds. Eric Javier Bejarano, et al. Madrid/Frankfurt: Iberoamericana/Vervuert 2013. 129-152.

HANSEN, Georg. *Die Deutschmachung: Ethnizität und Ethnisierung im Prozess von Ein- und Ausgrenzungen*. München *et al*: Waxmann 2001.

HERZOG, Tamar. *Defining Nations: Immigrants and Citizens in Early Modern Spain and Spanish America*. New Haven: Yale University Press 2003.

HOLZ, Klaus. "Citizenship: Mitgliedschaft in der Gesellschaft oder differenztheoretisches Konzept?". *Staatsbürgerschaft: Soziale Differenzierung und politische Inklusion*. 1. Aufl. Ed. Klaus Holz. Wiesbaden: Westdt. Verlag 2000. 189-210.

Hooker, Juliet. "Indigenous Inclusion/Black Exclusion: Race, Ethnicity and Multicultural Citizenship in Latin America". *Journal of Latin American Studies*, 37.02 (2005): 285-310.

Isin, Engin F. "Citizenship in flux: The figure of the activist citizen". *Subjectivity*, 29 (2009): 367-88.

Jüssen, Lara y Eva Youkhana. "Local Responses to Transnational Migration: Citizenship, Belonging and the Case of Latin American Migrants in Madrid". *Etnicidad, ciudadanía y pertenencia: prácticas, teoría y dimensiones espaciales = Ethnicity, Citizenship and Belonging: Practices, Theory and Spacial Dimensions*. Eds. Sarah Albiez et al. Madrid/Frankfurt: Iberoamericana/Vervuert 2011. 283-305.

Migdal, Joel S. "Mental Maps and Virtual Checkpoints: Struggles to Construct and Maintain State and Social Boundaries". *Boundaries and Belonging: States and Societies in the Struggle to Shape Identities and Local Practices*. Joel S. Migdal. New York: Cambridge University Press 2008. 3-25.

Pfaff-Czarnecka, Joanna. *Zugehörigkeit in der mobilen Welt: Politiken der Verortung*: Göttingen: Wallstein 2012.

Sábato, Hilda. "Soberanía popular, ciudadanía y nación en Hispanoamérica: la experiencia republicana del siglo xix". *Alm. braz. [online]*, 9 (2009): 5-22, <http://www.revistasusp.sibi.usp.br/pdf/alb/n9/es_a01n9.pdf> (06.06.2013).

Sahlins, Peter. "The Eighteenth-Century Revolution in Citizenship". *Migration Control in the North Atlantic World: The Evolution of State Practices in Europe and the United States from the French Revolution to the Inter-war Period*. Eds. Andreas Fahrmeir, Olivier Faron y Patrick Weil. New York: Berghahn Books 2003. 11-24.

— *Unnaturally French: Foreign Citizens in the Old Regime and After*. Ithaca: Cornell University Press 2004.

Savage, Michael, Gaynor Bagnall y Brian J. Longhurst. *Globalization and Belonging*: London: SAGE 2004.

Schwarz, Tobias. "National belonging in the Dominican Republic: The legal position as an interdependent social categorisation". *Interdependencies of Social Categorisations*. Eds. Daniela Célleri, Tobias Schwarz y Bea Wittger. Madrid/Frankfurt: Iberoamericana/Vervuert 2013. 213-236.

— *Policies of Belonging: Nationale Mitgliedschaft und Zugehörigkeit in Lateinamerika*. Kompetenznetz Lateinamerika – Ethnicity, Citizenship Belonging 2013, <http://www.kompetenzla.uni-koeln.de/fileadmin/WP_Schwarz.pdf> (28.03.2013).

— "Staatliche Definition nationaler Zugehörigkeit und ausschließende Verwaltungspraxis in der Dominikanischen Republik." *Formationen des Politischen. Anthropologie politischer Felder*. Eds. Jens Adam y Asta Vonderau. Bielefeld: transcript 2014. 63-89.

STICHWEH, Rudolf. "Leitgesichtspunkte einer Soziologie der Inklusion und Exklusion". *Inklusion und Exklusion: Analysen zur Sozialstruktur und sozialen Ungleichheit.* Eds. Rudolf Stichweh y Paul Windolf: VS Verlag für Sozialwissenschaften 2009. 29-44.

YASHAR, Deborah J. "Contesting Citizenship: Indigenous Movements and Democracy in Latin America". *Comparative Politics*, 31.1 (1998): 23-42.

YOUNG, Iris Marion. "Polity and Group Difference: A Critique of the Ideal of Universal Citizenship". *Ethics*, 99.2 (1989): 250-274.

YUVAL-DAVIS, Nira. "Borders, boundaries, and the politics of belonging". *Ethnicity, Nationalism, and Minority Rights.* Eds. Stephen May, Tariq Modood y Judith Squires. Cambridge: Cambridge University Press (Virtual Publishing) 2007. 214-230.

— *The politics of Belonging: Intersectional Contestations.* London/Los Angeles: SAGE 2011.

II.
Etnicidades y pertenencias

Grados de inclusión:
La identidad en el norte peruano prehispánico

John R. Topic/Theresa Lange Topic

INTRODUCCIÓN

Los incas de Sudamérica frecuentemente aparecen como modelo de expansión imperial. Típicamente, el análisis del impacto inca en los territorios conquistados se enfoca en los cambios económicos y políticos efectuados. Aquí consideramos el impacto de la expansión incaica en las identidades sociales de los grupos que fueron incorporados en el imperio por conquista o por diplomacia.

La interpretación tradicional, basada por ejemplo en las crónicas de Guaman Poma de Ayala (1980 [1615]) y Cieza de León (1984 [1553]), es que los incas congelaron un paisaje étnico preexistente. De esta perspectiva, el énfasis del análisis se enfoca en los reglamentos que los incas establecieron para la preservación de las costumbres e idiomas, los vestidos y ritos que identificaban a cada etnia antes de su incorporación al imperio. Más aún, la historiografía de la conquista inca, en las crónicas, describe el avance imperial como la dominación de grupos ya nombrados –ya existentes–, tales como los chankas, los wankas, los huaylas, los huamachucos, los cajamarcas, etc.

Hace tiempo llamamos la atención de los investigadores sobre el caso contrario de Huamachuco (Topic 1998). La provincia de Huamachuco fue una creación administrativa por parte de los incas. No hay evidencia de que la provincia existiera antes de la conquista incaica, ni como entidad política ni como entidad étnica. Aunque la provincia no existía antes de la conquista incaica, el mito de creación de los huamachuquinos se vincula a los límites territoriales de la provincia incaica, lo que sugiere que el mito, por lo menos en la forma que nos proporcionan los agustinos del siglo XVI (San Pedro 1992 [1560]), no puede fecharse antes de la conquista incaica (Topic 1998).

Esta contradicción a la interpretación tradicional nos induce a analizar, en términos más amplios, la manera en que los incas manipulaban la identidad andina como mecanismo del imperialismo. Para ello, consideramos un grupo de investigaciones recientes que presentan nuevos datos y nuevas perspectivas sobre el impacto incaico en grupos locales. Esta perspectiva implica salir más allá de los cambios, ya documentados e importantes, efectuados por los incas en la economía y política, para entender mejor la sofisticación con que ellos manipulaban la idea de "pertenencia".

Comenzamos con una exploración de la identidad en el norte del Perú, con énfasis específicamente en Huamachuco y en las zonas vecinas de la sierra norteña (Fig. 1). Los datos que presentamos abarcan el período que va del año 400 hasta la expansión incaica al fin de la época prehispánica, e incluye la parte temprana de la era colonial, de 1532 hasta los primeros años del siglo XVII. Para la época preincaica (hasta 1470 más o menos) los datos son exclusivamente arqueológicos. Las reconstrucciones que proponemos de la identidad y del dinamismo social prehispánico se basan en los ricos recursos etnohistóricos que iluminan los procesos de autodefinición. Estos recursos nos informan sobre la expansión incaica y la incorporación de grupos sujetos al imperio, y nos permiten identificar los grupos preincaicos de varios grados de inclusión.

Metodología

El interés arqueológico en el tema complejo de identidad en general y la etnicidad en particular es relativamente nuevo. Los arqueólogos desde el principio de su disciplina confrontaron grandes obstáculos en la definición y diferenciación de grupos sociales en la prehistoria. La etnicidad como categoría dinámica y activa ha atraído bastante atención por parte de arqueólogos, especialmente entre aquellos que estudian grupos en el límite entre la prehistoria y la historia. Publicaciones recientes consideren si es conveniente el uso del concepto "grupo étnico" por parte de los arqueólogos (Meskell 2002; Stovel 2013); otras presentan casos de identificación y estudio de grupos étnicos utilizando métodos designados para este fin (Reycraft 2005; Palma Linares 2010; Topic 1998).

Confrontados por los fuertes límites que complican el estudio del pasado prehistórico, hay mucha discusión entre los arqueólogos sobre la utilidad de los métodos clásicos para identificar y diferenciar grupos sociales. En general, los arqueólogos dependen mucho del análisis del estilo para definir grupos étnicos, y abundan las descripciones y comparaciones de estilos de cerámica, de expresión iconográfica, de materiales y métodos de construcción de viviendas, de la arquitectura de estructuras monumentales, de costumbres funerarias, etc. Esta metodología generalmente se justifica con la observación etnográfica de la frecuencia con que las etnias se distinguen unas de las otras por medio de materiales y prácticas emblemáticas que señalan su identidad.[1] Otra avenida metodológica utilizada en los Andes por los arqueólogos es el estudio de datos lingüísticos; los topónimos, por ejemplo –los nombres de cerros, de ríos, de aspectos topográficos del paisaje– muchas veces reflejan el idioma de los moradores antiguos de una región (Topic 1998).

Deseamos redirigir este debate metodológico para enfocarnos en una pregunta más amplia, a saber, la relación entre el proceso del imperialismo y la identidad. Dennis Ogburn (Ogburn 2008: 288; Salomon 1991: 3) apunta que el desarrollo de una etnia es el resultado de una imposición imperialista, actuando desde arriba, en combinación con las identidades locales ya existentes; la etnogénesis, desde esta perspectiva, es principalmente un proceso político que resulta de la interacción entre una sociedad colonizadora y grupos colonizados.[2] Como enfatiza Wolfgang Gabbert (2006), la etnia es un conjunto de varios grupos, los cuales comparten la misma descendencia. Esta definición tiene dos ventajas: primero, enfatiza la importancia de la descendencia (real o ficcional) como fundamento de la etnia, y segundo, indica que la etnia comprende más de un linaje.

Los andinistas concuerdan en asignar a la descendencia una dimensión jerárquica, en cuanto que los linajes simples se afilian entre sí para formar grupos de descendencia (real o ficcional) más grandes (Salomon 1991: 2). La etnia, en este contexto, es una entidad social que se autodefine como un grupo de descendencia compartida que es reconocido por una entidad política imperial a través de un proceso reiterativo.

Si entendemos el concepto de "etnia" en este contexto, el debate central para los arqueólogos de la relación entre estilo y etnicidad cae por su propio peso. Podemos, ¡debemos!, redefinir la metodología que utilizamos para defi-

---

[1] Éste no es un patrón universal. Moerman (1965) provee ejemplos de identidad étnica muy indefinida en un contexto moderno en que los límites entre grupos son permeables y contingentes, y frecuentemente sin huellas materiales. Los arqueólogos, a falta de la capacidad de observar directamente los procesos sociales en la prehistoria, deben atribuir una importancia mayor a los restos materiales.

[2] Desde una perspectiva menos politizada, Cohen (1978: 382-383) afirma que la identidad étnica refleja la autoidentificación de sus miembros y la imposición de identidad por personas que no son miembros de la etnia.

nir y estudiar la etnicidad. Tendremos que definir, arqueológicamente, unidades de descendencia (real o ficcional) y analizar cómo estas unidades fueron impactadas por expansiones imperiales.

Grados de inclusión

En este contexto, la diferencia entre linaje y etnia es esencial. Sin embargo, la identificación de un individuo andino no estaba restringida solamente a su linaje o su etnia; la identidad fue más flexible, permitiendo rangos de pertenencias posibles según el contexto.

En el pasado, como en el presente, una persona podría identificarse simultáneamente con su familia, con un grupo corresidencial y con grupos políticos o culturales de mayor alcance. La identidad es además dinámica y cambia en paralelo con variaciones en las formaciones sociales que se reconstituyen con el tiempo. El carácter dinámico de la identidad permite a los individuos y grupos negociar y manipular la manera en que se identifiquen frente a los cambios sociales, económicos y políticos. En este sentido, la idea de "niveles de inclusividad" también figura en la metodología para explicar el rol de la etnicidad (véase por ejemplo Cohen 1978: 387).

Pachacas y guarangas

¿Cuáles fueron los grupos de descendencia en los Andes antes de la invasión española? Resulta claro que la descendencia fue uno de los modos de estructuración más importantes Típicamente, la unidad de descendencia es llamada *ayllu*. *Ayllu* es un término difícil de definir, pero es vinculado claramente al concepto y actuación de la descendencia. Al mismo tiempo, es expandible, reflejando la realidad que la vinculación familiar se da por parte de sangre y por parte de filiación.

En la sierra norteña del Perú, en vez del vocablo *ayllu* los documentos coloniales utilizan dos palabras diferentes para los grupos definidos por descendencia: la *pachaca* y la *guaranga*. En el sistema incaico de administración decimal estos vocablos quechuas denominaron grupos de cien y de mil tributarios. Sin embargo, en el norte, los vocablos probablemente identificaban formaciones sociales equivalentes a *ayllus* de menor y de mayor extensión, o sea, grupos similares a los *ayllus* de extensión mínima y máxima en el sur del Perú y en Bolivia (Espinoza Soriano 1981; Remy 1992: 72-75 y Anexo nº. 1; Rostworowski 1981; Topic y Topic 2001: 187-188).

En el norte peruano los vocablos no definieron grupos de cien y mil tributarios de forma tan precisa como en los casos de los chupaychu y lupaca analizados por Catherine Julien (1982). Por ejemplo, si las *pachacas* y *guarangas* se aproximaban a unidades decimales, esperamos encontrar diez *pachacas* en cada *guaranga*. Al contrario, encontramos gran variedad en el número de *pachacas* en cada *guaranga*. En las provincias de Cajamarca, Huamachuco y Conchucos había 15 *guarangas* indígenas, las cuales incluían entre 4 y 30 *pachacas*. Una sola *guaranga* contaba con exactamente 10 *pachacas*.[3] Este punto merece énfasis en tanto que los antropólogos que trabajan en otras regiones de los Andes no acostumbran el uso de estos términos.

Así, la *pachaca* es una unidad de identidad básica más inclusiva que la familia extendida; como en el caso de los *ayllus*, la afiliación a la *pachaca* era por descendencia. Las *pachacas* parecen haber sido comunidades residenciales, descritas muchas veces como "pueblos" y poseían terrenos en común. Mayormente, los pueblos fueron ocupados por los miembros de una sola *pachaca*, pero la documentación para cada una de las tres provincias (Huamachuco, Cajamarca y Conchucos) muestra que algunos pueblos contaban con miembros de más de una *pachaca* en la época antes de la fuerte imposición de las reducciones.[4] La *guaranga* fue un grupo más inclusivo, compuesto por un número variable de *pachacas* (Fig. 2).

---

[3] Para Cajamarca utilizamos las cifras de Remy (1992, Anexo No. 1). Incluimos las seis *guarangas* indígenas y las dos parcialidades de Colquemarca y Malcaden; estas últimas quizás resultaban de cambios después de la conquista española (Remy 1992, 73, nota 1). El número de *pachacas* en las *guarangas* y parcialidades de Cajamarca varía entre cuatro y diez. Para Huamachuco utilizamos los datos de Espinoza Soriano (1974, 24-25) y la Ordenanza de Tambos de González de Cuenca (Rostworowski, 1989); la ordenanza utiliza las voces "pueblo" y *guaranga* en vez de *pachaca* y *guaranga* y los pueblos no tienen los mismos nombres como las *pachacas* registradas por Espinoza. El número de *pachacas* en las cuatro *guarangas* indígenas varía entre 6 y 13. Para Conchucos utilizamos los datos en Cook (1978, Cuadro 1); en vez de *pachaca* y *guaranga*, la visita de Conchucos habla de tres caciques (jefes o *curacas*), que consideramos son lideres de *guarangas*, y los pueblos sujetos a cada cacique. El número de pueblos sujetos a cada cacique varía entre 23 y 30; cinco pueblos fueron poblados con sujetos de más de un cacique.

[4] La relación entre territorialidad y la organización socio-político en los Andes es complicada. Mientras que hay una dimensión territorial asociada con las unidades descritas como parcialidades, pueblos, *pachacas* y *guarangas*, miembros de unidades socio-políticos a veces vivieron fuera de sus "territorios" pero quedaban sujetos a sus caciques tradicionales (Remy 1992, 72-75).

La evidencia arqueológica para identidad y afiliación con grupos: los casos de Huamachuco y Cajamarca

La *pachaca* como formación social es antigua.[5] Los galpones nichados, una forma arquitectónica encontrada en Marcahuamachuco, Cerro Sazón, Viracochapampa y otros sitios, evidencian al menos la existencia de la *pachaca* a partir del año 400 (Topic y Topic 2001). Los galpones nichados se caracterizan especialmente por la presencia de huesos humanos (por ejemplo, entierros secundarios) dentro de la mampostería de sus muros. Los huesos son de adultos y de niños. En algunos casos hemos encontrados huellas de corte en los huesos, lo que indica que el cuerpo fue descarnado intencionadamente antes de que los huesos fueran enterrados dentro de la mampostería. En otros casos, los cuerpos probablemente fueron dejados dentro de tumbas reaccesibles para descomponerse antes de ser enterrados, como huesos descarnados, dentro de la mampostería de los muros. Estas tumbas reaccesibles se encuentran en Marcahuamchuco en las plazas asociadas con grupos de galpones nichados (por ejemplo, Fig. 3) y también en el sector suroeste del sitio.

Los galpones nichados son grandes espacios techados, adecuados para festines que contaban con la participación de varios cientos de personas en honor de los ancestros enterrados dentro del grosor de los muros (Topic 1986). De hecho, encontramos restos de cerámicas asociados con comidas festivas, como cucharas y copas, en mayor cantidad dentro de los galpones que en las residencias. La presencia de espacios techados, asociados con festines y ancestros, sugiere que las fiestas fueron programadas para la estación de lluvias, cuando sería inconveniente comer y bailar en zonas sin techar (Topic 1986; Garcilaso, 1966, parte 1, libro 6, capítulo iv).

En Marcahuamachuco encontramos aproximadamente 20 galpones nichados (sin excavar a veces es difícil distinguir entre los galpones y otros clases de edificio). La presencia de los huesos humanos en un contexto arquitectónico apropiado para festines en honor de los ancestros hace lógica la identificación de cada galpón con una unidad de descendencia, o sea, un linaje (Topic y Topic 2001). Inferimos que en Marcahuamachuco periódicamente se reunía gente

---

[5] Bill Isbell (1997) sugiere una discusión paralela para el *ayllu*. En ambos casos, la evidencia para la existencia del grupo de descendencia es el patrón de enterramientos. Sin embargo, para el *ayllu*, Isbell insiste en tumbas reaccesibles, en que el ancestro principal, fundador del *ayllu*, puede ser adorado; en el caso de la *pachaca*, pensamos que los galpones nichados implican un concepto de descendencia compartida, pero de naturaleza más comunitaria (Topic y Topic 1992).

identificada con 20 linajes distintos. En los vocablos de los documentos coloniales, unas 20 *pachacas* compartían espacio ceremonial en Marcahuamachuco

Arqueológicamente, es más difícil reconocer la *guaranga* como formación social. Sin embargo, durante el Horizonte Medio (ca. 600-1000) hay indicaciones para agrupaciones a un nivel más inclusiva que la *pachaca* en Marcahuamachuco y Viracochapampa, los dos sitios principales de la zona en esta época.

Es importante notar algunas diferencias críticas entre Marcahuamachuco y Viracochapampa. Marcahuamachuco es un sitio que crecía orgánicamente (Belaunde Terry 1961) desde raíces indígenas de la zona. En contraste, es obvio que Viracochapampa fue una creación planificada y, sin duda, muestra el intercambio de ideas con la gente wari de la zona de Ayacucho. A pesar de la diferencia en su organización general, los dos sitios muestran muchas similitudes. En un sentido, Viracochapampa es una replica de Marcahuamachuco: manifiesta los mismos tipos de edificios (galerías, galpones y patios) y el área techada es aproximadamente equivalente en los dos sitios (Topic y Topic 2001; Horne 1989: 200). Mientras que Marcahuamachuco cuenta con unos 20 galpones, se pueden apreciar 19 galpones en Viracochapampa. Además, los dos sitios son visibles uno desde el otro. A vuelo de cóndor, la distancia entre ambos es de solamente 3 km; sin embargo, al estar separados por la quebrada honda del Río Grande, la caminata entre los dos para un joven acostumbrado a la altura sería de al menos dos horas.

Aunque hubo ocupación más tardía, la construcción monumental en Marcahuamachuco parece fecharse entre 400-1000. La construcción de Viracochapampa nunca fue terminada y, por eso, el plano que se conserva del sitio probablemente también es incompleto. Además, es difícil fechar precisamente la época de su construcción; estimamos una época de construcción aproximada de unos 25 años durante la primera parte del Horizonte Medio (Topic 1991; Topic y Topic 2001; Topic y Topic 2010).

Esto implica que Viracochapampa fue planificada como una versión nueva de Marcahuamachuco. Es obvio que la arquitectura de Viracochapampa muestra influencias tanto de Marcahuamachuco como del Estado wari; el dinamismo político e ideológico para tal sustitución probablemente refleja las presiones de la expansión wari y rivalidades locales en Huamachuco. No obstante, debido a razones que todavía no entendemos bien, su construcción fue abandonada, mientras que la ocupación de Marcahuamachuco siguió aparentemente sin interrupción. Aquí se nos presenta, entonces, una oportunidad única de investigar la manifestación material de la organización social al nivel de *guaranga* en dos sitios que son, en parte, contemporáneos y fueron intentados para servir a la misma población.

Debido a que la *guaranga* es un nivel de organización que incluye a múltiples *pachacas*, la organización espacial de los galpones puede señalar la presencia de grupos que compartían un sentido de identidad más cercana entre sí. Por ejemplo, en Marcahuamchuco, algunos galpones nichados están aislados y otros se encuentran en agrupaciones de dos o tres que comparten un patio común (Fig. 3). El patrón de agrupar galpones se encuentra también en Viracochapampa, aunque las asociaciones con patios y galerías son distintas (Fig. 4). La presencia de agrupaciones de galpones sugiere que algunas *pachacas* mantenían vínculos de identidad más cercanos con otras *pachacas*.

Por otro lado, una agrupación de dos a cuatro *pachacas* es de escala menor en comparación con las *guarangas* documentadas en el período de contacto (Fig. 2). Este patrón sugiere la presencia en la época preincaica de un nivel de organización social intermedio entre las *pachacas* y las *guarangas*, conocidos durante el período de contacto, o la reorganización de *guarangas* durante el Incario.

En Viracochapampa, la mitad de los galpones nichados se encuentra en el lado norte de la plaza central y la otra mitad, en el lado sur (con un galpón nichado justo en la línea divisoria) (Fig. 4), lo que sugiere la distribución de las *pachacas* en dos mitades (Topic 1991). Las mitades podrían haber sido parecidas en tamaño a las *guarangas* del período de contacto.

Según los documentos coloniales, había 36 *pachacas* indígenas en la provincia incaica de Huamachuco (Fig. 2). El número de galpones nichados en los dos sitios (aproximadamente 20 y 19) sugiere que el número de *pachacas* que compartían un sentido de identidad durante el Horizonte Medio en Huamachuco fue más o menos la mitad de *pachacas* comprendidas en la provincia incaica. De hecho, es probable que la población que congregraba en Marcahuamachuco, o alternativamente en Viracochapampa, para sus festines rituales ocupara solamente el sector noreste de la región que más tarde constituyó la provincia incaica de Huamachuco (Fig. 5).

Al norte de Huamachuco, la evidencia para Cajamarca es similar durante el Horizonte Medio. Coyor es el sitio más grande en esta zona y Daniel Julien (1993: 249) lo interpreta como el centro político de Cajamarca durante el Horizonte Medio. Hay galpones nichados en Coyor pero su número y distribución necesitan más investigación. Sin embargo, los galpones nichados de Coyor sugieren que la identidad en base a la descendencia fue el motivo de la unificación política en Cajamarca, como también en Huamachuco. Efectivamente, el culto a los ancestros fue adoptado en diversas regiones del Perú durante el Horizonte Medio (DeLeonardis y Lau 2004; McEwan 1998; Topic y Topic 2001).

Durante el Período Intermedio Tardío (ca. 1000-1476), Julien (1993: 262) identifica un mínimo de tres *guarangas* en Cajamarca, evidenciadas por la jerarquía de tamaños de los sitios.[6] Él propone que tres sitios de tamaño excepcional fueron los centros (capitales) de unidades políticas al nivel de jefaturas (o *curacazgos*), y que son los antecedentes de las *guarangas* de Cajamarca, Guzmango y Chuquimango del período de contacto. La situación en Huamachuco es distinta. Hay varios sitios arqueológicos grandes que, en algunos casos se puede identificar con las *pachacas* mencionadas en la documentación colonial, pero la correlación no es directa. En cada una de las tres áreas en que más tarde las *guarangas* de Llampa, Guacapongo y Andamarca fueron centradas, hay dos sitios grandes. Si anticipamos encontrar un solo sitio importante como centro de una *guaranga*, este patrón sugiere la presencia en tiempos preincaicos de más unidades políticas, pero de menor alcance, que las *guarangas* que existieron en el período de contacto.

El caso de Huamachuco es complicado por la presencia del famoso oráculo Catequil (Downey 2009; Jofré Poblete 2007; Nesbitt 2003; Topic 2008; Topic *et al.* 2002). El santuario de Catequil, que hemos investigado en San José de Porcón, fue fundado durante el Período Intermedio Temprano como un culto local. Luego, en el Período Intermedio Tardío, la importancia e influencia del santuario creció y es probable que sirviera como enfoque de identidad para varias *pachacas* o *guarangas*. El culto de Catequil no estuvo restringido a la provincia incaica de Huamachuco; hay documentación que confirma su importancia al sur en Conchucos durante el período colonial, y había un sitio asociado con dicho culto cerca de Cabana (Arriaga 1968 [1621]; Calancha 1974-82 [1638]; Zárate 1968 [1555]). La gente del norte de Conchucos también hablaba el culle, el idioma indígena de Huamachuco.

---

[6] Para comparar el tamaño de sitios por extensión y número de moradores en un paisaje diferenciado, los arqueólogos utilizan el concepto de jerarquía de asentamientos. Según esta metodología, un sistema político y económico bien desarrollado (o sea, de nivel estatal) se evidencia con un sólo centro grande en que se concentra el poder. Habrá unos sitios de tamaño medio que sirvan como centros tributarios, y un número elevado de sitios de escala modesta en que vivía la mayoría de la población tributaria. Una jefatura tendría una jerarquía caracterizado por un rango de dos tamaños.

Etnogénesis bajo el Incario

Esta información contextual nos permite iniciar una investigación del impacto de los incas en conceptos de identidad al nivel de la *guaranga* y en niveles más inclusivos. Aunque Julien (1993: 262-263) mantiene que Cajamarca nunca contó con un solo gobierno centralizado, acepta la descripción de las crónicas de una resistencia concertada contra los incas, y cita esta resistencia como evidencia de algún grado de identidad compartida entre las *guarangas* de la provincia.

Para la provincia de Huamachuco, no hay evidencia ni de un gobierno centralizado ni de una identidad étnica previa a la conquista inca.[7] Las formaciones sociales del tipo que evidencia la arquitectura de Marcahuamachuco y Viracochapampa, o sea, grupos sociales a la escala de *pachacas* y *guarangas*, se encuentran presentes, pero no servían como rol unificador para todo el territorio que más tarde constituiría la provincia incaica (Topic 1998). El oráculo de Catequil sí integraba la provincia incaica y también vinculó parte de la provincia de Conchucos a Huamachuco en tiempos preincaicos. Esta parte del norte de Conchucos (Fig. 1, el área de Cabana-Corongo) de la que trata la visita de 1540 es un "huérfano" socio-territorial: fue separada por los incas de Huamachuco y unida a un territorio al sur que no participaba en el culto de Catequil. En las tres provincias, la jerarquía de tamaño de sitios sugiere una unificación política al nivel del *curacazgo* (jefaturas), y en Huamachuco estos *curacazgos* parecen haber sido más pequeños que las *guarangas* incaicas.

En sus publicaciones sobre Cajamarca y Huamachuco, Waldemar Espinoza Soriano (1974: 33) sugiere que las *guarangas* de Llampa, Guacapongo y Andamarca, en Huamachuco, fueron reorganizadas por Topa Inca después de la conquista de la región. Además, Espinoza (1974: 22, 33; 1977) propone que Huayna Capac creó la *guaranga* de Pomamarca en Cajamarca y la *guaranga* de Lluicho en Huamachuco, repartiendo gente y terrenos de las *guarangas* ya existentes.[8]

La interpretación de Espinoza encaja bien con la evidencia adicional sobre Huamachuco, que indica que la organización social de la provincia fue modificada y reformada por los incas durante el Horizonte Tardío. Ya hemos

---

[7] Garcilaso de la Vega (1966 [1609 y 1617], parte 1, libro 6, capítulo xiv) describe Huamachuco como una behetría cuando entraron los incas (véase también Espinoza, 1974, p. 25)

[8] Julien (1993) cita evidencias en contra de la interpretación de Espinoza para el caso de Cajamarca.

notado que los grupos existentes durante el Período Intermedio Tardío fueron mucho más pequeños que las *guarangas* del Horizonte Tardío, especialmente Llampa y Guacapongo. La naturaleza arbitraria de la separación de Conchucos de Huamachuco tiene su paralelo en la inclusión arbitraria de la *guaranga* de Chaupiyungas dentro de la provincia de Huamachuco (Fig. 5). Chaupiyungas parece constituir una *guaranga* administrada por los incas desde Huamachuco, pero no constituía parte de la etnia de Huamachuco.

No debe sorprendernos que el paisaje sagrado sea parecido al paisaje social en Huamachuco (Salomon 1991; Topic 1992). Albornoz (1984 [1583-84]: 208; San Pedro 1992 [1560]) registra Catequil como la huaca principal de Huamachuco.[9] De hecho, el paisaje asociado con Catequil, y el papel que desempeña en el mito de creación, define los límites de la provincia de Huamachuco (Topic 1998: 115). Albornoz apunta también huacas principales para las *guarangas* de Llampa y Guacapongo, pero no las registra para Lluicho y Andamarca.[10] Los padres agustinos, que fueron los primeros en predicar a la gente de Huamachuco, en la década de 1550, nos proveen con una lista mucha más amplia de huacas; este registro también refleja un paisaje sagrado más desarrollado y asociado con Llampa y Guacapongo que con las otras dos *guarangas* (San Pedro 1992 [1560]). Ya hemos sugerido en publicaciones previas (Topic 1992; 1998) que esta situación podría ser el resultado de la creación más tardía de las *guarangas* de Lluicho y Andamarca.

La reorganización de la provincia durante el Horizonte Tardío tuvo un fuerte impacto en el funcionamiento de Huamachuco como unidad política-administrativa, pero menor influencia en la manera en que la gente huamachuqina expresaba su identidad. Es importante notar que los documentos coloniales de índole general –las historias y crónicas, por ejemplo– utilizan frecuentemente la nomenclatura incaica para las provincias, mientras que los documentos de tipo más local identifican a individuos y grupos de una mane-

---

[9] Huaca es un concepto difícil traducir al español. En su sentido más amplio puede referirse a lugares, entidades y objetos "sagrados" o "poderosos". En el sentido que se usa aquí es parecido a un dios-titular.

[10] Albornoz (1984 [1583-1584]) frecuentemente menciona huacas principales asociados con grupos autodefinidos como *ayllus* o *guarangas*. Estas huacas titulares, aunque no son siempre *paqarinas* (véase nota más adelante), son asociadas con el concepto de descendencia (Salomon 1991: 2-5). Además, definen la estructura de inclusión: en el caso de Huamachuco, la descendencia a nivel de la provincia (etnia) es representada por Catequil y la *pacarina* de Cerro de Huacate, mientras que la descendencia a nivel de *guaranga* es representada por las huacas titulares de las *guarangas*.

ra más específica. Es común identificar los individuos por *pachaca* o parcialidad o pueblo; los curacas (jefes) y principales, generalmente son identificados por *pachaca* o *guaranga*. En la época colonial los documentos identifican a un individuo como curaca para toda la provincia, pero todavía en el siglo XVIII éste era identificado como gobernador de Huamachuco y curaca de la *guaranga* de Llampa (Espinoza 1974: 30-32). La identidad fue contingente y su uso normal fue para identificar a un individuo o un grupo a un nivel menos inclusivo y más particular que la provincia.

Aunque los documentos son coloniales, no creemos que los administradores de dicha época intentaran establecer unidades de identidad más pequeñas y específicas. De hecho, hemos notado la tendencia opuesta: que los administradores coloniales frecuentemente glosaban la identidad como afiliación provincial. Debido a que las identidades de *pachacas* y *guarangas* persistían durante la colonia, es probable que durante el reino incaico las autoridades no intentaran sumergir totalmente las identidades locales en una identidad más generalizada. Sin embargo, la reorganización de las *pachacas* y *guarangas* dentro de la unidad administrativa –la provincia– añadió otro nivel de identidad, lo cual fue caracterizado por cronistas como Cieza y Guaman Poma como "etnias". En el caso de Huamachuco, el conjunto de *pachacas* y *guarangas* indígenas fue reconocido por los incas como una unidad social con el rango de etnia. Aquí vemos la combinación de autodefinición de grupos de descendencia y la demarcación imperial de unidades administrativas. En este caso, la unidad administrativa está compuesta por una población delimitada arbitrariamente como una provincia y etnia.

El espacio disponible no nos permite considerar si todas las provincias incaicas resultaron de la imposición de una identidad étnica desde arriba. Un caso interesante es el de la provincia de Jauja; la población comprendía tres grupos (hanan wankas, hurin wankas y jaujas), los hanan wankas tenían su propio *paqarina* en Wari Wilka (Albornoz 1984 [1583-84]; Shea 1969).[11] Ogburn (2008, 293) enfatiza la importancia de la *pacarina* en la definición de la etnia. En el caso de Huamachuco, la *paqarina* que describen los agustinos (San Pedro, 1992 [1560]) es asociada con la población total de la provincia.

---

[11] *Paqarinas* (también *pacarina*, *pacarisca*, etc.) son los lugares de origen de los distintos grupos sociales andinos. Cada grupo, según los mitos, salió de la tierra, emergiendo de su *paqarina* particular. Las *paqarinas* incluyen cuevas, lagunas, manantiales y cerros. En el caso de Huamachuco, Catequil y su hermano extrajeron a la gente del Cerro de Huacate (San Pedro 1992 [1560]).

Además, el mito de creación en este caso está estrictamente relacionado con los limites imperiales de la provincia; así, el mito fue "reescrito" después de la conquista inca. Las investigaciones recientes de Zachary Chase (en prensa) en Huarochirí revelan que los famosos mitos de génesis provenientes de esta zona son asociados en muchos casos con pueblos y eventos fechando a la época de la conquista inca. De hecho, es discutible si todos los grupos de descendencia tenían *pacarinas* antes de la conquista inca (Ogburn 2008: nota 9). En breve, hay indicios de que los incas, en algunos casos, impusieron la etnicidad como herramienta administrativa (Topic 1998; Ogburn 2008: 293).

"Ciudadanía" y pertenencia en el Incario

Dado que el tema central de este volumen es la ciudadanía como una expresión de pertenencia en general, es interesante considerar si el concepto de ciudadanía existía en el mundo andino incaico. Los gobiernos estatales modernos controlan la ciudadanía con leyes que definen las responsabilidades y protegen los privilegios de sus ciudadanos. La administración inca, por un lado, reforzó las identidades étnicas de sus sujetos, insistiendo en que mantuvieran sus trajes y peinados tradicionales; las etnias sujetas fueron netamente categorizadas como no incas. Sin embargo, muchas prácticas incas (por ejemplo, la contribución de mano de obra a proyectos estatales, la participación en eventos del calendario estatal, el uso de la lengua quechua, etc.) involucraban a estos grupos en el funcionamiento del Estado, fomentando un sentido de pertenencia al imperio.

La práctica incaica de trasladar grupos de su tierra oriunda a otras partes del imperio debió producir una situación en la que los trasladados –los *mitmaqkuna*– se identificaban con el imperio (Rowe 1982). Paradójicamente, la política reforzó también la identidad étnica, porque los *mitmaqkuna* trasladados fueron denominados como originarios de tal provincia en lugar de por sus *pachacas* y *guarangas*.

Conocemos dos casos en que gente de Huamachuco fue trasladada a otros partes del imperio incaico. En ambos casos no sabemos si los *mitmaqkuna* de Huamachuco originalmente pertenecían a una sola *pachaca*, eran miembros de una sola *guaranga* o si fueron una mezcla de gente extraída de múltiples *pachacas* y *guarangas* distintas. En sus nuevos pueblos, fueron caracterizados en documentos coloniales solamente como "*mitmaqkuna* de Huamachuco".

Los *mitmaqkuna* de Huamachuco fueron trasladados a Chimbo, en Ecuador, donde fueron agrupados con gente de Huambos, de Cajamarca y con incas. Miguel de Cantos, en su relación geográfica, nos informa de que los mitimaes de Huamachuco y Huambos pertenecieron a "la provincia de Cajamarca", mientras que los incas procedían "de muchas partes" (Cantos 1992 [1581]: 284-286). Esta información nos provee otra indicación sobre la manera en que los incas remodelaron las identidades locales no solamente en términos étnicos, sino también con referencia a la estructura administrativa que iban construyendo activamente a lo largo del imperio; dentro de la estructura administrativa, las provincias de Huambos y Huamachuco fueron administradas, en parte, por medio de Cajamarca (Cieza de León 1984 [1553]: 226; Julien 1993: 252).

Otro grupo de *mitmaqkuna* de Huamachuco fue trasladado a Copacabana, la puerta a la isla del Sol, en el lago Titicaca. Aquí, según un mito, el dios Viracocha creó todos los grupos étnicos, mandándoles dentro de la tierra para emerger luego cada uno de su propia *paqarina* (Rowe 1946: 315-316; Cobo 1990 [1653]: 13). El mito de creación conocido en Huamachuco no menciona a Viracocha, el lago Titicaca o a otros grupos. El mito de Copacabana, por otro lado, es una narrativa que intenta reconciliar la salida de cada grupo étnico de su *paqarina* particular dentro de una visión inca de la creación única de todo el imperio.

Cabe notar que los *mitmaqkuna* de Huamachuco aparecen en un registro de todos los grupos étnicos que fueron trasladadas por los incas hacia Copacabana (Ramos Gavilán 1988 [1621]: 84-85). Hay miembros del grupo étnico inca de Hanan y Hurin Cuzco y cuarenta grupos étnicos de *mitmaqkuna* procedentes de todos las partes del imperio. Enumerados en el registro hay grupos que probablemente no se autodefinían como etnias antes de la conquista inca, como los huamachucos, los cajamarcas, y los cañaris.

Nos parece obvio que en Copacabana, los incas intentaron recrear la creación mítica de Viracocha: su visión es del centro, representado por los incas de Hanan y Hurin Cuzco, y del imperio, representado por los cuarenta grupos de *mitmaqkuna* traídos de varias partes. Cuarenta es un número significativo, relacionado tanto con el sistema de numeración decimal como con el de bi y cuatripartición (Netherly 1990). La instalación de cuarenta grupos étnicos en Copacabana reproduce el mito de Nyamlap, de la costa norte: Nyamlap llegó con cuarenta oficiales para fundar la cultura lambayecana (Cabello Balboa 1951 [1586]: 327). Recuerda también los dos juegos de cuarenta turquesas antropomorfas encontradas en Pikillacta, que representan el conjunto ideal de ancestros (Cook 1992).

Además, dentro del registro figuran "etnias" como los pastos, los quitos, y los cayambes, procedentes del extremo norte del imperio, lo que señala otra vez la fecha tardía del mito. Los incas estaban elaborando una cosmovisión en la que grupos recién conquistados se integraran, lógicamente, como ciudadanos del imperio, en base a su descendencia de una creación única.

Conclusiones

Nuestra discusión de la gradación de identidades en el norte peruano muestra la cualidad dinámica de la identidad social y política en el contexto andino. Mientras que la *pachaca* es una estructura perdurable, la evidencia demuestra diferencias importantes entre las *pachacas* que reconocemos antes del año 1000 y las que fueron documentadas durante la primera parte de la colonia. Las comunidades residenciales que constituían las *pachacas* prehispánicas cambiaron su ubicación y los miembros de las *pachacas* mutaron su patrón de enterramiento. El tamaño de las *guarangas* prehispánicas fluctuó con el paso de los siglos, y la afiliación de las *pachacas* dentro de las *guarangas* también cambió. El "grupo étnico", o sea, el grado de inclusión típica de las provincias incaicas, se desarrolló muy tarde en las regiones que revisamos aquí. Su desarrollo podemos entender como respuesta a la expansión del imperio inca (como sugiere Julien [1993] para Cajamarca) o como una imposición administrativa por parte de los Incas (como hemos afirmado para Huamachuco [Topic 1998]).

Un sistema de organización que muestra varios grados de inclusión es flexible. La *pachaca* provee de una fuerte identidad local a la comunidad, con una afiliación basada en la descendencia, la tenencia comunal de la tierra y vinculaciones rituales con el paisaje. Las *pachacas* son la base de la producción económica y la reproducción social y biológica. La existencia de grupos étnicos bien definidos permitía a los imperios inca y español administrar grandes territorios de una manera eficiente e imponer parte de los costos administrativos a los curacas étnicos. El papel de la *guaranga*, la unidad intermedia de identidad, merece más estudio y análisis.

La estrategia inca no fue simplemente reconocer etnias preexistentes ni imponer la identidad étnica sobre las provincias como una táctica administrativa para dividir y gobernar. Al contrario, el uso incaico de la etnicidad fue más sofisticado. Al confirmar a los líderes étnicos en sus cargos, los incas ofrecieron a éstos una legitimación; al mismo tiempo, los incas también impusieron parte de la responsabilidad administrativa a estos líderes. La legitimación de los líderes étnicos reflexivamente apoyaba la legitimación del gobierno inca. La política de la *mitmaqkuna* no solamente prestó legitimación a los grupos étnicos, sino que, asimismo, reforzó estructuras administrativas más grandes que las provincias, por ejemplo, el conjunto administrativo de Huambos, Cajamarca y Huamachuco. Finalmente, la reubicación de grupos étnicos en Copacabana sirvió como legitimación cosmológica para el imperio como unidad integral, vinculando la política imperial al mito de creación.

Bibliografía

Albornoz, Cristóbal de. "Instrucción para descubrir todas las guacas del Piru y sus camayos y haziendas". *Albornoz y el espacio ritual andino prehispánico*. Ed. Pierre Duviols. Monográfico de *Revista Andina*, Cuzco, año 2, 1984 [1583-1584]: 194-222.

Arriaga, Pablo José de. "Extirpación de la Idolatría del Pirú". *Crónicas peruanas de interés Indígena*. (Biblioteca de Autores Españoles Vol. CCIX.) Madrid: Real Academia Española 1968 [1621]: 192-277.

Belaunde Terry, Fernando. "Huamachuco: doble mensaje de pasada grandeza". *El Arquitecto Peruano*, n° 282, 283, y 284 (1961): 30-39.

Cabello Balboa, Miguel. *Miscelánea Antártica*. Lima: Instituto de Etnología-Universidad Nacional Mayor de San Marcos 1951 [1586].

Calancha, Antonio de la. *Corónica moralizada del Orden de San Augustín en el Perú*. Transcripción, estudio crítico, notas bibliográficas e índices de Ignacio Prado Pastor. 6 volúmenes. Lima: Universidad Nacional Mayor de San Marcos, 1974-1982 [1638].

Cantos, Miguel de. "Relación de los repartimientos, indios y encomenderos que hay en el Corregimiento de Chimbo". *Relaciones Histórico-Geográficas de la Audiencia de Quito, siglos XVI-XIX, Vol. 2*. Ed. Pilar Ponce Leiva. Quito: Marka, Instituto de Historia y Antropología Andina/Abya-Yala 1992 [1581]: 281-311.

Chase, Zachary J. "What Is a *Wak'a*? When Is a *Wak'a*?". *The Archaeology of Wak'as: Explorations of the Sacred in the Pre-Columbian Andes*. Ed. Tamara L. Bray. Boulder: University Press of Colorado, en prensa.

Cieza de León, Pedro de. *Crónica del Perú: Primera Parte*. (Colección Clásicos Peruanos). Ed. Franklin Pease. G. Y. Lima: Pontificia Universidad Católica del Perú/Academia Nacional de la Historia 1984 [1553].

Cobo, Bernabe. *Inca Religion and Customs*. Translated by Roland Hamilton. Austin: University of Texas Press 1990 [1653].

Cohen, Ronald. "Ethnicity: Problem and Focus in Anthropology". *Annual Review of Anthropology* 7 (1978): 379-403.

Cook, Anita G. "The Stone Ancestors: Idioms of Imperial Attire and Rank among Huari Figurines". *Latin American Antiquity* 3.4 (1992): 341-64.

Cook, Noble David. "La visita de los conchucos por Cristóbal Ponce De León, 1543". *Historia y Cultura* 10 (1978): 23-45.

DeLeonardis, Lisa y George F. Lau. "Life, Death, and Ancestors". *Andean Archaeology*. Ed. Helaine Silverman. Oxford: Blackwell 2004. 77-115.

Downey, Jordan Thomas. "Catequil's Lithics: Stone Tools from an Andean Complex Society". M. A. Thesis Trent University 2009.

Espinoza Soriano, Waldemar. "El fundamento territorial del Ayllu Serrano". *Etnohistoria y antropología andina. Segunda Jornada del Museo Nacional de Historia*. Lima: Museo Nacional de Historia 1981. 93-130.

— "La Pachaca de Pariamarca en el Reino de Caxamarca siglos xv-xviii". *Historia y Cultura* 10 (1977): 135-80.

— "Los señoríos étnicos del Valle de Condebamba y Provincia de Cajabamba". *Anales Científicos de la Universidad del Centro del Perú* 3 (1974): 11-371.

Gabbert, Wolfgang. "Indians, Maya and Mayeros: Ethnicity and Social Categorisation in Yucatan, Mexico – a Diachronic Perspective". *Maya Ethnicity: The Construction of Ethnic Identity from Preclassic to Modern Times*. Ed. Frauke Sachse. Markt Schwaben: Verlag Anton Saurwein 2006.

Garcilaso de la Vega, Inca. *Royal Commentaries of the Incas and General History of Peru*. Trans. Harold V. Livermore. (The Texas Pan American Series. 2 vols.). Austin/London: University of Texas Press 1966 [1609 y 1617].

Guaman Poma de Ayala, Felipe. *El primer nueva corónica i buen gobierno*. Eds. John V. Murra y Rolena Adorno. México: Siglo Veintiuno Editores 1980 [1615].

Horne, Malcolm Robert. "A Regional Analysis of Prehistoric Settlement Patterns in the Huamachuco Area, Peru". M. A. Thesis Trent University 1989.

Isbell, William H. *Mummies and Mortuary Monuments: A Postprocessual Prehistory of Central Andean Social Organization*. Austin: University of Texas Press 1997.

Jofré Poblete, Daniella. "Namanchugo: Ritual Practices, Changes and Continuities in an Andean Shrine". M. A. Thesis Trent University 2007.

Julien, Catherine J. "Inca Decimal Administration in the Lake Titicaca Region". *The Inca and Aztec States, 1400-1800: Anthropology and History*. Eds. George A. Collier, Renato I. Rosaldo y John D. Wirth. New York: Academic Press 1982. 119-151.

Julien, Daniel G. "Late Pre-Inkaic Ethnic Groups in Highland Peru: An Archaeological-Ethnohistorical Model of the Political Geography of the Cajamarca Region". *Latin American Antiquity* 4.3 (1993): 246-273.

McEwan, Gordon F. "The Function of Niched Halls in Wari Architecture". *Latin American Antiquity* Vol. 9.1 (1998): 68-86.

Meskell, Lynn. "The Intersections of Identity and Politics in Archaeology". *Annual Review of Anthropology* 31 (2002): 279-301.

Moerman, Michael. "Ethnic Identification in a Complex Civilization: Who are the Lue?". *American Anthropologist* 67 (1965): 1215-1230.

Nesbitt, Jason. "Cerro Icchal: An Andean Place of Ritual". M. A. Thesis Trent University 2003.

Netherly, Patricia J. "Out of Many, One: The Organization of Rule in the North Coast Polities". *The Northern Dynasties: Kingship and Statecraft in Chimor*. Eds. Michael E. Moseley y Alana Cordy-Collins. Washington, D.C.: Dumbarton Oaks 1990. 461-487.

Ogburn, Dennis E. "Becoming Saraguro: Ethnogenesis in the Context of Inca and Spanish Colonialism". *Ethnohistory* 55.2 (2008): 287-319.

Palma Linares, Vladimira. *La Teotlalpan. Tierra de los dioses. La etnicidad entre los otomíes*. México: Primer Círculo, 2010.

Ramos Gavilán, Alonso. *Historia del Santuario de Nuestra Señora de Copacabana*. Transcripción, nota del editor e índices de Ignacio Prado Pastor. Lima: Talleres Gráficas P. L. Villanueva 1988 [1621].

Remy, Pilar. "El Documento". *Las visitas a Cajamarca 1571-72/1578*. Eds. María Rostworowski y Pilar Remy, (Fuentes e Investigaciones para la Historia del Perú, 1). Lima: Instituto de Estudios Peruanos 1992. 37-109.

Reycraft, Richard Martin. "Us and Them: Archaeology and Ethnicity in the Andes". *Us and Them: Archaeology and Ethnicity in the Andes*. Ed. Richard Martin Reycraft. Los Angeles: Cotsen Institute of Archaeology/University of California 2005. 1-11.

Rostworowski, María. "Ordenanzas para el servicio de los tambos del repartimiento de Huamachuco hecho por el licenciado González de Cuenca". *Revista Histórica* 36 (1987-1989): 15-31.

— "La voz parcialidad en su contexto en los siglos xvi y xvii". *Etnohistoria y antropología andina. Segunda Jornada del Museo Nacional de Historia*. Lima: Museo Nacional de Historia 1981. 35-45.

Rowe, John H. "Inca Culture at the Time of the Spanish Conquest". *Handbook of South American Indians*. Ed. Julian H. Steward. (The Andean Civilizations, 2). Washington, D. C.: Bureau of American Ethnology, Smithsonian Institution 1946. 183-330.

— "Inca Policies and Institutions Relating to the Cultural Unification of the Empire". *The Inca and Aztec States, 1400-1800: Anthropology and History*. Eds. George A. Collier, Renato I. Rosaldo y John D. Wirth. New York: Academic Press 1982. 93-118.

Salomon, Frank. "Introductory Essay". *The Huarochirí Manuscript: Testament of Ancient and Colonial Religion*. Eds. Frank Salomon y George L. Urioste. Austin: University of Texas Press 1991. 1-38.

San Pedro, Juan de. *La persecución del Demonio: Crónica de los primeros agustinos en el Norte del Perú (1560)*. Manuscrito del Archivo de Indias, transcrito por Eric E. Deeds. Introducción por Teresa M. van Ronzelen. Estudios preliminares por Luis Millones, John R. Topic y José L. González. Málaga/México: Algaraza/Centro Andino y Mesoamericano de Estudios Interdisciplinarios 1992 [1560]. 39-93.

Shea, Daniel Edward. "Wari Wilka: A Central Andean Oracle Site". Ph. D. Dissertation. University of Wisconsin 1969.

Stovel, Emily M. "Concepts of Ethnicity and Culture in Andean Archaeology". *Latin American Antiquity* 24.1 (2013): 3-20.

Topic, John R. "Las huacas de Huamachuco: precisiones en torno a una imagen indígena de un paisaje andino". Fray Juan de San Pedro: *La persecución del Demonio: Crónica de los primeros agustinos en el Norte del Perú (1560)*. Manuscrito del Archivo de Indias, transcrito por Eric E. Deeds. Introducción por Teresa M. van Ronzelen. Estudios preliminares por Luis Millones, John R. Topic y José L. González. Málaga/México: Algazara/Centro Andino y Mesoamericano de Estudios Interdisciplinarios 1992. 41-99.

— "El santuario de Catequil: estructura y agencia. Hacia una comprensión de los oráculos andinos". *Adivinación y oráculos en el mundo andino antiguo*. Eds. Marco Curatola Petrocchi y Mariusz S. Ziółkowski. Lima: Pontificia Universidad Católica del Perú/Instituto Francés de Estudios Andinos 2008. 71-95.

— "Ethnogenesis in Huamachuco". *Andean Past*, 5 (1998): 109-127.

—"Huari and Huamachuco". *Huari Administrative Structure: Prehistoric Monumental Architecture and State Government*. Eds. William H. Isbell y Gordon F. McEwan. Washington, D. C.: Dumbarton Oaks Research Library and Collection 1991: 141-164.

— "A Sequence of Monumental Architecture from Huamachuco". *Perspectives on Andean Prehistory and Protohistory*. Eds. Daniel H. Sandweiss y D. Peter Kvietok. Ithaca: Latin American Studies Program, Cornell University, 1986. 63-83.

Topic, John R. y Theresa L. Topic. "Hacia la comprensión del fenómeno Huari: una perspectiva norteña". *Huari y Tiwanaku: modelos vs. evidencias*. Eds. Peter Kaulicke y William H. Isbell. Monográfico del *Boletín de Arqueología*, Lima, Pontificia Universidad Católica del Perú, nº. 4 (2001): 181-217.

— "The Rise and Decline of Cerro Amaru: An Andean Shrine During the Early Intermediate Period and Middle Horizon". *Ancient Images, Ancient Thought: The Archaeology of Ideology*. Eds. A. Sean Goldsmith *et al.* (Proceedings of the Twenty-Third Annual Conference of the Archaeological Association of the University of Calgary). Calgary: The University of Calgary Archaeology Association 1992. 167-180.

Topic, John R., Theresa Lange Topic y Alfredo Melly. "Catequil: The Archaeology, Ethnohistory, and Ethnography of a Major Provincial Huaca". *Andean Archaeology I: Variations in Sociopolitical Organization*. Eds. William H. Isbell y Helaine Silverman. New York: Kluwer Academic/Plenum Publishers 2002. 303-36.

Topic, Theresa L. y John R. Topic. "Contextualizing the Wari- Huamachuco Relationship". *Beyond Wari Walls: Regional Perspectives on Middle Horizon.* Ed. Justin Jennings. Albuquerque: University of New Mexico Press 2010. 188-212.

Zárate, Agustín de. *The Discovery and Conquest of Peru.* Trans. J. M. Cohen. Harmondsworth: Penguin 1968 [1555].

Figuras

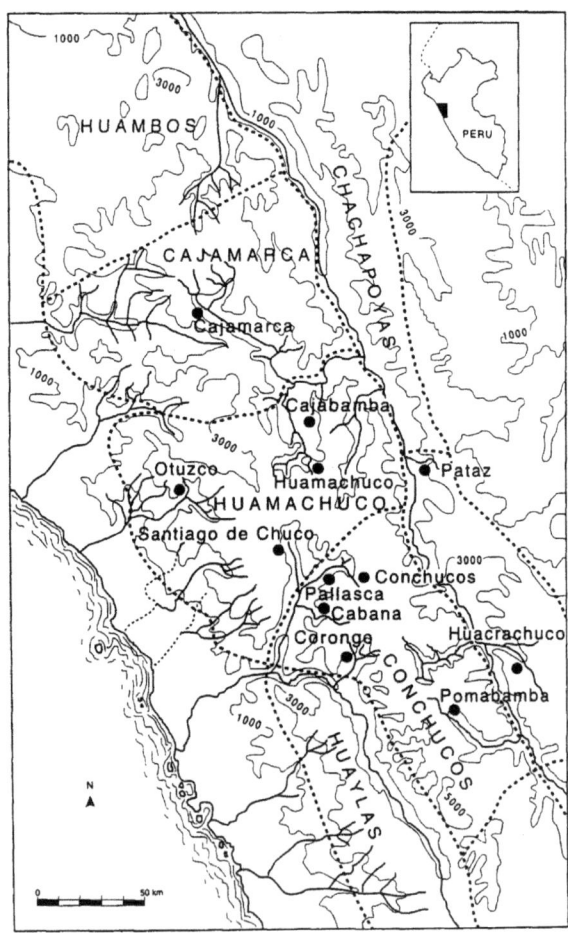

Figura 1. Las provincias incaicas de la sierra norte del Perú.

Figura 2. Relación entre etnia, *guaranga* y *pachaca* en la provincia de Huamachuco. En la provincia de Huamachuco, en el momento de la incursión española, existían cuatro *guarangas* indígenas, una de *mitmaqkuna* serranas y otra de *mitmaqkuna* de la costa; además, una *guaranga* de chaupiyungas (véase Figura 5) era administrada desde Huamachuco. La etnia se constituía por las cuatro *guarangas* indígenas, cada una de ellas compuesta por un número distinta de *pachacas*.

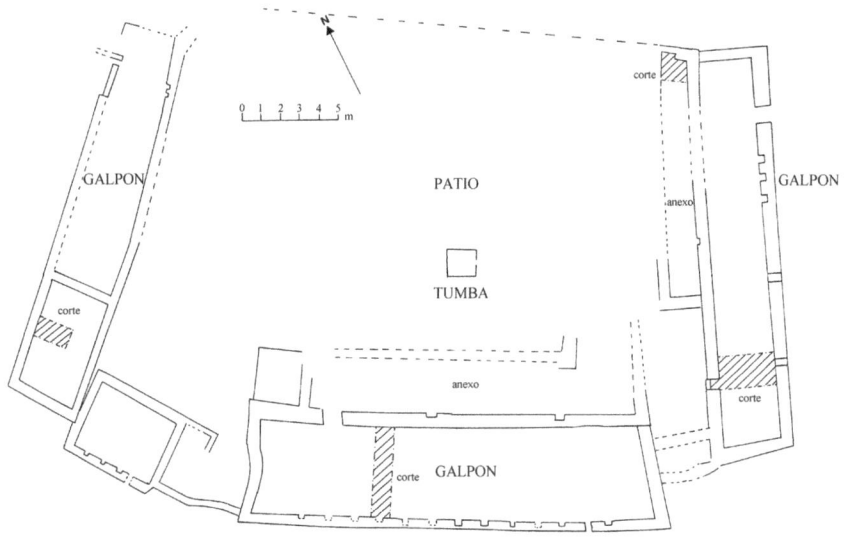

Figura 3. Un grupo de tres galpones nichados comparten un patio común en Marcahuamachuco. Si los galpones eran espacios para festines en honor de los ancestros de los integrantes de una *pachaca*, el conjunto de galpones podría señalar un nivel social más inclusivo: la *guaranga* o parte de una *guaranga*.

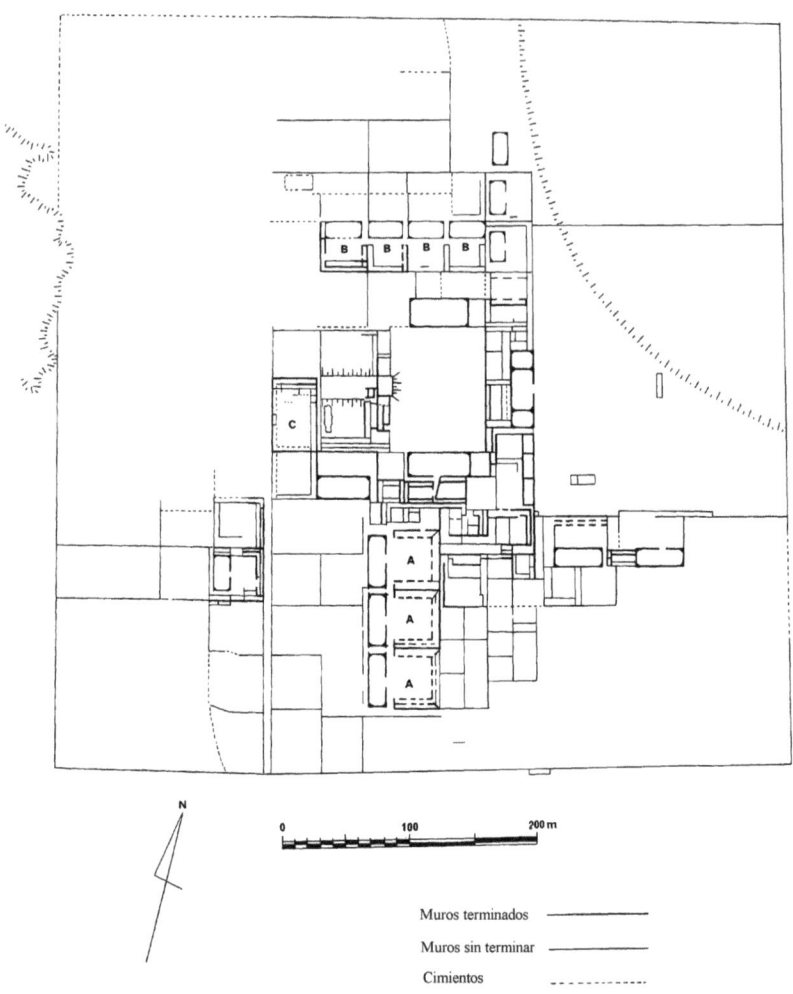

Figura 4. Plano de Viracochapampa. Como en el caso de Marcahuamachuco (Figura 3), hay agrupaciones de galpones (por ejemplo AAA y BBBB) que podrían representar a *guarangas* o parte de *guarangas*. También, en Viracochapampa la plaza central divide los galpones en dos grupos, con una mitad al norte de la plaza y otra al sur. Cada mitad podría haber sido equivalente, en número de *pachacas*, a las *guarangas* durante el Incario (véase Figura 2).

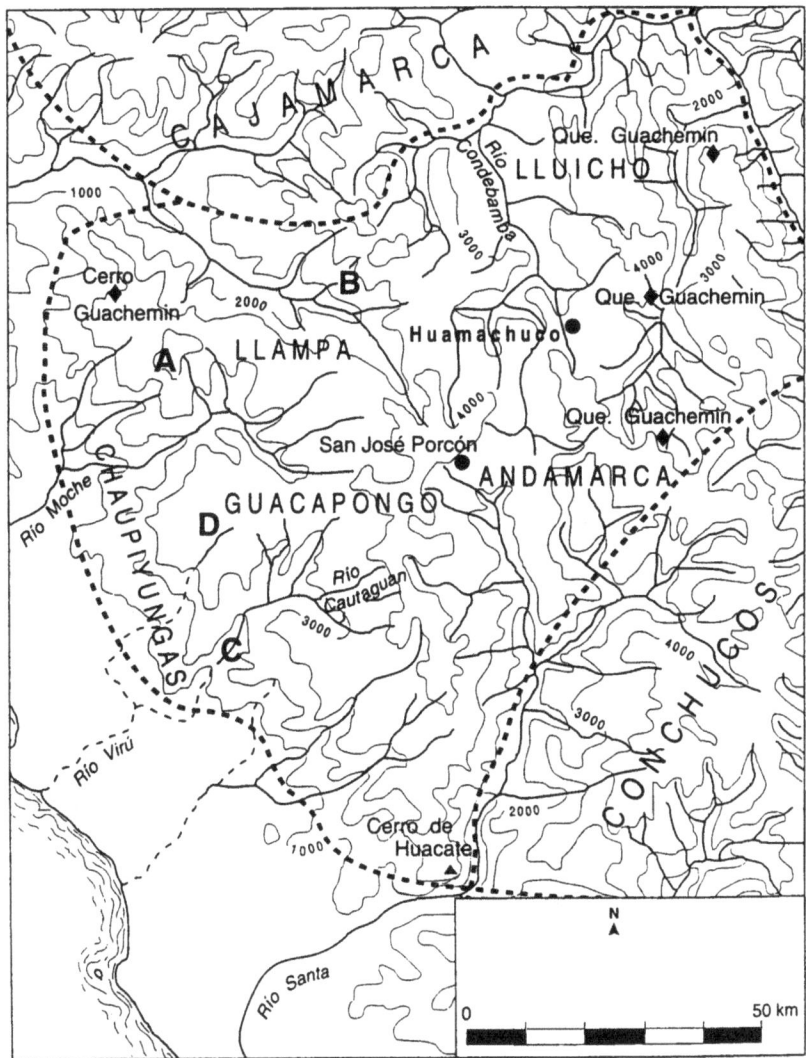

Figura 5. La provincia de Huamachuco, con la distribución de las *guarangas* indígenas y la *guaranga* de Chaupiyungas. La huaca principal, Catequil, tuvo su santuario en San José de Porcón. Las letras A-D indican la ubicación de las huacas principales de las *guarangas* de Llampa y Guacapongo. Cerro de Huacate es la paqarina de la etnia huamachuco. Los topónimos "Guachemin" y "Cautaguan" se asocian con el mito de creación.

Violencia externa, violencia interna: el Estado y las comunidades en India

Ishita Banerjee

Este artículo propone examinar las distintas connotaciones de la democracia en la teoría liberal clásica y su entendimiento común, así como su aprehensión y práctica en India, la democracia más grande del mundo. Por medio de un análisis del funcionamiento del pluralismo legal en ese país, deseo ocuparme de dos tareas cercanas: primero, destacar los problemas y posibilidades involucrados en los esfuerzos por lidiar con la diferencia y la heterogeneidad en las construcciones y aplicaciones de ciudadanía; segundo, reflexionar acerca de la entrelazada articulación de la violencia y la coerción con la autonomía en la interacción del Estado y la comunidad.

La democracia, en su uso y entendimiento común, está ampliamente asociada con el gobierno representativo. Históricamente, sin embargo, no hay un vínculo intrínseco entre los dos conceptos. Mientras que la democracia emergió en la Atenas antigua como resultado de luchas desde abajo, en algunas sociedades europeas medievales la representación era impuesta desde arriba y a conveniencia del rey (Beek 2010: 11). La fusión de estos dos modos de representación política fue algo que se formó durante los siglos xvii y xviii; producto de estos procesos, a principios del siglo xix existía un sistema de representación capaz de integrar a toda la comunidad, un sistema que fue aclamado por el liberal británico James Mill como un "gran descubrimiento" de los tiempos modernos (Mill 1992, particularmente "Essay on Government"). A pesar de la entusiasta aprobación de Mill, la extremadamente influyente teoría de Robert Dahl ha argumentado que en realidad la mayoría de las democracias son en realidad poliarquías (donde el poder reside no en una única persona, el monarca, sino en unos pocos), dado que es casi imposible para los gobiernos democráticos responder de la misma manera a las demandas de todos sus ciudadanos (Dahl 1971). Más importante es el énfasis que pone Dahl en el carácter contingente de la inclusión política en democracias liberales, donde el derecho a ser incluido está basado en la capacidad de ejercer la "razón" (Dahl 1986: 208).

Además, las democracias no son ni singulares ni homogéneas: varían en relación con los modos en que gobiernan el acceso a y el ejercicio de la autoridad pública. Vale hacer notar que el propio James Mill condenaba el miserable estado de la sociedad en la India decimonónica, y defendía la "misión civilizadora" para justificar la presencia de la Compañía Británica de las Indias Orientales –un doloroso recordatorio de los íntimos vínculos entre liberalismo e imperio–. Se necesita solamente tener en cuenta los brillantes discernimientos ofrecidos por Uday Singh Mehta en su libro *Liberalism and Empire*. A través de un análisis crítico del pensamiento liberal-utilitario británico, Mehta demuestra cómo las suposiciones liberales acerca de la razón y el progreso excluían a personas y sociedades "atrasadas" e "infantiles" del ámbito de la doctrina liberal y justificaban un imperio construido en la dominación política (Mehta 1999, capítulo 2 en particular). En otras palabras, el universalismo abstracto del siglo XIX era inherentemente exclusivo y limitado.

Ciudadanía, derechos y sociedad democrática

¿Cómo entender la concepción y la promesa liberal en torno a los derechos, la ciudadanía y la representación? De lo que se ha dicho más arriba, es claro que los vínculos íntimos entre liberalismo e imperialismo la hicieron exclusivista desde el principio; su promesa de derechos universales y representación no era para todas las personas y sociedades. Esto se refleja en el hecho de que, aunque la soberanía popular vino a constituir la fuente primaria de legitimidad de los Estados modernos desde la Revolución Francesa, cuando las aspiraciones políticas universales se hicieron efectivas dentro de la nación, la promesa de ciudadanía universal no fue extendida a las personas colonizadas por Francia (o Inglaterra o los nacionalistas criollos que establecieron repúblicas independientes en Hispanoamérica). En otras palabras, la mayor parte del mundo tuvo que esperar un siglo y medio antes de que los derechos del hombre y el ciudadano le fueran extendidos. Más aún, incluso dentro de Inglaterra, John Stuart Mill, el hijo de James Mill y un defensor de la libertad y la democracia, se oponía al sufragio secreto, quería que sólo los contribuyentes con educación adecuada votaran, y argumentaba a favor de otorgar mayor número de votos a las personas en ocupaciones más "elevadas" (Apthaker 1969: 14, citado en Banerjee 2009: 266-267).

Por otra parte, el éxito de las luchas nacionalistas y democráticas en todo el mundo durante este periodo significó que las restricciones de rango, raza, casta y género fueran gradualmente removidas del concepto de ciudadanía, haciendo de la ciudadanía universal la norma general para los Estados nación modernos (Chatterjee 2004: 29).

No obstante, a pesar de la eliminación de tales distinciones, un conflicto, según Partha Chatterjee, yace en el corazón de las políticas modernas imperantes en la mayor parte del mundo. La existencia de: a) la oposición entre el ideal universal del nacionalismo cívico, la premisa de la libertad individual y la igualdad de derechos sin importar religión, raza, lenguaje o cultura; b) y las demandas particulares de identidad cultural que requieren un tratamiento especial hacia ciertos grupos en consideración a su vulnerabilidad o su atraso; lo mismo puede decirse para casos de injusticia histórica, por mencionar algunos ejemplos (Chatterjee 2004: 4). Este binarismo contradictorio refleja la transición en la política moderna, la cual, en el curso del siglo XX, pasa de políticas democráticas enraizadas en la idea de una soberanía popular, a políticas democráticas definidas por la gubernamentabilidad.

Uno podría argumentar que esta misma oposición es inherente al nacionalismo. Por un lado, se retoma la herencia del liberalismo y el secularismo, se intenta establecer una política basada en una autodeterminación que no distingue clase, credo o color; por otro lado, el nacionalismo se encuentra muy ligado a un "sistema de significados políticos", sistema que, a su vez, está asociado a los símbolos de la "comunidad". Estos últimos pueden ser relativos a religión, casta, región o lenguaje; sin embargo, el idioma común de la comunidad implica que la "comunalidad" sea percibida, una comunalidad con el potencial de transformar a un grupo de gente disímil en un cuerpo colectivo (Stein 2010: 174). Esto significa que el nacionalismo tiene que manipular distintas formas de crear "comunalidad", además de dialogar con otras identificaciones que pueden producir "comunidad" fuera del nacionalismo. Algunas de estas mismas tensiones han encontrado eco en la ciudadanía, un asunto que abordaré más adelante.

¿Cómo, entonces, es alcanzado el principio de ciudadanía universal dentro de los Estados nación? De acuerdo a Partha Chatterjee, los Estados nación ahora constituyen la forma particular y normal del Estado moderno. Esto es debido a que los derechos específicos del ciudadano están guardados dentro de un Estado constituido por unas personas en particular, es decir, la nación (Chatterjee 2004: 29). El Estado, por lo tanto, es mucho más que un agregado de burocracias públicas o que el propio aparato estatal: conlleva una serie de relaciones sociales que apuntalan un cierto orden que es mantenido en su lugar por "una garantía centralizada y coercitiva sobre un cierto territorio" (O'Donnell 1993: 6 [trad. propia]). Esta intrincada relación entre el Estado y la sociedad da forma de manera crucial a las características de cada democracia, haciendo que estas democracias tomen formas particulares en diferentes Estados y sociedades.

La relación entre el Estado y la sociedad está formalizada en un sistema legal instituido y mantenido por el propio Estado. El sistema legal subyace al Estado y al orden que éste establece y garantiza sobre un territorio dado. Tal orden no es igualitario ni socialmente imparcial: tanto bajo el capitalismo como en el socialismo burocrático, éste sistemáticamente mantiene y ayuda a reproducir relaciones de poder asimétricas (O'Donnell 1993). Sin embargo, el sentido de orden conlleva que múltiples relaciones sociales sean conducidas dentro de las normas de este orden y que las normas sean obedecidas por los ciudadanos a cambio del orden garantizado por el Estado. Este consentimiento afirma y reproduce el orden social existente.

Por su parte, la ley tiene una dimensión codificada sujeta a las interpretaciones del conocimiento profesionalizado. Éste tiene sus propias expresiones organizacionales, altamente ritualizadas e institucionalizadas en las democracias contemporáneas. Mientras que el Congreso o el Parlamento son los sitios donde las leyes son discutidas, debatidas y promulgadas, el poder judicial las interpreta e implementa. En palabras de O'Donnell, el Congreso o Parlamento y el poder judicial son "las personificaciones organizacionales perceptibles del fenómeno más amplio que consiste en la efectividad social de la ley" (O'Donnell 1993: 7, [trad. propia]).

Además de sus aspectos organizacionales, burocráticos y legales, el Estado tiene una dimensión ideológica: como se indicó arriba, comúnmente se cree que el Estado es un Estado para la nación, la forma ideal para la realización de la ciudadanía universal. Sin embargo, en todas sus facetas, el Estado realiza una función regulatoria. En otras palabras, la coerción y el control subyacen en el centro del funcionamiento cotidiano de los Estados. Además, varios trabajos han señalado que la violencia es una parte casi integral de los Estados modernos. Charles Tilly (1985) afirma, por ejemplo, que la explotación coercitiva es una parte fundamental de la construcción de los Estados modernos europeos. A su vez, el autor se muestra crítico respecto a la noción de "protección" ofrecida por los Estados al preguntarse: ¿no son acaso los Estados quienes crean las amenazas para después ofrecernos una protección que nos vemos obligados a pagar? Por otro lado, el trabajo de Akhil Gupta (2012) enfatiza la violencia "estructural" de los Estados dirigida hacia los pobres y marginados, además de señalar que la presencia de la violencia en el funcionamiento diario del Estado y sus repercusiones de largo alcance son premisas aceptadas en el mundo académico. Para nuestros propósitos, es importante tomar en cuenta la violencia discursiva, estructural y real que forma parte de las relaciones entre los Estados nacionales y la comunidad, la sociedad civil y política, las cuales se encuentran marcadas por transiciones vitales, según Chatterjee, así como por la ciudadanía.

Probablemente no es necesario mencionar que las ideas liberales de igualdad y derechos individuales se han vuelto problemáticas. Si las ideas gemelas de libertad e igualdad definieron la infraestructura básica de los derechos en el Estado moderno, la libertad e igualdad también se esforzaban por ir en direcciones opuestas. Debido a esto, éstas tenían que ser mediadas por dos conceptos más, el de la propiedad y el de la comunidad (Balibar 1994). Las contradicciones entre libertad e igualdad en la relación entre individuos se intentaron resolver por vía de la propiedad, mientras que la comunidad intervenía para resolver contradicciones al nivel de toda la fraternidad. De esta manera, propiedad y comunidad proveyeron los parámetros conceptuales dentro de los cuales el discurso del capital "que prometía libertad e igualdad" pudo florecer (Chatterjee 2004: 30).

Es interesante notar en este contexto que Aristóteles fue el primer pensador en hablar de democracia en su relación con la riqueza y la propiedad. A pesar de que él consideraba la democracia como una forma de gobierno (o gobierno de los muchos) degenerada o desviada, consideraba que ésta era mucho mejor que la tiranía o la oligarquía, las formas desviadas de monarquía y aristocracia respectivamente, por el hecho de que en la democracia eran los pobres quienes formaban el gobierno de los muchos. El disfrute de derechos otorgados a los pobres hacía a la democracia mejor que las otras dos formas de gobierno, en las cuales sólo unos pocos acaudalados disfrutaban de derechos (Banerjee 2009: 259). Al mismo tiempo, esta idea del "gobierno de los pobres" causó preocupación desde el inicio, y repercutió dentro de la tensión central entre igualdad y libertad que subyace a la democracia liberal. Permítaseme clarificar. El sentido común en el cual la igualdad es entendida en las democracias es el de igualdad ante la ley e igualdad en el disfrute de derechos, sin importar las distinciones de clase, religión, raza o sexo. Si, por otro lado, el concepto de igualdad es tomado como que implica igual derecho a la propiedad, choca con otro principio fundamental de la democracia, el de la libertad. En su sentido positivo, libertad connota la libertad de desarrollar las capacidades de un individuo a su máximo potencial, así como la libertad de pensamiento, palabra y acción, lo que incluye el derecho a las propiedades (Banerjee 2009: 262-263).

El derecho a las propiedades, por su parte, es un elemento importante para la "inclusión política" (Dahl 1986) en la mayor parte de la teoría liberal clásica, la cual ha mostrado una marcada preferencia hacia una clase en particular para que se le permita disfrutar de libertad con respecto a la organización política y el poder (Banerjee 2009: 267). Incluso hoy, la mayoría de las democracias funcionan dentro de sociedades capitalistas donde la igualdad de propiedad e igualdad de condiciones económicas no constituyen un requerimiento básico de la igualdad liberal. La clara separación de lo público y lo privado junto con la demarcación de propiedad "privada" y la "libertad" de gozar o tener derecho a esta propiedad privada han permitido a las democracias capitalistas resolver el problema de la desigualdad económica. La teoría marxista, por supuesto, ha cuestionado vehementemente no sólo la noción de propiedad privada (la acumulación en pocas manos vía la desapropiación del trabajo y la plusvalía de otros), sino también el papel del Estado como guardián de la propiedad privada y el *statu quo* social. La solución marxista –permitir al Estado "interferir" y abolir la propiedad privada hasta donde sea posible y establecer la propiedad colectiva de los medios de producción– va a contrapelo de la "libertad", que pone trabas a la interferencia estatal en el goce de derechos (y en la propiedad privada) de los individuos.

Esta tensión irresoluta ha permitido, en gran medida, una expansión del concepto de democracia. Democracia ahora significa tanto una forma de gobierno como una sociedad en la cual tal gobierno está en el poder (Banerjee 2009: 268). Lo que ha sido preocupación de los intelectuales y de los "hacedores" de políticas en tiempos recientes, y ha movilizado a distintos grupos sociales ha sido que, de hecho, las condiciones no son iguales para todos en el dominio de lo público, lo político y lo social. Consecuentemente, la idea de que hay una igualdad que garantiza los mismos derechos para todos los ciudadanos en condiciones similares se ha vuelto vacía. Esto ha llevado a muchos a reflexionar sobre las diferencias fundamentales entre la igualdad formal y la igualdad sustantiva, así como a comparar la ciudadanía formal con la ciudadanía real.

La contribución de la teoría feminista ha sido fundamental. Generaciones de académicos feministas han demostrado las ambigüedades inherentes en la promesa liberal de igualdad, en la cual las mujeres fueron largamente excluidas de la ciudadanía –dominio de los hombres– y la construcción, marcada implícitamente por nociones de género, que ha apuntalado al sujeto de derechos políticos supuestamente universal en las democracias liberales (Pateman 1988; Phillips 1991, por ejemplo). Incluso cuando las mujeres adquieren derechos políticos formales en el ámbito público, su igualdad política continúa siendo minada por la subordinación de la mujer en la esfera privada (Sinha 2011). Además, la promesa de derechos ilimitados ofrecida por la teoría político-legal no borró la distinción entre hombres y mujeres en la sociedad civil. Entonces, según los estudiosos feministas, el género constituye un punto de tensión en la vida de la nación y el Estado moderno. Esto se debe a que existen formas particulares dentro de las cuales las mujeres son construidas como ciudadanas bajo regímenes modernos. Es importante comprender la entremezclada identidad del *ser mujer* en distintos registros, que son simultáneamente tanto de género como políticos, dicen los estudiosos feministas, y situar la figura de la mujer en las matrices imbricadas de la nación, las cuales la transforman en una portadora de la tradición y del Estado. Es de ese modo que la mujer es definida como ciudadano con connotaciones y responsabilidades particulares, distintas a las del ideal ciudadano: el masculino.

Por lo tanto, el universalismo de la teoría de derechos ha producido consecuencias contradictorias. Por un lado, ha apoyado un nuevo orden de relaciones de poder sociales fundamentadas precisamente en las distinciones de rango, raza, casta y género. Por otro lado, el potencial emancipador de derechos equitativos universales ha generado una constante crítica teórica a la sociedad civil, y ha impulsado numerosos movimientos sociales por todo el mundo que buscan cambiar relaciones sociales desiguales. Tomando todas estas reflexiones en consideración, pasemos a la India democrática, cuya existencia y funcionamiento ha sorprendido a varios teóricos y ha desconcertado a muchos otros.

Estado y comunidad

La "contribución original" de India a la producción de constituciones, se ha dicho, yace en la inmensa capacidad de "acomodación, la habilidad de reconciliar, armonizar y hacer funcionar conceptos aparentemente incompatibles sin cambiar su contenido" (Austin 2001). Estos conceptos son el pluralismo legal que da cuenta directamente de los derechos individuales y colectivos, y el concepto de "discriminación compensatoria" que pone a las nociones de igualdad liberal bajo una presión severa. Para algunos académicos, este compromiso simultáneo con "conceptos incompatibles" vuelve contradictoria la postura de India hacia la igualdad y el secularismo. Para otros, la presencia simultánea de derechos individuales para los ciudadanos y derechos colectivos para las comunidades parece garantizar la pluralidad y la igualdad sustantiva.

Vale la pena apuntar, en este contexto, que diversas disposiciones de la ley internacional también expresan preocupación por los derechos de las personas que pertenecen a minorías. Esta preocupación surgió directamente de circunstancias históricas específicas –el intento de exterminar a los judíos en la Alemania nazi– bajo las que la comunidad internacional reconoció que "las violaciones más gruesas de los derechos humanos pueden ocurrir dentro de Estados constituidos legalmente" (Das 1995a: 85). Este contexto llevó al reconocimiento formal del crimen de genocidio en Núremberg en 1945 y "ponía énfasis naturalmente, en los derechos de los individuos contra el abrumador poder del Estado" (Das 1995a: 86).

En India también la garantía constitucional de las minorías para preservar y desarrollar su cultura tiene como meta restringir el poder del Estado. No puedo entrar aquí en los serios debates académicos sobre la relación entre el Estado y la comunidad; basta decir que para los miembros del colectivo de estudios subalternos, el "campesino rebelde", el representante ideal de lo subalterno en la India colonial, sólo puede ser aprehendido a través del colectivo o de la comunidad, en sus momentos de lucha contra el Estado. En otras palabras, hay una cierta valorización de la comunidad como el recalcitrante e histórico "otro" del Estado coercitivo.

El revelador trabajo de la antropóloga Veena Das (1995a; 1995b) acerca de la comunidad sij del noroeste de India ha demostrado que la comunidad, como el heroico otro del Estado, puede y efectivamente funciona al momento de ser forjada, muchas veces en tiempos de crisis. Al mismo tiempo, una vez que se ha creado, la comunidad usa lenguaje, expresiones y modos de control similares a los del Estado para garantizar su legitimidad y la continuidad de su existencia. Esto sucedió en el caso de la comunidad sij, que demandó autonomía de un gobierno central fuerte y autoritario, encabezado por la primer ministro Indira Gandhi a finales de la década de 1970 y principios de la de 1980; la "comunidad en peligro" se volvió palpable después de los masivos disturbios anti-sijs en Delhi y otras partes del país después del asesinato de Indira Gandhi por sus guardaespaldas sijs el 31 de octubre de 1984. Los sijs militantes, que se reconstituyeron a sí mismos como una comunidad, escribieron su historia en términos de sacrificio heroico y martirio por la causa de la comunidad. Esta historia también interrogaba seriamente la idea de pertenecer a India o de ser ciudadanos de India. No obstante, en la nueva historia que fue forjada, las "biografías individuales" fueron reescritas como textos sociales y las experiencias que eran diferentes o tenían otras historias que contar fueron coaccionadas a cuadrarse o a permanecer en silencio (Das 1995b: 118).

Derechos individuales y derechos colectivos

Es tiempo ya de echar un breve vistazo al experimento de India con el pluralismo legal. Liberador e inclusivo en el plano conceptual, el pluralismo legal produce un caos legal y genera serios problemas, difíciles de resolver. La noción liberal de los derechos, estamos conscientes, tiene su premisa en la idea del ciudadano-individuo. Los sujetos de la ley internacional, como acabamos de ver, también son sujetos individuales, por ejemplo, personas que pertenecen a minorías, aunque es evidente que los sujetos de estos derechos no pueden ser tratados como "individuos aislados y atomizados porque, para que ellos puedan preservar y disfrutar su cultura, la sobrevivencia colectiva de sus tradiciones se convierte en una condición importante" (Das 1995a: 87).

¿Cómo entonces definimos los derechos colectivos? ¿Son la suma total de los derechos garantizados a un individuo ciudadano que pertenece a una comunidad minoritaria o es lo colectivo por encima y diferente del individuo? Si lo "colectivo" o la "colectividad" es algo diferente, ¿podemos entonces aplicar la noción liberal de derechos del individuo ciudadano atomizado y autosuficiente para los derechos de lo "colectivo"? ¿O se necesita un criterio adicional de una naturaleza colectiva? Es más importante para nuestros propósitos la cuestión sobre aquello que constituye lo "colectivo" –¿la comunidad?– que puede, con frecuencia, poner en peligro la identidad y los derechos de la mujer como ciudadana.

Además de la tensión entre, por un lado, el Estado y lo "colectivo", y, por el otro, lo colectivo y el individuo como sujetos de derechos, la asociación entre los derechos colectivos y la cultura hace su legitimidad y aplicabilidad aún más problemática. Trabajos importantes (Said 1978; Asad 1993) han polemizado la noción de "cultura" como un sistema común de significados a través de los cuales la existencia colectiva se vuelve posible (Geertz 1973). Esto se debe a que este sentido de cultura no da lugar a la idea del juicio y al papel que tiene el poder, a través del cual el dominio de ideas y gustos queda establecido (Das 1995a: 90).

De hecho, como Das señala, lo que se vuelve evidente en esta lucha entre Estado, comunidad o colectividades y los individuos es la "doble vida de la cultura" (Das 1995a: 91). Mientras la cultura compartida, que casi siempre constituye una comunidad o el "colectivo", ofrece un "reconocimiento radical a la humanidad de sus sujetos", también conserva al individuo "dentro de límites tan definidos y estrechos que la capacidad de experimentar con el sí mismo" es puesta en peligro (Das 1995a: 91). Como consecuencia, la idea asociativa de lo colectivo, que implica "la pertenencia" del individuo, a menudo queda sobrescrita por la idea de lo "colectivo" que es "dueño" del individuo. Esto, a cambio, impide seriamente el deseo de los individuos dentro de un colectivo o comunidad "filiativa" (*ascriptive community*, comunidad adscriptiva), tal y como aquélla que está compuesta de una minoría étnica o religiosa, para formar alianzas con una comunidad "afiliativa" (*affiliative community*), como la comunidad de mujeres, para reinterpretar la "cultura compartida" de acuerdo con un conjunto diferente de principios. Las tensiones, generadas por tan distintos deseos difícilmente encuentran una resolución aceptable. Esto ha encontrado una expresión gráfica respecto a problemas que surgen del ejercicio de las leyes personales por la comunidad. Tomaré un caso particular muy conocido para ilustrar este punto.

La Constitución de India permite un código civil y penal uniforme, que se aplica a todos los ciudadanos independientemente de su religión. Al mismo tiempo, se aceptan "leyes personales" –leyes sobre las herencias, el matrimonio, el divorcio, la manutención y la adopción (temas que afectan a las mujeres directamente)–, para comunidades minoritarias delimitadas sobre la base de la religión. Las leyes personales tienen una larga genealogía que se remonta al periodo colonial, en el que la ley "hindú" y la ley "musulmana" fueron codificadas a partir de la premisa orientalista de que los habitantes del país necesitaban someterse a sus propias leyes.

Esto provino de la noción británica de que el pilar que constituía la sociedad no era el individuo soberano, sino las comunidades "primordiales" constituidas por religión, casta, parentesco, raza y tribu. Esto dio un tono particular a las relaciones Estado-sociedad e hizo posible que el discurso liberal de los derechos individuales en India tomara una trayectoria diferente, como Mrinalini Sinha nos lo recuerda contundentemente (Sinha 2011).

Al mismo tiempo, las consecuencias de la división de los pobladores indios entre hindúes y musulmanes han sido de largo y muy influyente alcance. No es necesario detenernos en tales repercusiones. Basta decir que durante el periodo colonial la religión y las identidades de casta adquirieron una nueva fuerza y un nuevo significado para luego transformarse en categorías políticas. La categorización de comunidades sobre la base de la religión creó una ficción legal de que hindúes y musulmanes pertenecen a comunidades homogéneas y que siguen leyes uniformes cuyo origen radica en sus respectivas escrituras (Agnes 1999: 43). Esta distinción entre estatus (o ley) personal (familiar) y leyes civiles y criminales comunes, cabe hacer notar, se mantiene en otras sociedades del "Medio Oriente" que han estado bajo mandato británico por ciertos periodos de tiempo. Egipto y Palestina ofrecen interesantes ejemplos de ello.

En tiempos de la independencia de India, las "leyes personales" habían estado vigentes por más de un siglo y medio. No podían ser eliminadas. En efecto, se mantuvieron después de amargos debates en la Asamblea Constituyente, en los años 1947-1949, como un compromiso o una garantía para las comunidades minoritarias que el Estado indio habría de "proteger". Incluso, la "mayoría" hindú mantuvo sus "leyes personales", como una comunidad religiosa. Por consiguiente, las leyes familiares de estas supuestamente cuatro mayores comunidades religiosas –hindúes, musulmanes, cristianos y parsis– continuaron estando separadas del principal cuerpo civil de leyes (Sen 2004: 485).

Es interesante notar que la Constitución de India no se refiere a las "leyes personales" como "religión", aunque reconoce sus fundamentos religiosos. El artículo 44 de la Constitución ordena al Estado "esforzarse por asegurar, para todos los ciudadanos, un Código civil uniforme para todo el territorio de India" y ordena que el Estado secularice y haga homogéneas las leyes familiares (Pal 2001: 27). Al mismo tiempo, este artículo es un principio directivo de la política estatal, no ejecutable por ley. En el mismo ámbito, las "leyes personales" se traducen como "derechos culturales" porque se espera que aquéllas salvaguarden la "cultura" de las comunidades minoritarias. Los ciudadanos indios tienen la oportunidad de revertir el código uniforme o sus "derechos colectivos" por problemas que caen dentro de la dotación de "leyes personales".

En 1978, Shah Bano, una mujer musulmana de 72 años de edad, divorciada de su marido después de 43 años de matrimonio bajo la "ley personal" islámica, recurrió al código uniforme para exigir manutención de su ex esposo. El marido, un abogado exitoso, afirmó en su defensa que Shah Bano había dejado de ser su esposa a causa del divorcio, que él había pagado su manutención durante el periodo de *iddat*, separación (por cerca de dos años), y que también había depositado algo de dinero como *mehr* o dote que, formalmente, disolvía el matrimonio por completo. De ahí que él no tenía la obligación de pagar su manutención. Después de una larga y muy publicitada guerra legal, la Suprema Corte de India ratificó en 1985 el derecho de Shah Bano a la manutención bajo la sección 125 del Código de Procedimiento Criminal (Mohd. Ahmed Khan v Shah Bano Begam, AIR 1985 SC 945). El veredicto de la Suprema Corte dictó que las provisiones de la Sección 125 del Código de Procedimiento Criminal debían, ciertamente, aplicarse a los musulmanes.

Ésta no era la primera vez que el derecho de una mujer musulmana divorciada era legalmente ratificado. Pero el caso de Shah Bano adquirió un significado central en la vida política del país debido a "la heterogeneidad de la sentencia" y la "falta de moderación en la prosa judicial" (Das 1995a: 95). El veredicto, pronunciado por el hindú jefe de justicia de la Suprema Corte y por jueces hindúes, además de afirmar el derecho de una mujer musulmana divorciada, versó en torno a la injusticia hecha a las mujeres de todas las religiones, hacía comentarios peyorativos sobre el islam, interpretaba la ley personal islámica y enfatizaba la necesidad de crear un código civil común como un medio de alcanzar la integración nacional y la justicia de género. Ésta era la primera vez desde la independencia que la Suprema Corte se expresaba así con relación a la "ley personal" de una comunidad minoritaria. Los comentarios injustificados, así como la demanda de implementar un código uniforme en un momento en que la derecha hindú estaba ganando importancia política, produjeron una reacción violenta de ciertos grupos musulmanes.

A través de todo esto, la exigencia de manutención de Shah Bano se vio marginalizada en tanto que la derecha hindú presionaba a favor del código uniforme y ciertos grupos musulmanes reclamaban la protección de los derechos de las comunidades minoritarias. El debate dejó de centrarse sobre el derecho de una ciudadana a una pensión alimenticia de parte de su ex esposo toda vez que ésta carecía de los medios para mantenerse por sí misma. El debate, pues, se convirtió en un asunto de hindúes contra musulmanes: los primeros aparecían como partidarios del código uniforme, representados en los medios como modernos, progresistas seculares e implícitamente nacionalistas; y los segundos, los opositores, retratados como fundamentalistas, antinacionalistas, ortodoxos e irracionales. Lo anterior casi apagó las voces que en el espacio público hablaban de conciliación y compromiso.

En esta difícil situación, Shah Bano decidió retirar su caso; ella no quería ir en contra de su comunidad, afirmó. No sabemos las circunstancias exactas que la llevaron a archivar su demanda, ni conocemos las presiones que la obligaron a retirarla. El punto aquí es que el caso de Shah Bano trajo al primer plano las tensiones entre el Estado y la comunidad, por un lado, y entre un individuo y la comunidad por el otro. Mientras la comunidad minoritaria retaba el derecho del Estado a interferir en sus "leyes personales", restringía el derecho de un miembro femenino como individuo y ciudadano en nombre de la preservación de la comunidad. Para ciertos grupos de fundamentalistas hindúes, por otro lado, este autoritarismo de parte de una comunidad minoritaria era prueba suficiente de que el Estado no era realmente secular: este hecho había mostrado un favor especial hacia una comunidad religiosa y, por tanto, había fallado en su promesa de mantener neutralidad y equidistancia de todas las religiones.

Paradójicamente, la noción de derechos "seculares" vino en auxilio de aquellos que querían presionar con relación a la estandarización de las leyes en nombre de la integración nacional a costa de los derechos de las comunidades, mientras "religión" y "cultura" posibilitaban que secciones conservadoras de la "comunidad minoritaria" pisotearan de manera brutal los derechos de las mujeres, revelando de esta manera la naturaleza restrictiva de ambos tipos de derechos y subrayando la virtual imposibilidad de realización de la ciudadanía universal.

Hacia una conclusión

El propósito de este breve texto ha sido indagar en algunas contradicciones críticas en el ámbito de la historia y la política para apreciar los procesos divergentes en la construcción y articulación de conceptos, categorías e identidades. He escudriñado la suposición comúnmente sostenida en teorías acerca de la democracia de que hay un gran grado de homogeneidad en el ámbito territorial y funcional del Estado y del orden social que éste mantiene, y lo he hecho al examinar una democracia que acepta la diferencia y la heterogeneidad. Los esfuerzos de India para tratar con la diferencia y la heterogeneidad en su afán de garantizar la ciudadanía universal han resultado en consecuencias mezcladas y contradictorias. La aceptación de cultura y religión como los elementos claves de una comunidad minoritaria ha chocado con los derechos individuales de los miembros de esa comunidad, revelando de esta manera la naturaleza contingente de la mediación ofrecida por la "comunidad" para resolver la tensión entre libertad e igualdad.

Las contradicciones que han emergido en el contexto de los intentos de India por garantizar los derechos individuales y colectivos revelan que género, cultura, religión y su interacción están crucialmente presentes en el desarrollo de la democracia y el concepto de ciudadano bajo los regímenes de la modernidad. Mucho más que el indicador de una carencia o una ausencia, la presencia de paradojas y contradicciones son constituyentes del Estado moderno y de la nación, y deben ser tomadas seriamente en cualquier reflexión o esfuerzo acerca de la construcción de un Estado nación plural y una ciudadanía inclusiva.

Hubo un momento, vale la pena hacerlo notar, en el periodo colonial tardío en India en el cual un acta en particular, relacionada con el matrimonio infantil, se impuso sobre las leyes personales de comunidades al aplicarse a las mujeres de todas las comunidades como sujetos individuales de derechos. Pero a pesar del hecho de que la lucha de las mujeres tomó inspiración del acta para pelear por los derechos de las mujeres como ciudadanas individuales antes de la independencia, la Constitución de la India independiente aceptó la estipulación de las leyes personales. Por otro lado, las "mujeres" de la India independiente han tomado la iniciativa de constituirse a sí mismas como una "comunidad" que requiere privilegios especiales, al reivindicar para sí la estipulación constitucional de "discriminación compensatoria". Si fuera aprobada por la Cámara Baja del Parlamento, la Ley de Reservación para Mujeres significaría un parteaguas en la historia de los derechos y la ciudadanía en India y en el mundo, y traería más confusión a la noción de igualdad liberal.

Finalmente, es necesario mencionar la importancia del argumento de Chatterjee respecto al cambio radical en la naturaleza de la democracia, la cual ya no es definida como un gobierno para y por la gente, sino por la política de los gobernados. La política de los gobernados, a su vez, ha emergido de la transformación de la política democrática, de una democracia basada en la idea de soberanía popular a una moldeada por la gubernamentabilidad. Para demostrar la inocua pero prevalente propagación de la gubernamentabilidad, Chatterjee hace una sutil distinción entre ciudadano —que conlleva la connotación ética de participación en la soberanía del Estado– y población, una categoría empírica descriptiva que permite a funcionarios gubernamentales alcanzar a grandes secciones de habitantes del país como objetivos de sus "políticas" (Chatterjee 2004: 34). El concepto de población, al hacer posible una creciente "gubernamentalización del Estado", coloca la legitimidad de éste no tanto en la participación de los ciudadanos sino en la reivindicación de que provee el bienestar de la población (Foucault 1991).

El relevo de la política democrática por un Estado gubernamentalizado da como resultado el desplazamiento del "ciudadano" por la "población", y genera además otra transformación. Mientras que la idea clásica de soberanía popular hecha efectiva a través de la ciudadanía equitativa creó el constructo homogéneo de la nación, las prácticas de gubernamentabilidad produjeron un social heterogéneo al clasificar a la población en múltiples registros como objetivos de distintas políticas (Chatterjee 2004: 36). En países anteriormente colonizados como India, donde las prácticas de gubernamentabilidad a menudo preceden las de la política democrática, es decir, que la clasificación de la población para propósitos de políticas estatales existía antes del otorgamiento de ciudadanía a las personas sometidas, la antinomia del "nacional homogéneo" y el "social heterogéneo" resultó en una importante demarcación de la sociedad civil de la *sociedad política* (Chatterjee 2004: 38). Así, si la mayor parte de los habitantes de India son tenue, ambigua y contextualmente ciudadanos por derecho, y por lo tanto no miembros en sí de la sociedad civil, éstos a menudo pertenecen a y reivindican para sí mismos una sociedad *política* por el hecho de estar en una relación política con el Estado en una manera que no necesariamente se ajusta a las normas legales de la sociedad civil. Esta zona nebulosa de la política popular y la sociedad política tiene el potencial de resistir, combatir y transformar las políticas del Estado haciendo nuevas reivindicaciones y demandas sobre éste.

El caso del pluralismo legal y sus efectos con marcas de género que he discutido en el artículo no pertenecen al dominio de la sociedad política de Chatterjee. Y sin embargo, al preguntarnos si acaso las mujeres pueden o deber intentar liberarse de los controles impuestos por el individuo liberal y los derechos culturales colectivos al constituirse a sí mismas en una comunidad afiliativa, estamos pensando en estirar los límites de la sociedad civil y la normatividad legal para forzar la política democrática a enfrentar nuevos retos y proceder sobre nuevas líneas.

Bibliografía

Apthaker, Herbert. *The Nature of Democracy, Freedom and Revolution*. New York: International Publishers 1969.
Asad, Talal. *Genealogies of Religion: Discipline and Reasons of Power in Christianity and Islam*. Baltimore/London: The Johns Hopkins University Press 1993.
— *Formations of the Secular: Christianity, Islam Modernity*. Stanford: Stanford University Press 2003.
Austin, Granville. *Working a Democratic Constitution: The Indian Experience*. New Delhi: Oxford University Press 2001.
Balibar, Etienne. *Masses, Classes, Ideas: Studies on Politics and Philosophy before and after Marx*. New York: Routledge 1994.
Banerjee, S. P. *Traditon and Truth: Essays in Indian and Western Philosophy*. Ed. Ishita Banerjee-Dube. New Delhi: Indian Council of Philosophical Research 2009.
Chatterjee, Partha. *The Politics of the Governed: Reflections on Popular Politics in Most of the World*. New York: Columbia University Press 2004.
Dahl, Robert A. *Polyarchy: Participation and Opposition*. New Haven: Yale University Press 1971.
— *Democracy, Liberty, and Equality*. Denmark: Norwegian University Press 1986.
Das, Veena. "Communities as political actors: The question of cultural rights". *Critical Events: An Anthropological Perspective on Contemporary India*. Ed. Veena Das. New Delhi: Oxford University Press 1995a. 84-117.
— "Time, Self, and Community: Features of the Sikh Militant Discourse". *Critical Events: An Anthropological Perspective on Contemporary India*. Ed. Veena Das. New Delhi: Oxford University Press 1995b, 118-136.
Foucault, Michel. "Governmentality". *The Foucault Effect: Studies in Governmentality*. Eds. Graham Burchell, Colin Gordon y Peter Miller. Chicago: University of Chicago Press 1991. 87-104.
Gupta, Akhil. *Red Tape: Bureaucracy, Structural Violence, and Poverty in India*. Durham: Duke University Press 2012.
Mehta, Uday Singh. *Liberalism and Empire: A Study of Nineteenth Century British Liberal Thought*. Chicago: Chicago University Press 1999.
Mill, James. *Political Writings*. Cambridge: Cambridge University Press 1992.
O'Donnell, Guillermo. "On the State, Democratization and Some Conceptual Problems". Working Paper nº. 192. The Helen Kellogg Institute for International Studies 1993.
Pal, Ruma. "Religious Minorities and the Law". *Religions and Personal Law in Secular India: A Call to Judgment*. Ed. Gerald J. Larsen. Bloomington: Indiana University Press 2001. 24-35.
Sinha, Mrinalini. "Historically Speaking: Gender and Citizenship in Colonial India". *The Question of Gender: Joan W. Scott's Critical Feminism*. Eds. Judith Butler y Elizabeth Weed. Bloomington: Indiana University Press 2011. 81-101.

STEIN, Burton. *A History of India*. Revisado y editado por David Arnold. Sussex: Wiley-Blackwell 2010 [1998].

TILLY, Charles. "War-Making and State-Making as Organized Crime". *Bringing the State Back In*. Eds. Peter Evans, Dietrich Rueschemeyer y Theda Skocpol. Cambridge: Cambridge University Press 1985. 169-187.

VAN BEEK, Ursula. "On the Marvels and Pitfalls of Political Representation". *Democracy under Scrutiny: Elites, Citizens, Cultures*. Eds. Ursula J. van Beek. Opladen, Leverkusen: Barbara Budrich Publishers 2010. 11-28.

Educación, ciudadanía diferenciada y conflictos: el caso brasileño de la Reserva Extractivista Tapajós-Arapiuns

Johanna Below

Contexto teórico

En los debates sobre el concepto de ciudadanía, Young ha puesto en duda el ideal de la ciudadanía universal, particularmente en su artículo "Polity and Group Difference: A Critique of the Ideal of Universal Citizenship" de 1989, argumentando que cuando las estructuras democráticas definen la ciudadanía en términos universales y unificados, tienden a reproducir la opresión existente de grupos desfavorecidos. Siguiendo a Young (1989), las desigualdades entre los grupos continuarían a pesar de la casi obtención de derechos formalmente iguales porque como, argumentan muchos/as activistas de grupos desfavorecidos, los derechos universalmente formulados son ciegos a diferencias de cultura, género, edad, entre otros. Por lo tanto, Young (1989) propone el concepto de ciudadanía diferenciada como manera de realizar la inclusión y participación de todos en plena ciudadanía. Su argumento es que a diferencia de la ley, la sociedad no es ciega frente a las diferencias de distintos grupos. Según Young, sólo atender a estas diferencias a través de derechos especiales puede permitir efectivamente la inclusión de todos los grupos en las instituciones políticas y económicas.

En el contexto de diferencias culturales, ella considera inadecuado e injusto el tratamiento igualitario, ya que éste puede negar las diferencias y particularidades. Entre otros aspectos, Young menciona el papel importante de la educación para que las minorías consigan el derecho a la "preservación de sus culturas" (Young 1989: 251-272).

Este artículo tematiza procesos en el ámbito del derecho a una educación diferenciada de dos grupos: extractivistas e indígenas en Brasil, y por lo tanto examina la cuestión sobre de qué manera son discutidas y realizadas formas educativas distintas y derechos especiales en el campo de la educación. La intención es mostrar discursos políticos y posibilidades jurídicas respecto al derecho a una educación diferenciada y poner éstos en relación con las realidades locales de la Reserva Extractivista Tapajós-Arapiuns, indicando algunas contradicciones.

Es importante enfatizar que la temática aquí presentada será analizada en profundidad en la tesis doctoral de la autora, con el título de trabajo "Ciudadanía diferenciada y educación en la Amazonía brasileña: el caso de la Reserva Extractivista Tapajós-Arapiuns". El presente artículo representa un primer intento de exponer la problemática.

El nivel nacional
Una breve historia del Conselho Nacional das Populações Extrativistas (CNS) y su propuesta con respecto a las Reservas Extractivistas (RESEX)

El surgimiento del CNS tiene sus raíces en la historia del caucho. A partir de la segunda mitad del siglo xix y durante la Segunda Guerra Mundial el auge del caucho provocó una gran migración interna hacia la región amazónica –sobre todo de migrantes empobrecidos del noroeste (Weinstein 1983)–. Siguiendo a Scheibe Wolff, dicho proceso derivó en violencia contra los/las indígenas con el objetivo de abrir paso a los trabajadores del caucho. Se formaron también familias basadas en uniones entre migrantes nordestinos y mujeres raptadas de aldeas indígenas (Scheibe Wolff 1999: 158-172).

Durante la crisis del caucho de 1912, muchos patrones abandonaron la explotación del caucho o suspendieron el severo monopolio del comercio que hasta entonces habían tenido. En este contexto de crisis surgió una nueva economía de subsistencia, basada en la agricultura, la caza y la recolección de frutas y nueces, la cual, según Almeida, puede ser denominada "economía florestal-camponesa" (Almeida 2004: 38-40).

En las décadas de 1960 y 1970, durante el gobierno militar, la destrucción de la selva amazónica se intensificó, la frontera agraria se movió más al norte por el avance de la tala de árboles para madera y la búsqueda de tierras agrícolas. Organizados en sindicatos rurales, los/las recolectores/as de caucho efectuaron acciones de resistencia (*empates*) (Allegretti 2002). A mediados de los años ochenta comenzó a cambiar la política de subsidios y precios fijos del caucho, que había sido instaurada después de la Segunda Guerra Mundial (Almeida 2004: 40). En este contexto se fundó, en 1985, durante el Primer Encuentro Nacional de los Recolectores del Caucho en Brasilia el Conselho

Nacional dos Seringueiros (CNS),[1] (Ehringhaus 2005). Antes de aquel encuentro muchos políticos aún no sabían de la existencia de este grupo y no tenían mucho interés en la problemática del caucho. Por lo tanto, fue necesaria una nueva estrategia que el CNS encontró en el tema de la ecología y en la cooperación con los/las indígenas. En 1987, Chico Mendes, famoso líder del CNS, creó junto con Aílton Krenak la União das Nações Indígenas (UNI), la Alianza de los Pueblos de la Selva (Almeida 2004).

El CNS combina la lucha por derechos ciudadanos con la protección del medioambiente. Entre sus reivindicaciones principales siempre estuvo el tema de la tierra (en forma de reservas extractivistas); la producción y la comercialización, así como la salud y la educación.[2] La idea de la reserva extractivista (RESEX) fue expresada por primera vez en 1985 (Ehringhaus 2005), inspirada por el modelo de las reservas indígenas (Allegretti 2002: 25). La presión política llevó a la institucionalización de las reservas extractivistas, de las cuales se esperaba la combinación de justicia social con la protección del medio ambiente (Brown y Rosendo 2000: 36). Las primeras RESEX fueron creadas a partir del año 1990 por medio de decretos y tenían como base jurídica el Decreto n° 98.897, de 30 de enero de 1990, el cual, en su artículo primero, define las RESEX como "espacios territoriales destinados a la exploración autosustentable y la conservación de recursos naturales renovables por parte de la población extractivista" (Decreto n° 98.897 de 30 de enero de 1990).

La Ley n° 9.985 del año 2000 establece el Sistema Nacional de Unidades de Conservación de la Naturaleza (SNUC) y define el extractivismo de manera innovadora como un "sistema de exploración en base de la recolección y extracción, de modo sostenible, de los recursos naturales renovables" (Ley n° 9.985 de 18 de julio de 2000, Art. 2°, XII). La definición de la reserva extractivista y sus objetivos se establecieron en el artículo 18:

> Art. 18. La reserva extractivista es un área utilizada por poblaciones extractivistas tradicionales cuya subsistencia consiste en el extractivismo y, complementariamente, en la agricultura de subsistencia y en la cría de ganado menor, y que tiene como objetivos básicos proteger los medios de vida y la cultura de estas poblaciones, y asegurar la utilización sostenible de los recursos naturales de la unidad (Ley n° 9.985 de 18 de julio de 2000, Art. 18).

---

[1] En español, Consejo Nacional de Recolectores de Caucho.
[2] Véanse las Resoluciones Finales de los Encuentros y Congresos Nacionales del CNS de 1985-2012 (CNS 1985; CNS/UNI 1989; CNS 1992; CNS 1995; CNS 1998; CNS 2005; CNS 2009; CNS 2012).

Se puede percibir un desarrollo del término "población extractivista" hacia "poblaciones extractivistas tradicionales". Por lo demás, la protección de la cultura de las mismas aparece como objetivo básico de las reservas extractivistas.

En el año 2009, el CNS cambió su nombre a Conselho Nacional das Populações Extrativistas, manteniendo las siglas CNS (CNS 2009) debido a que desde hacía tiempo el CNS no sólo representa a los/las recolectores/as de caucho, sino también a los/las pescadores/as, quebraderas de coco *babaçu* (babasú) y a otros grupos que viven de la extracción de productos naturales de la selva y de las aguas.[3]

EXTRACTIVISTAS, INDÍGENAS Y LA NUEVA CATEGORÍA DE LOS PUEBLOS Y LAS COMUNIDADES TRADICIONALES

Fue el CNS quien inició los debates sobre derechos territoriales para comunidades tradicionales que no se identifican ni como indígenas ni como *quilombolas* y, así, acuñó también al término de *populações tradicionais* ("poblaciones tradicionales"). En 1990 fue creado el Centro Nacional de Desenvolvimento Sustentado das Populações Tradicionais (CNPT) dentro del Instituto Brasileiro do Meio Ambiente e dos Recursos Naturais Renováveis (IBAMA) para implementar las reservas extractivistas y prestar asistencia técnica a los/las recolectores/as de caucho (Ehringhaus 2005). Aún en 2004, durante el gobierno de Lula da Silva, se creó una comisión que fue la precursora de la actual Comissão Nacional de Desenvolvimento Sustentável dos Povos e Comunidades Tradicionais (CNPCT) establecida por decreto en 2006. Su tarea era la de coordinar la elaboración y acompañar la implementación de la Política Nacional de Desarrollo Sostenible de los Pueblos y Comunidades Tradicionales (PNPCT) (Shiraishi 2007: 194). La CNPCT reúne tanto a instituciones gubernamentales como a una amplia y diversa representación de la sociedad civil –entre ellos *quilombolas*, pescadores/as, quebraderas de coco *baba*çu, indígenas, extractivistas representados por el CNS, *ciganas/os* e incluso a la Associação Cultural Alemã do Espírito Santo y a otros (Decreto de 13 de julio de 2006)–. Llama la atención que algunos grupos representados, como los/las extractivistas aparecen como colectivos meramente profesionales, aunque las formas de supervivencia, así como el

---

[3] Entrevista con Cristina Fátima da Silva (coordinadora de proyectos y asesora técnica por aquel entonces en el CNS), 15.04.2013, en la oficina del CNS en Belém, Pará.

discurso político y el "uso tradicional" de los recursos naturales son los parámetros que define a estos grupos culturalmente. Brasil es un país muy adelantado en cuanto a la construcción de la categoría de pueblos y comunidades tradicionales. En el Decreto n° 6.040 de 2007 se define a éstos de la siguiente manera:

> Pueblos y comunidades tradicionales: grupos culturalmente diferenciados y que se reconocen como tales, que tienen formas propias de organización social, que ocupan y usan territorios y recursos naturales como condición para su reproducción cultural, social, religiosa, ancestral y económica, utilizando conocimientos, innovaciones y prácticas generados y transmitidos por tradición (Decreto n° 6.040 de 7 de febrero de 2007, Art.3, I).

Entre los objetivos específicos de la Política Nacional de Desarrollo Sostenible de los Pueblos y Comunidades Tradicionales se encuentran la garantía a territorios, el acceso a recursos naturales y formas tradicionales de educación (Decreto n° 6.040 de 7 de febrero de 2007, anexo, Art. 3).

Así como los/las indígenas, los/las extractivistas representados por el CNS son reconocidos dentro de la nueva categoría de los pueblos y comunidades tradicionales por parte del Estado brasileño (véanse también Wagner 2011; Gawora 2012: 11-25; Gawora 2011: 13-31). Ambos grupos, son por lo tanto, reconocidos como categorías de lo comunitario. Pues la categoría de los "extractivistas" es relativamente nueva, construida en un contexto histórico y político específico en el cual la noción de "recolectores del caucho" fue el punto de partida. La nueva categoría de los/las "extractivistas" es muy amplia y sus límites de pertenencia son difusos. Con las recolectoras de *babaçu* y los/las pescadores/as engloba a grupos que tienen grandes organizaciones de representación propias. Además, tanto los/las indígenas como los/las *quilombolas* también pueden ser extractivistas, pero pueden vivir de igual manera de la agricultura o en las ciudades, mientras que los/las extractivistas, al menos por definición, viven sólo de recursos naturales forestales. A pesar de todo, Vadjunec, Schmink y Gomes mostraron que incluso en la cuna del CNS, el estado federal de Acre, los/las antiguos/as recolectores/as de caucho trabajan cada vez más en la agricultura, como los/las campesinos/as, o emigran a las ciudades (Vadjunec *et al.* 2011: 73-98). La siguiente sección muestra que para los indígenas y extractivistas existen no sólo derechos distintos en relación a la cuestión de la tierra, sino también en el área de la educación.

Debates y legislación sobre educación diferenciada: extractivistas e indígenas

Los derechos diferenciados en el área de educación son reclamados a través del término "educación diferenciada". La definición de este término es difícil y no existe una comprensión uniforme. En el contexto de la presente investigación, partiendo de los debates políticos, la autora entiende el término de la siguiente manera: educación diferenciada es el conjunto de maneras de formación adaptadas a un grupo específico, caracterizado por contenidos, metodologías, infraestructura y condiciones básicas adecuadas a este grupo respetando y valorizando sus diferencias y particularidades. La educación diferenciada significa pensar la pedagogía desde las realidades específicas de los grupos que la reivindican.

La lucha de los/las recolectores/as de caucho por la educación empezó con el Projeto Seringueiro, en 1981, en el estado de Acre. Este proyecto desarrolló un programa de alfabetización con contenidos y metodologías que partían de la "cultura y experiencias locales de la selva", como argumenta Heyck (2010: 46). Sus prácticas educativas fueron influenciadas por distintas corrientes de pensamiento, tales como Paulo Freire, la Teología de la Liberación, el marxismo y el ambientalismo (Heyck 2010: 25-37). Según Heyck el Projeto Seringueiro contribuyó al empoderamiento de los/las recolectores/as de caucho, lo que fue significativo también para la articulación de sus reivindicaciones en el contexto del importante Primer Encuentro Nacional de Recolectores de Caucho de 1985, en Brasilia, donde fue fundado el CNS (Heyck 2010: 37).

De acuerdo con Mary Allegretti, antropóloga y figura histórica que cooperó con los/las recolectores/as de caucho desde los inicios del movimiento, el derecho a la educación, el acceso y la calidad adaptada y diferenciada, siempre fue discutido y reivindicado por el CNS.[4] Con el tiempo, las discusiones y reivindicaciones con relación a la educación se volvieron más complejas, como es posible observar en las resoluciones finales de los encuentros y congresos nacionales del CNS entre 1985 y 2012.[5]

Ejemplos de este tipo de reivindicaciones son: la creación de escuelas, independientemente del número de alumnos/as, profesores/as, recolectores/as de caucho propios/as; calendario escolar adaptado al clima y a la producción; contenidos y metodología adecuados al grupo representado por el CNS (por ejemplo,

---

[4] Entrevista telefónica con Mary Helena Allegretti (antropóloga), 03.06.2013.
[5] Documentos de los que dispone la autora.

la historia del movimiento); transporte escolar fluvial; pedagogía de la alternancia; educación ambiental y, más recientemente, becas de estudios para estudiantes de la selva y las aguas; centros universitarios en la selva, Internet, etcétera.[6]

Tras el Projeto Seringueiro surgieron algunas otras iniciativas educativas de los/las extractivistas de la Amazonía, por ejemplo, la Escola Família Agroestrativista do Carvão, en el estado de Amapá, o la Escola da Floresta, en el estado de Pará. Sin embargo, estas iniciativas permanecieron aisladas, parciales y dispersas.

La "Educação na Floresta" (Educación en la Selva) que el CNS exige nunca se convirtió en una política nacional con legislación propia. No obstante, existen algunas directrices y orientaciones en el marco de la llamada "Educação do Campo" (Educación del Campo) parecidas a algunas reivindicaciones del CNS. El artículo 28 de la Ley de Directrices y Bases de la Educación Nacional de 1996 (LDB), por ejemplo, prevé:

> En la oferta de la educación básica para la población rural, los sistemas de la *enseñanza* fomentarán las adaptaciones necesarias para su adecuación a las peculiaridades de la vida rural y de cada región, especialmente: I- contenidos curriculares y metodologías apropiadas a las necesidades reales e intereses de los alumnos de la zona rural; II- organización escolar propia, incluyendo la adecuación del calendario escolar a las fases del ciclo agrícola y a las condiciones climáticas; III- adecuación a la naturaleza del trabajo en la zona rural (Ley n° 9.394 de 20 de diciembre de 1996).

A partir del año 2001, fueron creados otros decretos, resoluciones, dictámenes y leyes en el ámbito de la "Educação do Campo" (Ministerio de Educación 2012) como resultado de la lucha histórica de los grandes movimientos sociales de la zona rural, sobre todo del Movimento dos Tabalhadores Rurais Sem Terra (MST) y de la Confederação Nacional dos Trabalhadores na Agricultura (CONTAG) (Santos 2012: 41-54; Ribero 2010: 189-194).

Sin embargo, para el CNS la "Educação do Campo" no es suficiente para el grupo que representa. Los principales líderes del CNS destacan que el concepto "campo" no es el mismo que "selva", y que en el campo se planta mientras que en la selva se extrae. La organización acentúa la necesidad de una política educacional más específica y diferenciada para extractivistas abogando por la mencionada "Educação na Floresta". Las citas siguientes ilustran este discurso a través de las palabras de Atanagildo de Deus Matos, director del CNS/Regional de Pará:

---

[6] Véase las Resoluciones Finales de los Encuentros y Congresos Nacionales del CNS de 1985-2012 (CNS 1985; CNS/UNI 1989; CNS 1992; CNS 1995; CNS 1998; CNS 2005; CNS 2009; CNS 2012).

[...] necesitamos una educación que atienda y que incentive y que desarrolle los *conocimientos de las familias que viven en la selva, y las familias que viven en la selva no son las familias que viven en el campo, vivimos en la selva. Entonces el sistema de educación precisa de reconocer esto* [...] el campo no es un bloque, el medio rural tiene diversidades y esta diversidad del medio rural tiene que ser tomada en consideración en la educación *[...] no estamos proponiendo la educación en el campo, estamos proponiendo una educación diferenciada para la selva. Creo que el MEC [Ministerio de Educación] tiene la obligación de realizar educación en el campo, porque hay área de campo. Pero también tiene la obligación de realizar educación en el medio rural,* en el medio que es la selva. Así, no estoy en contra de la educación en el campo, no, pero lo *que el [Ministerio de Educación] tiene que entender es que la selva no es el campo, entonces tiene que tener educación en la selva.*

Y:

Ellos ven el campo como el lugar de productos agrícolas, de cosas que se planta, ¿verdad? De cosa que se cultiva, cosa que se cría. Y nosotros hablamos del medio rural, del extractivismo donde se maneja, *no se planta ni se cría, se cuida de lo que uno encontró en esta tierra cuando llegó* [énfasis de la autora].

Las realidades del "campo" y de la "selva" son, en la mayoría de los casos, realmente distintas, no obstante, las fronteras entre ambas no son firmes, y dependiendo del caso pueden ser permeables. Según mi interpretación, los posicionamientos que resaltan las diferencias entre "campo" y "selva", es decir, las diferencias entre agricultura y extractivismo, deben ser vistos también en el contexto de la necesidad de defender espacios políticos y diferenciarse de otros movimientos sociales de la zona rural, como la CONTAG, la gran confederación de los sindicatos rurales.

Al contrario de la educación diferenciada para extractivistas, la educación diferenciada para indígenas ha progresado mucho y existe una política nacional de educación escolar indígena (Ministerio de Educación 1993). El derecho de los pueblos indígenas brasileños a una educación diferenciada fue reconocido por primera vez en la actual Constitución, de 1988, y detallado en la legislación que le siguió. El artículo 210 de la Constitución de 1988 describe que el: "*Ensino fundamental*[7] regular se impartirá en lengua portuguesa, asegurando a las comunidades indígenas también la utilización de sus lenguas maternas y procesos propios de aprendizaje" (Constitución de la República

---

[7] El *ensino fundamental* es la etapa obligatoria de la educación básica (Libâneo *et al.* 2009: 254).

Federativa de Brasil, 1988, Art. 210, § 2°). Y el artículo 215 de la misma Constitución precisa que "El Estado protegerá las manifestaciones de las culturas populares, indígenas y afrobrasileñas, y las de otros grupos participantes en el proceso civilizatorio nacional" (Constitución de la República Federativa de Brasil, 1988, Art. 215, § 1°).

En 1994, el Ministério da Educação (MEC) divulgó el documento Directrices para la Política Nacional de Educación Escolar Indígena, en el que fueron definidos los parámetros para la actuación de las distintas agencias, y estableció los principios para la práctica pedagógica en contextos de diversidad cultural (Ministério de Educação 1993). Debido a su alto reconocimiento como grupo diferenciado, los/las indígenas tienen derechos muy avanzados en cuanto a una educación diferenciada. Esto se refleja también en la Ley de Directrices y Bases de la Educación Nacional de 1996. El artículo 32 reproduce el artículo 210 de la Constitución, asegurando a los/las indígenas la utilización de sus lenguas maternas y procesos propios de aprendizaje. En el artículo 78 se expresan los siguientes objetivos: "I- ofrecer a los indios, sus comunidades y pueblos, la recuperación de sus memorias históricas; la reafirmación de sus identidades étnicas; la valorización de sus lenguas y ciencias" (Ley n° 9.394 de 20 de diciembre de 1996).

En el Plan Nacional de Educación (PNE), adoptado en 2001, hay un capítulo entero que versa sobre la educación escolar indígena. Entre los objetivos del PNE se encuentran la autonomía para las escuelas indígenas en cuanto al proyecto pedagógico y a los recursos financieros. También prevé la participación de las comunidades indígenas en las decisiones relacionadas con el funcionamiento de las escuelas y establece la necesidad de la creación de la categoría propia de "escuela indígena" para asegurar su regularización junto a los sistemas de enseñanza (o sea, a nivel estatal y municipal). El PNE también prevé programas y líneas de financiamiento específicas. Es la unión que debería, en cooperación con los estados, equipar las escuelas indígenas (Ley n° 10.172 de 9 de enero de 2001).

Subsecuentemente, la resolución 3/99 del Conselho Nacional de Educação (CNE) creó en el año 1999 la categoría de "escuela indígena", reconociendo su condición como escuela con normas y ordenamiento jurídico propio (Resolución CEB n° 3 de 10 de noviembre de 1999). En el artículo 2 de la resolución se establece su localización en tierras habitadas por comunidades indígenas y la exclusiva consideración de las comunidades indígenas (ibíd., Art. 2). En el párrafo único se fija que "La escuela indígena será creada en respuesta a la reivindicación o por iniciativa de la comunidad interesada, o con el consentimiento de la misma, respetadas sus formas de representación" (ibíd., párrafo único).

Este punto parece ser complicado a nivel local de la Reserva Extractivista Tapajós-Arapiuns, donde no todos/as se identifican como indígenas y las relaciones entre indígenas y no indígenas son, en muchos casos, tensas. El punto del consentimiento en la transformación de escuelas convencionales en escuelas indígenas es de importancia central. Otro punto que se volvió crítico en el caso de la RESEX Tapajós-Arapiuns es el artículo 8 de la resolución, el cual define que "La actividad docente en la escuela indígena será ejercida preferentemente por profesores indígenas oriundos de la respectiva etnia" (ibíd., Art. 8).

La resolución también establece que la unión tiene la competencia de legislar, definir directrices y políticas nacionales, dar soporte técnico y financiero a los sistemas de enseñanza para programas de educación intercultural y de formación de profesores/as indígenas. Los estados son los responsables para la oferta y ejecución de la educación escolar indígena, directamente o por régimen de colaboración con sus municipios, integrando las escuelas indígenas como unidades propias, autónomas y específicas en el sistema estatal. Los municipios pueden ofrecer la educación escolar indígena en cooperación con los respectivos estados. Además, la resolución estipula que las necesidades específicas de las escuelas indígenas serán contempladas por costos diferenciados (ibíd.).

El nivel local
La Reserva Extractivista Tapajós-Arapiuns, educación y conflictos étnicos

La Reserva Extractivista Tapajós-Arapiuns fue creada en 1998 y está ubicada en los municipios de Santarém y Aveiro, y es la RESEX más antigua del estado Pará. Engloba cerca de 647.610 hectáreas (Decreto de 6 de noviembre de 1998), que albergan actualmente a 78 comunidades y aproximadamente a 25.000 habitantes,[8] en las cuales se produce yuca, caucho y otros productos. Durante la investigación de campo, la agricultura familiar pareció más importante que el extractivismo a pesar de que por ley y discursos políticos debería ser lo contrario. Además, muchas personas viven de las pensiones de las personas mayores y de las prestaciones sociales del gobierno como *bolsa família*,

---

[8] Entrevista con Nivaldo Martins dos Reis (analista ambiental del ICMBio y ex gestor de la Reserva Extractivista Tapajós-Arapiuns), 24.06.2013, en la oficina del ICMBio en Santarém, Pará.

bolsa jovem y recientemente *bolsa verde*. En este contexto la producción familiar es reducida y se compran muchos alimentos en la ciudad de Santarém.[9]

El gestor de la Reserva Extractivista Tapajós-Arapiuns, Mauricio Santamaria, de la organización estatal Instituto Chico Mendes de Conservação da Biodiversidade (ICMBio), confirmó que la producción predominante en la Reserva Extractivista Tapajós-Arapiuns es "la agricultura familiar y la producción de derivados de la yuca [...] la harina, el *beju* y el *tucupi*".[10] Tal vez otro concepto, el de "agroextractivistas", sería más adecuado para describir las actividades económicas y formas de vivir de los/las habitantes de la Reserva Extractivista Tapajós-Arapiuns. Pero el decreto de creación de la RESEX se refiere solamente a "populaçãonção extractivista" (Decreto de 6 de noviembre de 1998).

¿Cuáles son las consecuencias del hecho de que la agricultura familiar y no el extractivismo sea el uso predominante de los recursos naturales en la Reserva Extractivista Tapajós-Arapiuns? ¿Son los conceptos "campo" y "selva" percibidos como ámbitos distintos? Y ¿cuáles son las implicaciones de esto para las discusiones sobre "Educação do Campo" y "Educação na Floresta" respectivamente a nivel local de la Reserva Extractivista Tapajós-Arapiuns?[11]

La Reserva Extractivista Tapajós-Arapiuns fue creada 1998, en el contexto de las amenazas por parte de leñadores que se adentraban en la zona. Según la Organização das Associações da Reserva Extractivista Tapajós-Arapiuns (TAPAJOARA), que representa a los/las habitantes de la RESEX, los debates sobre la creación de una reserva extractivista empezaron en el año 1996 y llevaron a la realización de grandes asambleas en 1997 (TAPAJOARA, sin fecha).

En 1997 se fundó también el Grupo de Consciência Indígena (GCI) en Santarém, ciudad próxima a la RESEX. Florêncio Vaz, antropólogo, monje franciscano y activista indígena maytapu proveniente de la comunidad Pinhel de la actual RESEX, estimuló tanto la creación de la Reserva Extractivista Tapajós-Arapiuns como la fundación del GCI.[12] En su artículo "Povos Indígenas e Etnogêneses na Amazônia", de 2010, explica que el GCI reunía tanto a eclesiásticos como a laicos católicos "que se identificaban como indígenas y promovían la va-

---

[9] Diario de campo, investigación en la Reserva Extractivista Tapajós-Arapiuns durante el periodo 12.06.-09.08.2013.

[10] Entrevista con Mauricio Santamaria (gestor de la Reserva Extractivista Tapajós-Arapiuns del ICMBio), 15.07.2013, en la oficina del ICMBio en Santarém, Pará.

[11] Temas que serán abordados en la tesis doctoral de la autora.

[12] Entrevista con Florêncio Vaz, 01.08.2013, en el Hotel Tapajós, Santarém, Pará.

lorización de esta *identidad*, promoviendo la valorización de algunas costumbres de las *comunidades* ribereñas y definiéndolas como indígenas" (Vaz 2010: 124). El GCI y sus actores tuvieron una gran influencia con respecto al surgimiento del movimiento indígena en el área de la Reserva Extractivista Tapajós-Arapiuns. Según Pedro Paulo Ferreira, coordinador del Instituto Gestor de Pesquisas na Amazônia (IGPA),[13] algunos habitantes no quedaron satisfechos con la cuestión de la tierra después de la creación de la RESEX, dado que perdieron la posibilidad de venderla.[14] Hoy en día, hay muchos habitantes que se encuentran descontentos con las prohibiciones del Estado referentes a la utilización de la tierra, llevadas a cabo a través del ICMBio. Y es el movimiento indígena el que, dentro de la RESEX Tapajós-Arapiuns, articula de manera más decidida la crítica con respecto a este tema y el que reivindica una mayor autonomía (véase Ioris 2010: 254-56).[15] En vez de la reserva extractivista (RESEX) parte del movimiento indígena quiere una tierra indígena (TI) dentro del territorio de la actual Reserva Extractivista Tapajós-Arapiuns.

En el año 2000, el GCI participó en las manifestaciones de los "Outros 500",[16] y en el mismo año se fundó el Conselho Indígena Tapajós-Arapiuns (CITA). Esta organización actúa hoy tanto en la RESEX Tapajós-Arapiuns como en los alrededores del río Maró y del altiplano santareno (CITA). Desde la Reserva Extractivista Tapajós-Arapiuns, el CITA representa a etnias indígenas que, según Ioris, ya habían sido consideradas extintas como los/las maytapú, arapium, tupaiú, tupinambá, cara preta y arara vermelha (Ioris 2010: 221). Los objetivos principales del CITA son: la demarcación de tierras indígenas, así como la salud y la educación para los/las indígenas. Según su coordinador, João Tapajós, la organización tuvo mayor avance en el área de la educación diferenciada indígena, en comparación con las otras dos.[17]

Las organizaciones GCI y CITA apoyan a los/las indígenas, dentro de la RESEX Tapajós-Arapiuns, que se encuentran en un proceso de autorreconstrucción como grupos culturalmente diferenciados (Ioris 2010: 221), por

---

[13] Que todavía recuerda las comunidades de la actual Reserva Extractivista Tapajós-Arapiuns en tiempos anteriores a la creación de la RESEX.

[14] Entrevista con Pedro Paulo Siqueira Ferreira (biólogo y coordinador del IGPA), 24.07.2013, en un centro de investigación del IGPA en Santarém, Pará.

[15] Diario de campo, investigación en la Reserva Extractivista Tapajós-Arapiuns durante el periodo 12.06.-09.08.2013.

[16] Entrevista anónima con un señor de la tercera edad, 03.07.2013, Vila Franca, Pará.

[17] Entrevista con João Tapajós (coordinador del CITA), 31.07.2013, en la oficina del CITA, Santarém, Pará.

ellos muchas veces llamado "revitalización cultural". La situación es que los indígenas que se encuentran dentro de la RESEX Tapajós-Arapiuns no dominan lenguas indígenas y han perdido muchas costumbres.[18] Esto debe ser entendido en un contexto histórico, en el cual diversas etnias indígenas de la región fueron reunidas en las misiones jesuitas igualándolas por medio de una única norma de organización religiosa y de trabajo, estableciendo la unidad lingüística a través del aprendizaje de la *língua geral amazônica*, conocida como nheengatú (Ioris 2010: 225). Además, mediante el Direitório dos Índios, el gobierno portugués cambió la vida de los/las indígenas con medidas legales como el estímulo al matrimonio con blancos, la obligación de hablar el portugués y el uso de ropa "decente" (Vaz 2010: 118).

La cuestión identitaria es un asunto muy delicado en la Reserva Extractivista Tapajós-Arapiuns. Según Floriene Vaz, del GCI, desde el año 2006, el GCI/CITA por un lado y CNS/Sindicatos Rurales/TAPAJOARA por otro, se distanciaron.[19] Dentro de la RESEX Tapajós-Arapiuns hay comunidades y familias divididas por la cuestión de la identidad étnica y en este contexto existen relaciones sociales conflictivas. La compleja combinación de los factores que llevaron a este distanciamiento será analizada en la tesis doctoral, al igual que el papel de la educación diferenciada indígena en este contexto.

El desarrollo de la realización del derecho a la educación en la RESEX Tapajós-Arapiuns muestra las dificultades para realizar un derecho fundamental en una región apartada y de difícil acceso. Datos facilitados por la Secretaria Municipal de Educação (SEMED) de Santarém y relatos de historia oral de los/las habitantes mayores sugieren que durante mucho tiempo la educación escolar en el área de la actual RESEX era simplemente inexistente y después fue introducida de modo muy improvisado y precario.

La Radio Rural Santarém comenzó a emitir en 1964 con dos objetivos: la alfabetización de adultos y la evangelización liberadora. De tal manera, la radio realizó la alfabetización de los/las habitantes de la actual RESEX a través de escuelas radiofónicas en cooperación con el Movimento de Educação de Base (MEB).[20]

---

[18] Diario de campo, investigación en la Reserva Extractivista Tapajós-Arapiuns durante el periodo 12.06.-09.08.2013.

[19] Entrevista con Floriene Colares Vaz (coordinadora del GCI), 03.08.2013, en la oficina del GCI, Santarém, Pará.

[20] Entrevista con Edilberto Mora Sena (coordinador de la Emisora Rádio Rural de Santarém), 02.08.2013, en la Rádio Rural de Santarém, Pará.

En 1999 fue implantada la metodología de la Escola Ativa en las escuelas multiseriadas,[21] de la Reserva Extractivista Tapajós-Arapiuns. Esto se hizo a través de la cooperación entre el IBAMA y la SEMED. Después de tres años, a partir de 2002, cuando el CNPT se retiró, el programa de la Escola Ativa empezó a decaer y volvió con una segunda fase recién en 2010, esta vez como una iniciativa meramente de la SEMED y en todo el municipio de Santarém.[22]

Desde hace algún tiempo, las escuelas de la Reserva Extractivista Tapajós-Arapiuns trabajan con libros didácticos de la "Educação do Campo". Resultados preliminares sugieren que los/las profesores/as entrevistados/as valoran estos libros como mejor adaptados a las realidades locales que los usados anteriormente.[23]

En general, hay mayores avances en la realización del derecho a la educación en la RESEX Tapajós-Arapiuns que en otras reservas extractivistas,[24] incluso ha habido primeros pasos en el área de la inclusión digital a través de telecentros y otras medidas (ICMBio 2013).

Sin embargo, existen grandes desafíos, entre los cuales destaca la falta de regularización de la mayoría de las escuelas dentro de la RESEX Tapajós-Arapiuns. Debido a que las escuelas primarias (*ensino fundamental*) no están reguladas, los/las jóvenes no pueden pasar a la escuela secundaria (*ensino médio*) y estudiar en la universidad, puesto que estas instituciones piden los certificados de la etapa anterior. Jóvenes entrevistados/as en el área de la RESEX Tapajós-Arapiuns explicaron que asistieron a la escuela secundaria, pero que no han podido obtener los certificados porque faltaban los documentos de las escuelas primarias. La falta de regularización de las escuelas primarias significa una violación del derecho fundamental a la educación. Este problema no está limitado a la región de la RESEX Tapajós-Arapiuns, sino que afecta a la mayoría de las escuelas primarias en el municipio de Santarém (*Bom Dia Santarém* 28-10-2013).

En el año 2006 fue creada la Coordenação de Educação Escolar Indígena (CEEI) en la Secretaria Municipal de Educação de Santarém. Como conse-

---

[21] Las escuelas multiseriadas son escuelas con uno o muy pocos profesores que enseñan en clases con varias edades y niveles juntos.
[22] Entrevista con Gilvandra Santos (coordinadora del programa "Escola Ativa" de la SEMED), 29.07. 2013, en un café, Santarém, Pará.
[23] Por ejemplo, entrevista con un profesor de la escuela primaria de Suruacá, 18.07.2013, Suruacá, Pará.
[24] Aparte de la situación en la Reserva Extractivista Tapajós-Arapiuns la autora ha podido conocer las realidades de las Reservas Extractivistas Soure y Verde para Sempre. Sobre el derecho a la educación en la RESEX Rio Cajari, véase Bittencourt 2007.

cuencia, muchas escuelas ya existentes en la RESEX Tapajós-Arapiuns fueron transformadas en escuelas indígenas.[25]

La Resolución 006 de 03 de agosto de 2011 del Conselho Municipal de Educação (CME) establece todas las directrices de la educación diferenciada indígena en el municipio de Santarém. Se hace referencia entre otros a la Constitución de 1988, la Ley de Directrices y Bases de la Educación Nacional de 1996 y la Ley n° 12.288 de 2010 (Resolución 006 de 3 de agosto de 2011).

No obstante, cabe preguntar cuáles son las diferencias reales entre las escuelas indígenas y las escuelas no indígenas de la Reserva Extractivista Tapajós-Arapiuns, una cuestión de gran interés en el contexto de la tesis doctoral.

Durante la primera investigación de campo, líderes locales y empleados/as de escuelas explicaron a la autora que, en el caso de las escuelas indígenas, el número de alumnos/as para formar una clase es menor que en el caso de las escuelas no indígenas. Por ejemplo, el cacique Moacyr Imbiriba Rodrigues, de la comunidad Vista Alegre do Capixauã, explicó:

> Mira, antes de ser indígena, la administración municipal, puso una imposición que solamente funcionaba una clase de quince hasta veinticinco alumnos por la SEMED, ella establece esto por el municipio. Entonces, ¿qué cambia en la escuela indígena? Hoy en día, en la escuela indígena, funciona una clase con seis alumnos.[26]

Esto significa que sería más fácil abrir y/o mantener una escuela propia en una comunidad indígena que en una comunidad no indígena. También implicaría que en el caso de las escuelas indígenas sería más fácil superar las clases multiseriadas donde se mezclan varias edades y niveles diferentes. Además, significaría un número relativamente más alto de profesores en las escuelas indígenas que en las no indígenas.

La CEEI confirmó que ha creado sus propios Criterios de Lotação (criterios del número de plazas) que definen el número de alumnos/as para formar una clase y facilitó el documento correspondiente a la autora (CEEI/SEMED 2009). Pero el Reglamento n° 744 de 2011 de la SEMED establece que "La apertura de clases que no cumplen el número mínimo establecido en este

---

[25] Entrevista con Iara Elizabeth Souza Ferreira (coordinadora de la CEEI/SEMED), 23.07.2013, en el Hotel Tapajós, Santarém, Pará.

[26] Entrevista con Moacir Imbiriba Rodrigues (cacique de la aldea indígena Vista Alegre do Capixauã y suplente de la directoria de la TAPAJOARA), 22.06.2013, en la escuela de Vista Alegre do Capixauã.

reglamento dependerá de la autorización previa de la Secretaría Municipal de Educación" (Reglamento n° 744 de 2011). Aparece entonces que el número necesario de alumnos/as para formar una clase en las escuelas no indígenas no es tan estricto o, al menos, no legalmente. Este punto necesita un análisis más profundo porque se trata de un aspecto decisivo respecto a la existencia de algunas escuelas en el área de la Reserva Extractivista Tapajós-Arapiuns. Algunos habitantes de la comunidad no indígena Capixauã, que está ubicada frente a la comunidad indígena Vista Alegre do Capixauã, manifestaron que no estaban contentos con el cierre de su escuela debido a que no tenía suficiente alumnos/as, mientras que, al mismo tiempo, las condiciones de la escuela indígena de Vista Alegre do Capixauã han mejorado.[27]

Otro aspecto interesante es que la Resolución 006 del 3 de agosto de 2011, emitida por el Conselho Municipal de Educação (CME), establece la preferencia "por profesores indígenas oriundos de la respectiva etnia" para trabajar en las escuelas indígenas (Resolución 006 del 3 de agosto de 2011, Art. 9). Esta regla es delicada en el caso de la Reserva Extractivista Tapajós-Arapiuns, donde comunidades y familias están divididas por la cuestión de la identidad étnica. La educación diferenciada indígena y la cuestión de la identidad étnica se encuentran vinculadas a la lucha por los pocos lugares de trabajo en el sector público que hay en las comunidades. Esto contribuye a los conflictos. Además, las escuelas indígenas reciben recursos específicos que las no indígenas no obtienen.[28]

Cabe destacar no sólo la existencia de diferencias estructurales, sino asimismo los esfuerzos de realizar contenidos realmente diferenciados. Además de la formación especial de profesores/as indígenas a través del *magisterio indígena*, fueron creadas nuevas propuestas en la enseñanza de las escuelas indígenas: la lengua nheengatú (que actualmente no es hablada por los/las habitantes de la RESEX) y *notório e saberes*, que tiene como objetivo enseñar practicas culturales indígenas a los/las alumnos/as.[29]

Durante la investigación de campo se mostró que, en el contexto específico de la Reserva Extractivista Tapajós-Arapiuns, la transformación de escuelas

---

[27] Diario de campo, investigación en la Reserva Extractivista Tapajós-Arapiuns durante el periodo 12.06.-09.08.2013, Capixauã.

[28] Entrevista con Iára Elizabeth Souza Ferreira (coordinadora de la CEEI/SEMED), 05.08.2013, en un restaurante, Santarém, Pará.

[29] Entrevista con Iára Elizabeth Souza Ferreira (coordinadora de la CEEI/SEMED), 23.07.2013, en el Hotel Tapajós, Santarém, Pará.

regulares en escuelas indígenas y las políticas diferenciadas relacionadas contribuyeron a una intensificación de las tensiones entre indígenas y no indígenas. La cuestión de la educación diferenciada aumentó los conflictos étnicos dentro de comunidades y familias, un aspecto que va a ser enfocado y analizado profundamente en la tesis doctoral.

En las entrevistas con gente de la zona y empleados/as de escuelas escuché varias historias de discriminación y denuncias jurídicas, así como relatos de amenazas e incluso agresiones físicas entre los/las habitantes de las comunidades. Estas agresiones provinieron tanto de los/las no indígenas como de los/las indígenas.

Florêncio Vaz, del GCI, opina que el inicio del proceso de demarcación de tierras indígenas y la educación diferenciada indígena provocaron reacciones negativas de organizaciones, instituciones y empresas contra los/las indígenas (Vaz 2010: 147). Durante la investigación de campo, fueron observadas reacciones negativas en contra de la educación indígena, tanto dentro de comunidades como de familias. Algunos ejemplos son: el boicot de los/las hijos/as de los/las no indígenas en clases de los/las profesores/as indígenas, insultos y negaciones de la identidad étnica contra los/las indígenas, una amenaza de muerte contra una alumna no indígena y una profesora no indígena que se sentía perseguida y discriminada en una escuela indígena.[30]

No se trata de comunidades homogéneas, cerradas, que persiguen los mismos objetivos; los procesos de afirmación étnica ocurren por medio de conflictos. Entonces, se plantea la pregunta de en qué medida los procesos formales, la manera como las escuelas fueron transformadas en escuelas indígenas, pueden haber contribuido a los conflictos. Parece que en algunas comunidades de la RESEX Tapajós-Arapiuns las escuelas fueron transformadas en escuelas indígenas "sin decisión democrática" y llegaron de forma sorpresiva para una parte de los habitantes. La actual coordinadora de la CEEI, Iára Elizabeth Souza Ferreira, relata la reacción negativa cuando llegaba a ciertas comunidades: "éramos rechazados así: '¿La coordinación indígena? ¿Qué coordinación indígena? Pero aquí no hay ningún indígena. ¡Aquí no somos indígenas!' Era una situación muy delicada".[31] En la misma entrevista explica que responsables anteriores de la SEMED no habían realizado consultas o estudios sobre la identidad étnica al nivel local de las comunidades antes de la

---

[30] Diario de campo, investigación en la Reserva Extractivista Tapajós-Arapiuns durante el periodo 12.06.-09.08.2013, Capixauã.

[31] Entrevista con Iára Elizabeth Souza Ferreira (coordinadora de la CEEI/SEMED), 05.08.2013, en un restaurante, Santarém, Pará.

transformación de las escuelas en escuelas indígenas. La transformación en escuelas indígenas ocurrió en respuesta a las demandas de los líderes indígenas y, según la actual coordinadora de la CEEI, en algunos casos, las familias indígenas eran minoría en las respectivas comunidades. Para acabar con los conflictos, algunas escuelas indígenas de la RESEX Tapajós-Arapiuns tenían que ser retransformadas en escuelas regulares. Un ejemplo es el caso de la comunidad Paricatuba, en donde había graves conflictos y por eso la escuela indígena fue retransformada en una escuela regular. Después, cuando las relaciones locales de poder en la comunidad cambiaron a favor de los indígenas, los nuevos líderes reivindicaron que la escuela volviera a ser indígena.[32] La cuestión de la educación diferenciada indígena se vinculada con las luchas por el poder entre indígenas y no indígenas, por el poder dentro de las familias y comunidades y en toda la RESEX acerca de la cuestión del territorio.

Hay una conexión entre la educación, la identidad étnica y el territorio: la identidad étnica es central con respecto a la creación exigida de Tierras Indígenas (TI) y la educación, por su parte, es influyente en relación a la identidad étnica.

Sucede también que los derechos extendidos relacionados a la educación diferenciada indígena pueden ser un incentivo adicional para la autoafirmación étnica indígena de una comunidad, por ejemplo, para poder abrir o mantener una escuela o recibir transporte escolar público más rápidamente. La aldea indígena de Araçazal, por ejemplo, muy pequeña y con mayor alto grado de marginación en comparación con otras comunidades de la RESEX Tapajós-Arapiuns, carece de escuela, transporte escolar, agua, electricidad y casa comunitaria. Los caminos a la escuela son lejanos y peligrosos debido a la existencia de serpientes venenosas. Por eso algunos jóvenes no continúan su formación escolar. Un líder comunitario explica al respecto,

> Desde hace tres años estamos declarados como aldea indígena debido a la educación. Es más fácil la educación para los indígenas que para los no indígenas. (…) Teníamos la esperanza de recibir transporte escolar y agua. Necesitamos energía eléctrica también. Tenemos mucha necesidad, sobre todo en el área de la educación.[33]

No todas las esperanzas asociadas con la autoidentificación indígena se cumplen de inmediato, sobre todo en el caso de comunidades tan pequeñas

---

[32] Ibíd.
[33] Entrevista con un líder comunitario, 15.06.2013, en la aldea indígena Araçazal.

como Araçazal. Pero ahora, como aldea indígena oficialmente declarada, ya sólo falta un alumno para poder obtener una escuela propia en la aldea.[34]

La cuestión sobre si una escuela es indígena o no decide sobre la "conquista" de una institución central en su respectiva comunidad y en la distribución del poder, tanto en la comunidad como en relación a la proporción de fuerzas en toda la Reserva Extractivista Tapajós-Arapiuns. Se debe tener en cuenta que la escuela en las comunidades de la RESEX es una institución de gran importancia. De los/las profesores/as se espera que funjan como figuras ejemplares y líderes. En las escuelas de las comunidades se celebran muchos encuentros comunitarios y eventos políticos. La escuela es importante en relación al desarrollo futuro de la comunidad, su cohesión interna, su autoimagen y su representación fuera de la misma.

Conclusión

Este artículo indicó el vínculo entre las cuestiones educativas y los procesos de construcción de identidades colectivas promovidos por movimientos sociales e influenciados por políticas gubernamentales.

El CNS, que tenía la iniciativa para la creación de las reservas extractivistas, pasó por un proceso identitario muy complicado: formado en gran parte por descendientes de migrantes del Nordeste, el movimiento con raíces sindicales pasó a ser una representación de los/las recolectores/as de caucho para volverse representante de los/las "extractivistas". El CNS luchaba por el derecho a una educación diferenciada desde los años ochenta, pero, debido a la falta de fuerza política en general y especialmente en el área de la educación, con un perfil de los/las extractivistas todavía poco definido como grupo diferenciado, nunca logró la creación de una política nacional de educación diferenciada para extractivistas. Permanece con iniciativas pequeñas, interesantes pero dispersas. Como defensa de su identidad y su espacio de influencia política, el CNS no está satisfecho con la "Educação do Campo", y destaca la importancia de implementar una "Educação na Floresta".

A causa de su(s) historia(s) y su perfil como grupo diferenciado altamente reconocido, así como por tener organizaciones políticas fuertes, los/las indígenas, por el contrario, avanzaron mucho en la construcción del derecho a una

---

[34] Ibíd.

educación diferenciada y lograron una política nacional de educación escolar indígena. Con metodologías y contenidos adaptados, profesores/as propios/as, un número reducido de alumnos/as para abrir una escuela, lograron objetivos similares a los perseguidos por el CNS para los/las extractivistas.

No sólo los/las indígenas reclaman derechos diferenciados en el Estado nacional, otros grupos como los/las extractivistas también tienen este deseo. Con las discusiones sobre la nueva categoría de los "pueblos y comunidades tradicionales" el CNS se dio un toque étnico y últimamente, en el contexto de los debates sobre la consulta previa, reclamó ser considerado también en el marco de la Convención 169 de la OIT sobre pueblos indígenas y tribales.

La relación entre extractivistas e indígenas no siempre ha sido fácil y libre de conflictos. A pesar de relaciones amistosas a nivel nacional pueden existir situaciones conflictivas a nivel local. En contextos de "superposición" y conflictos étnicos, como en el caso de la Reserva Extractivista Tapajós-Arapiuns, en donde comunidades y familias están divididas, los derechos diferenciados en el área de la educación y la ciudadanía diferenciada tienen el potencial de aumentar los conflictos.

Bibliografía

Allegretti, Mary Helena. "A Construção social de políticas ambientais: Chico Mendes e o Movimento dos Seringueiros". Tesis Doctoral. Brasília: Universidade de Brasília 2002.
Almeida, W. Barbosa de. "Direitos à floresta e ambientalismo: Seringueiros e suas lutas". *Revista Brasileira de Ciências Sociais* 19. 55 (2004): 33-52.
Bittencourt, José da Silva. *Política Pública, Reservas Extrativistas e Educação: Uma discussão a partir da Resex Rio Cajari, Sul do Estado do Amapá*. Belém: Universidade Federal do Pará 2007.
Brown, Katrina, Sergio Rosendo. "The Institutional Architecture of extractivist Reserves in Rondonia, Brazil". *The Geographical Journal* 166.1 (2000): 35-48.
Ehringhaus, Christiane. "Post-Victory Dilemmas: Land Use, Development, and Social Movement in Amazonian Extractive Reserves". Tesis Doctoral. New Haven: Yale University 2005.
Gawora, Dieter. "Traditionelle Völker und Gemeinschaften als Subjekte der Veränderung". *Traditionelle Völker und Gemeinschaften in Brasilien*. Eds. Dieter Gawora, Maria Helena de Souza Ide y Rômulo Soares Barbosa. (Entwicklungsperspektiven, 100). Kassel: Kassel University Press GmbH, 2011. 13-31.
— "Ist ein Paradigmenwechsel möglich? Eine Änderung der Entwicklungsrichtung

benötigt eine Artikulation traditioneller Völker und Gemeinschaften". *Gesellschaftliche Verortung traditioneller Völker und Gemeinschaften*. Ed. Dieter Gawora. (Entwicklungsperspektiven, 102). Kassel: Kassel University Press GmbH 2012. 11-25.

HEYCK, Denis Lynn Daly. *Schools in the forest: how grassroots education brought political empowerment to the Brazilian Amazon*. Sterling: Kumarian Press 2010.

IORIS, Edviges Marta. "Identidades negadas, identidades construídas: processos identitários e conflitos territoriais na Amazônia". *ILHA-Revista de Antropologia* 11.2 (2010): 220-264.

LIBÂNEO, José Carlos, João Ferreira de OLIVEIRA y Mirza Seabra TOSCHI. *Educação escolar: políticas, estrutura e organização*. São Paulo: Cortez 2009.

MOTA, Maria das Graças Tapajós. *Indígenas: Lucha por el territorio en la Amazonia Brasile*ña. *Historia y reafirmación de la identidad étnica*. Saarbrücken: Akademikerverlag 2013.

RIBEIRO, Marlene. *Movimento camponês, trabalho e educação. Liberdade, autonimia, emancipação: princípios/fins da formação humana*. São Paulo: Expressão Popular 2010.

SANTOS, Clarice Aparecida dos. *"Educação do Campo" e políticas publicas no Brasil: o protagonismo dos movimentos sociais do campo na instituição de políticas públicas e a licenciatura em "Educação do Campo"*. Brasília: Líber Livro/Faculdade de Educação-Universidade de Brasília 2012.

SCHEIBE WOLFF, Cristina. *Mulheres da Floresta: uma história. Alto Juruá, Acre (1890-1945)*. São Paulo: Hucitec 1999.

SHIRAISHI NETO, Joaquim. *Direito dos povos e das comunidades tradicionais no Brasil: declarações, convenções internacionais e dispositivos jurídicos definidores de uma política nacional*. Manaus: Uea 2007.

VADJUNEC, Jacqueline M., Marianne SCHMINK y Carlos Valério A. GOMES. "Rubber tapper citizens: emerging places, policies, and shifting rural-urban identities in Acre, Brazil". *Journal of Cultural Geography* 28.1 (2011): 73-98.

VAZ, Florêncio Almeida. "Povos Indígenas e Etnogêneses na Amazônia". *Olhares indígenas contemporâneos*. Eds. Gersem José dos Santos Luciano, Jô Cardoso de Oliveira, Maria Barroso Hoffmann. Brasília: Centro Indígena de Estudos e Pesquisas 2010. 104-159.

WAGNER, Alfredo Berno de Almeida. *Traditionally Occupied Lands in Brazil*. Manaus: PGSCA-UFAM 2011.

WEINSTEIN, Barbara. *The Amazon Rubber Boom 1850-1920*. Stanford: Stanford University 1983.

YOUNG, Iris Marion. "Polity and Group Difference: A Critique of the Ideal of Universal Citizenship". *Ethics* 99 (1989): 250-274.

Fuentes primarias

Bom Dia Santarém do 28-10-2013. "Falta de regularização de escolas municipais impede emissão de certificados". 26-11-2013, <http://globotv.globo.com/tv-tapajos/bom-dia-santarem/v/em-santarem-algumas-escolas-municipais-ainda-nao-estao-regularizadas/2917199/>.
Conselho Indígena Tapajós Arapiuns (CITA). Campanha de apoio ao Conselho Indígena Tapajós Arapiuns. 23-Nov-2013. <http://citastm.blogspot.de/>.
Conselho Municipal de Educação (CME). Resuloção n° 3, de 10 de novembro de 1999.
Conselho Nacional dos Seringueiros (CNS). 1° Encontro Nacional de Seringueiros da Amazônia. 11 a 17 de outubro de 1985, Brasília.
— (CNS)/União das Nações Indígenas (UNI). II Encontro Nacional dos Seringueiros-I Encontro dos Povos da Floresta. 25 a 31 de março de 1989, Rio Branco.
— (CNS). III Encontro Nacional dos Seringueiros. 26 a 29 de março de 1992, Rio Branco.
— (CNS). IV Encontro Nacional do Conselho Nacional dos Seringueiros. 23 a 26 de julho de 1995, Brasília.
— (CNS). Anais do V Encontro Nacional dos Seringueiros. 17 a 20 de dezembro de 1998, Xapurí.
— (CNS). Congresso das Populações Extrativistas e do Desenvolvimento Sustentável da Região Amazônica. Unidades de Produção e Gestão Sustentável da Floresta Amazônica-Resolução. 29 e 30 de novembro, 01 e 02 de dezembro de 2005, Manaus.
Conselho Nacional das Populações Extrativistas (CNS). II Congresso das Populações Extrativistas da Amazônia-Documento de Resolução. 06 a 09 de julho de 2009, Belém
— (CNS). III Congresso e 9° Encontro Nacional das Populações Extrativistas da Amazônia. "Políticas Públicas para as Populações Extrativistas no Contexto Global-Organização e Participação para o Desenvolvimento Sustentável"–Documento de Resolução. 05 a 09 de novembro de 2012, Macapá.
Coordenação de Educação Escolar Indígena (CEEI)/Secretaria Municipal de Educação (SEMED). Critérios para Lotação. (Dados no publicados). Santarém 2009.
Instituto Chico Mendes da Biodiversidade (ICMBio). Telecentros Resex Tapajós Arapiuns. (Dados no publicados). Santarém 2013.
— (ICMBio). Resex Tapajós-Arapiuns. 02-12-2013, <http://www.icmbio.gov.br/portal/biodiversidade/unidades-de-conservacao/biomas-brasileiros/amazonia/unidades-de-conservacao-amazonia/2045>.
Ministério da Educação (MEC). Diretrizes para a política nacional de educação escolar indígena. Cadernos de educação básica. Série institucional 2. Brasília: MEC 1993.

— (MEC)/Secretaria de Educação Continuada, Alfabetização, Diversidade e Inclusão (SECADI). "Educação do Campo": marcos normativos. Brasília: SECADI 2012.

Organização das Associações da Reserva Extractivista Tapajós-Arapiuns (TAPAJOARA). Reserva Extractivista Tapajós-Arapiuns: "Reserva Extrativista, a terra nas mãos dos filhos da floresta". Santarém, sin fecha.

Prefeitura Municipal de Santarém/Conselho Municipal de Educação (CME). Resolução 006 de 03 de agosto de 2011.

Prefeitura Municipal de Santarém/Secretaria Municipal de Educação e Desporto (SEMED). Portaria n° 744 de 2011.

Presidência da República do Brasil. Constituição da República Federativa do Brasil. Brasília 1988.

— Decreto n° 98.897 de 30 de janeiro de 1990.

— Decreto de 6 de novembro 1998.

— Decreto de 13 de julho de 2006.

— Decreto n° 6040 de 7 de fevereiro de 2007.

— Lei n° 9394 de 20 de dezembro de 1996.

— Lei nº 9985 de 18 de julho de 2000.

— Lei n° 10.172 de 9 de janeiro de 2001.

III.
Pertenencias y ciudadanías en contextos de globalización

GUATEMALA: REARTICULACIÓN COMUNITARIA EN EL CONTEXTO NEOLIBERAL

Santiago Bastos[1]

Desde el cambio de siglo, en toda América Latina los indígenas se organizan para defender sus territorios y sus recursos del despojo por parte de capitales dedicados a actividades extractivas. Esta lucha, centrada en la movilización desde el espacio político que denominamos "la comunidad", supone un paso más en la transformación de lo que implica "ser indígena" en el contexto de la globalización neoliberal.

En Guatemala este momento histórico coincide con el fin de treinta años de conflicto armado que llenaron de sangre el país. Después de varias décadas de organización local y comunitaria, después de un proceso de "concientización" y un genocidio; después de veinte años de escuchar hablar de derechos humanos y derechos indígenas, de convenios y Constituciones, de "democracia" y "rostro maya", muchas comunidades se organizaron para defender desde la institucionalidad y la legalidad lo único que les queda después del terrorismo de Estado y las políticas neoliberales: su entorno más inmediato y su dignidad.

Este caso va a servir para llamar la atención sobre la rearticulación de la comunidad como espacio de participación política ante los efectos del neoliberalismo global; y la propuesta implícita de una "ciudadanía comunitaria" como forma de relación con el Estado.[2]

---

[1] Todo lo que acá se expone es producto y parte del trabajo del Equipo de Comunicación y Análisis Colibrí Zurdo, en el que desarrollamos una propuesta de acompañamiento y análisis para entender y aportar al proceso de movilización comunitaria.

[2] Este concepto no tiene nada que ver con el manejado por filósofos políticos como Charles Taylor (1993) en oposición a la ciudadanía liberal o individual; sino que se centra en la figura de la comunidad indígena como espacio social.

Al hablar de "la comunidad" me refiero a un espacio social caracterizado por unos comportamientos colectivos corporados, según Wolf (1957). Esta corporatividad es producto de una forma de entender las relaciones sociales que ha surgido de una historia concreta de subordinación étnica (Bastos 2000) y por tanto suele estar asociado al ser "indígena" en América Latina. Pero en ellas también se dan los comportamientos "individualistas" supuestamente opuestos, y de la misma forma encontramos comportamientos "comunitarios" en espacios no considerados indígenas. Esta "comunidad" no es un espacio idílico de relaciones horizontales solidarias, sino el escenario de conflictos, luchas y desigualdades que, eso sí, se dan dentro del marco comunitario de entenderlas. Tampoco se trata de un remanente de un pasado –glorioso o abyecto–, sino que se va construyendo como producto de su entorno y en estrecha relación con él.[3] Como constructo histórico, la comunidad está siendo transformada en estos momentos, y la movilización en defensa de sus territorios es una de las dinámicas que inciden en ello.

Antecedentes de la movilización actual
Organización, revolución y genocidio

El antecedente directo de la movilización actual es el proceso de concientización y organización política que se dio en las comunidades del altiplano indígena guatemalteco en las décadas de 1960 y 1970 como respuesta a su inserción en la "modernidad regresiva" que surgió de la contrarrevolución de 1954 (González Ponciano 2006). Los cambios económicos, sociales y culturales internos (Falla 1980) dieron paso a iniciativas que buscaban la inserción en el proceso de supuesto desarrollo, en la nación y en la democracia, sin perder la calidad indígena (Le Bot 1992; Bastos y Camus 2003).

Pero el Estado guatemalteco, inserto en un lógica contrainsurgente, no pudo tolerar este naciente movimiento indígena y respondió con la represión de cualquier tipo de actividad organizativa (Cojtí 1997; Ukux Be' 2005). Las comunidades organizadas se fueron articulando entre sí a través de redes y actores de carácter nacional, la Iglesia católica, las cooperativas, llegando a generar sus propias representaciones; el Comité de Unidad Campesina CUC es el mejor ejemplo (Arias 1985; Le Bot 1992). En algunos lugares, la suma

---

[3] La cuestión no es tan fácil como una "comunidad" que sobrevive a los embates del Estado (Dietz 1999) ni como la reserva de fuerzas contra la globalización neoliberal (Díaz Polanco 2006).

de esta movilización comunitaria con el accionar revolucionario derivó en una rebelión campesina indígena (Vela 2009), que fue fundamental para forzar las contradicciones de un sistema que pretendía seguir funcionando según la lógica finquera liberal de un siglo atrás (Palencia 2012).

El reto fue tal que, a inicios de 1980, la estrategia represiva del Estado militar dio un salto cualitativo y convirtió a más de 400 comunidades –insurreccionadas y no– en objeto de una política sistemática de muerte, llegando a lo que ha sido calificado como genocidio (CEH 1999). Esta barbarie, producto y culmen del racismo de esta sociedad (Casaus 2008) y la posterior militarización por más de una década, cerraron ese ciclo de movilización política. Su vinculación a dinámicas e intereses de niveles más amplios fue lo que le permitió usar todo su potencial, pero también les restó autonomía, pues quedaron vinculadas y a veces subordinadas a proyectos más amplios que ellas mismas no controlaban.

Proceso de paz y neoliberalismo

La tímida apertura de espacios políticos a mitad de la década de 1980 fue aprovechada por comunidades y organizaciones para denunciar la represión de la que habían sido objeto y la militarización que se mantenía en ellas. Reclamaron cada vez más como Pueblo Maya, un pueblo indígena que tenía derecho a ser reconocido políticamente (Bastos y Camus 2003). El proceso y la posterior firma de la paz en 1996, permitieron recoger algunas de las demandas que habían ido fraguando en la movilización comunitaria y darles forma en los Acuerdos de Identidad y Pueblos Indígenas, de Situación Socioeconómica y de Democratización.

Estas dinámicas continuaron con la tendencia de la vinculación de las comunidades a proyectos y organizaciones de carácter nacional, cuyas decisiones se tomaban fuera de ellas; y por ello fue más dramático el abandono que sufrieron cuando el mismo proceso de paz institucionalizó el movimiento revolucionario y la "sociedad civil" (Jonas 2000). Al separarse de sus bases comunitarias, las fuerzas populares y progresistas perdieron fuerza política. Por eso apenas pudieron presionar cuando los gobiernos posteriores a la firma de la paz desconocieron los acuerdos firmados –más allá de la retórica de la multiculturalidad y la democracia– y se centraron en una inserción a la economía global desde las posturas más neoliberales (Hernández Pico 2005).

Desde el Estado, la oligarquía apostó por la apertura a inversiones externas como las llamadas industrias extractivas (Seoane 2012).[4] La minería fue la punta de lanza de esta estrategia: el mismo presidente que firmó la "Paz Firme y Duradera" y se adhirió al Convenio 169 de la OIT, promovió los cambios a la Ley de Minería que permitirían el desembarco de las empresas en unas condiciones muy ventajosas (Yagenova 2012). Al mismo tiempo, se pusieron en marcha iniciativas de "integración regional" –como el Plan Puebla Panamá– que integraron parte del país a megaproyectos energéticos con México (Solano 2005, 2012), y se dio un proceso de concentración de la propiedad de la tierra en buena parte del país de la mano de los grandes cultivos asociados a los agrocombustibles –azúcar, palma africana– (Hurtado 2008).

La movilización comunitaria contra el despojo
Las consultas comunitarias de buena fe

Cuando en 2003 la gigante canadiense GoldCorp abrió la mina Marlin en San Miguel Ixtahuacán, San Marcos (Van Sant 2009), ya se habían articulado redes regionales de denuncia de los efectos del modelo económico que se estaba implantando en el país (Yagenova 2012). Estaban dadas las condiciones para que la comunidad de Sipacapa organizara una consulta comunitaria, el 18 de junio de 2005, en la que se acordó masivamente no aceptar que la mina Marlin se instalara también en su territorio municipal. Antes hubo otras dos consultas, pero ésta mostró la posibilidad de oponerse a un gigante como la GoldCorp (Otzoy 2006; Sosa 2009; Van Sant 2009) y se convirtió en el pistoletazo de salida para la puesta en marcha del proceso en todo el país.

El día 25 de julio del año siguiente se dieron consultas simultáneas en cinco municipios de Huehuetenango para oponerse a una licencia ya otorgada (Ceiba y ADISTOJ 2007); y en los dos años siguientes hubo consultas en contra de los proyectos mineros y en defensa de los recursos naturales en muchos municipios de los departamentos occidentales y mayormente mayas de Huehuetenango y San Marcos. Después, conforme la apuesta del gobierno por estas actividades empezó a concretarse en licencias de exploración y explo-

---

[4] Para la oligarquía de origen criollo que históricamente ha manejado el Estado de Guatemala como una finca (Tischler 1997) el neoliberalismo venía como anillo al dedo al regresar a las ideas de "libertad de mercado" después de medio siglo de tener que aparentar una ideología de creación de una nación en la que ellos no creen.

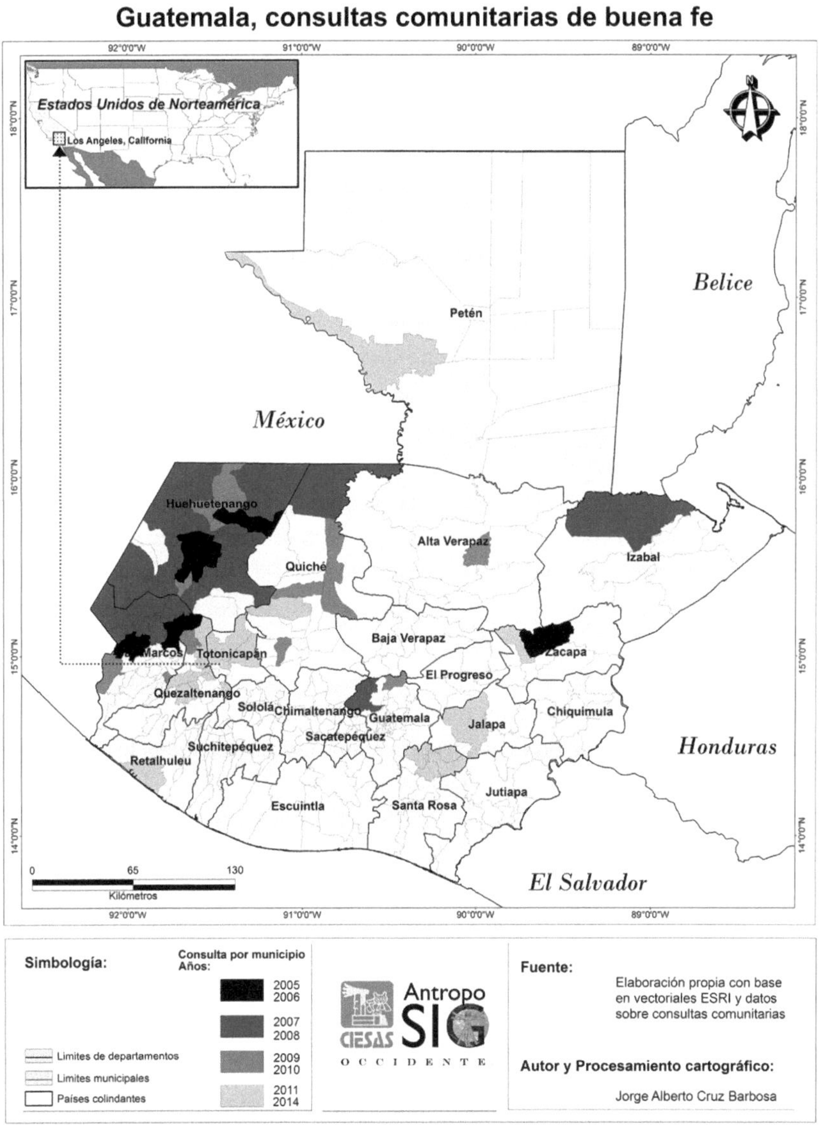

Fig.1 Guatemala, consultas comunitarias de buena fe.
Fuente: Elaboración propia con base en vectoriales ESRI y datos sobre consultas comunitarias.

tación, las consultas se extendieron por el occidente –Quiché, Quetzaltenango– y más tarde también por el oriente –Santa Rosa y Jalapa–.

A lo largo de los siguientes años continuó esta actividad política, cada vez más diversificada –contra mineras, cementeras, hidroeléctricas– y se llegó en 2012 a más de 60 consultas comunitarias en las que votó casi un millón de personas (Bastos y De León 2014).[5] Algunas se dieron ante amenazas concretas, y en otros casos se usaron como medio de prevención ante la posibilidad del otorgamiento de una licencia.

Estas consultas se plantearon como una forma legal y legítima de expresar las decisiones comunitarias en torno al futuro de su territorio (Bastos y De León 2014). Basaron su accionar en el Convenio 169 de la OIT, en la Constitución de la República y el Código Municipal (Sieder 2010; Yagenova 2012). Cuando, a pesar de ello, los gobiernos no las reconocen, se van planteando cada vez más como el ejercicio de la autodeterminación indígena al poner en marcha mecanismos propios, ancestrales de toma de decisiones (Sosa 2009).

Desde las experiencias iniciales, se fueron coordinando esfuerzos en plataformas de organización como la Asamblea por la Defensa de los Recursos Naturales de Huehuetenango –ADH–[6] o la Comisión Pastoral de Ecología –COPAE– de la diócesis de San Marcos que constituyeron el núcleo del Consejo de Pueblos de Occidente, CPO. Se fue dando así una nueva forma de organización de base territorial que aglutinaba a los actores locales que habían puesto en marcha las consultas junto a otras iniciativas regionales y locales.[7]

Así, en el cambio de siglo estas consultas comunitarias de buena fe se convirtieron en la punta de lanza de una movilización en que las comunidades de Guatemala –sobre todo, pero no únicamente indígenas– se organizaron y expresaron en contra de la amenaza que las actividades extractivas suponen a su territorio. Al hacerlo, tomaron la iniciativa de la movilización popular e indígena en el país, obligando de alguna manera a las organizaciones nacionales a seguirlas en su actuar.[8]

---

[5] Al hablar de las consultas comunitarias, incluyo las "de buena fe" basadas en el Convenio 169 de la OIT y las "consultas de vecinos" desarrolladas según el Código Municipal.

[6] En la actualidad, se denomina Asamblea de los Pueblos de Huehuetenango por la Defensa del Territorio <www.facebook.com/adh.huehue>.

[7] Para 2009, se detectaban por lo menos veinte de este tipo de "redes regionales de movimientos indígenas muchas de ellas alrededor de temas relacionados con el territorio y los recursos naturales" (Ba Tiul, Velásquez y Monterroso 2008: 50).

[8] Las relaciones entre estos niveles ha sido conflictiva, pues parte de la movilización comunitaria y la articulación intermedia se basa en la desconfianza en unas organizaciones que son vistas como "oenegizadas" (Bastos y De León, 2014).

Lo que impresiona de esta movilización comunitaria no es tanto el número de consultas realizadas, sino la alta participación que se logró en los complejos procesos políticos locales.[9] Esto se debió en buena medida a la confluencia de actores diversos –ex patrulleros de autodefensa civil, ex guerrilleros, niños, maestros y ancianos, evangélicos y católicos– (Camus 2008; Mérida y Krenmayr 2008) alrededor de un tema que realmente preocupa a todos: el miedo a la pérdida de lo más cercano, lo único que les queda, su mundo de vida. Y, como veremos, fue fundamental el hecho de que los procesos fueran llevados desde y por las estructuras comunitarias, a base de procedimientos propios de consulta y decisión (Trentavizzi y Cahuec 2012; Bastos y De León 2014).

Organización, criminalización y conflictos en las comunidades

El ciclo de las consultas comunitarias llegó a su máxima expresión en 2010 y, a partir de 2011, empezó a decaer el ritmo de su realización, aunque continúan hasta el momento de escribir este texto. Mantienen su carácter de expresión de la voluntad política de las comunidades, pero como medida de presión política llegaron a su límite, pues el Estado nunca le dio validez jurídica ni política (Sieder 2010).[10] Por el contrario, la apertura a actividades extractivas se ha convertido en el eje de la política económica nacional; y las empresas transnacionales y locales dedicadas a la agroindustria, la energía, las telecomunicaciones, la minería o el petróleo, han cubierto el mapa de Guatemala (Solano 2005; Cabanas 2012).

Prácticamente en todos los lugares en que se iniciaron actividades de este tipo, empezaron a darse conflictos entre unas empresas que, dentro de su lógica capitalista, no tenían en cuenta a las sociedades locales (Garibay 2010) y unas comunidades que exigían ser tenidas en cuenta y se negaban a que se

---

[9] La consulta "consiste en 8 pasos: 1. Conformación de la Comisión de Consulta; 2. Solicitud al Concejo Municipal para la autorización de la Consulta Comunitaria; 3. Emisión de Acuerdo Municipal de autorización de la Consulta Comunitaria; 4. Información a las comunidades; 5. Celebración [de] la Consulta Comunitaria y elaboración del acta; 6. Certificación y entrega de actas al Concejo Municipal; 7. Emisión del Acuerdo Municipal de reconocimiento de resultados de la Consulta Comunitaria, y 8. Entrega de los resultados de la Consulta Comunitaria y Acuerdo Municipal a instancias de gobierno" (Consejo Maya Mam de Quetzaltenango 2011: 37-53).

[10] La Corte de Constitucionalidad ha emitido varias sentencias al respecto, apuntando a la validez jurídica de las consultas, pero negando su carácter vinculante para los asuntos que trata por ser de carácter nacional y no local (Sieder 2010; Van Sant 2009).

instalaran en sus territorios sin su consentimiento, en un patrón de comportamiento que muestra la actitud (Bastos y De León 2014) y la lógica de la acumulación por desposesión (Harvey 2004).[11] Llegaban sin avisar, con prácticas sospechosas, apoyándose en algunos pocos vecinos, comprando e intimidando a quienes se oponían a sus actividades. Por ello, la gente se empezó a organizar en contra de estas empresas. Los cauces de movilización, demanda y denuncia ante las autoridades eran los espacios comunitarios de representación y participación: COCODEs, asambleas alcaldes comunitarias, Alcaldías Indígenas renovadas. Estado y empresas no sólo no les tenían en cuenta, sino que reprimían los intentos de organización y denuncia.

A lo largo de estos años, se ha ido extendiendo una geografía de conflictos que salían a la luz pública en los momentos de máxima tensión, pero que venían de procesos en que el Estado había permitido a las empresas actuar impunemente, y ponía todo su aparato al servicio de las empresas. Se han revivido prácticas represivas como la intimidación, secuestro, desaparición y muerte de líderes; se ha aplicado la militarización a través de estados de sitio o de excepción en lugares concretos en momentos álgidos de movilización social y se ha recurrido al trato de los líderes como delincuentes y de sus acciones como delitos (Bastos y De León 2014).[12]

Esta criminalización es la contraparte necesaria de la apertura a la inversión internacional (Cabanas 2012). La llegada del ex general Otto Pérez Molina a la Presidencia del país en 2012 ha supuesto un recrudecimiento de la represión, llegando a una actualización de la lógica del enemigo interno que se dio a finales del siglo pasado (Bastos 2012; De León y González 2012).[13]

Como resultado, la desconfianza se ha instalado en toda la geografía nacional. La actitud de "defensa comunitaria del territorio" se fue extendiendo mucho más allá de las industrias extractivas, mostrando respuestas activas

---

[11] Estos párrafos se basan en textos monográficos (Celada 2011; Vicente 2012; CALDH y CONIC 2012) y en seguimiento sistemático de los conflictos ambientales en el último año y medio, en la investigación propia (Bastos y De León 2014;). Al respecto, véase <comunitariapress.wordpress.com>.

[12] Samayoa (2009) registra entre enero 2007 y marzo de 200, 818 personas ejecutadas, de las cuales 508 tenían señales de tortura. Además, muestra cómo una parte de los muertos cotidianos del país se debe a "ajusticiamientos" contra activistas sociales, sobre todo campesinos indígenas, que por otro lado son convertidos en "delincuentes" en cuanto realizan actos de protesta.

[13] Mientras tenía lugar el juicio por genocidio contra el general Ríos Montt –momento de máxima tensión política–, en los meses de febrero a abril de 2013, hubo una oleada de muertes de dirigentes comunitarios (13 en tres meses) como no se había conocido en años.

desde las instituciones comunitarias revividas en asuntos relacionados con la conflictividad agraria, la educación o los derechos básicos. Las comunidades movilizadas han ido adaptando las formas de organización a los embates. Ante el desmantelamiento y cooptación de estructuras como los COCODEs, se han reforzado formas más autónomas, generando procesos de autogestión que se ven justificados ideológicamente en una radicalización del discurso antineoliberal. Ante la represión se van asentando las acciones de resistencia pasiva en multitud de "plantones" que evitan de hecho las actividades de las empresas.

LAS LÓGICAS DE LA MOVILIZACIÓN Y LA REARTICULACIÓN COMUNITARIA

Estamos pues ante un proceso en el que las comunidades organizadas se están convirtiendo en los motores de la movilización en contra de las políticas neoliberales de despojo. Este tipo de organización de base territorial se está dando en toda América Latina como respuesta a esta ola de acumulación. En Guatemala falta mucho para generar un consenso que llegue a niveles como los de Ecuador o Bolivia a mediados de la década pasada, pero es una movilización que crece, pone cada vez más obstáculos a las actividades extractivas y cuestiona la política nacional.

Vamos a analizar todo esto desde la perspectiva de la comunidad como espacio social y político (Bastos 2011). Esto no significa que todos los espacios sociales que podemos considerar como "comunidades" en Guatemala se hayan sumado a este proceso y lo hayan hecho de esta forma; ni que "toda la comunidad" se haya sumado al proceso, por el contrario, los conflictos intracomunitarios son duros en todos los lugares. Pero sí que, en los lugares en que ha habido oposición, ha sido a partir de unas instituciones y comportamientos que podemos considerar como "comunitarios", y ello ha implicado que en esos lugares, esta institucionalidad se está reforzando y renovando en ese proceso.

LA RENOVACIÓN DE LA COMUNIDAD COMO ESPACIO POLÍTICO

En el cambio de siglo las comunidades rurales de Guatemala salían del genocidio y la militarización y se insertaban a la globalización desde una posición deficitaria: una vez más, las promesas de democracia, justicia y bienestar no se han cumplido y la vida cotidiana está marcada por la migración, la violencia y el abandono (Camus 2012; Copeland 2011). Ante la desmovilización de las organizaciones populares, la irresponsabilidad de los partidos políticos y la incapacidad del Estado, en algunos lugares se fueron dando muestras de reorganización.

Por un lado, fueron resurgiendo o recreándose antiguas estructuras locales como las Alcaldías Indígenas, desde un discurso que combina la idea de "las Autoridades Ancestrales del Pueblo Maya" (Bastos 2010) con el derecho de autogobierno y la aplicación del derecho maya (Sieder 2010). Se trata de casos muy diversos que utilizan su legitimidad histórica para dar vía a reivindicaciones locales –como la defensa del territorio– planteadas como derechos indígenas. Suelen estar liderados por activistas con larga trayectoria de trabajo local y político que han encontrado en estos espacios una base para su actuar.

El primer caso fue el de la Alcaldía Indígena de Sololá a finales de la década de 1990, con influencia de la URNG y disidentes. Después fueron reapareciendo otras alcaldías indígenas con renovada actividad: Santa Cruz de Quiché, Santiago Atitlán, Santa Catarina Ixtahuacán, Comalapa, San Miguel Ixtahuacán. San Miguel Totonicapán y sus 48 cantones es un caso especial en el mantenimiento y renovación de esta institucionalidad (Ekern 2010) y, de hecho, se convirtió en referente de esta recreación de las autoridades comunitarias.

De forma complementaria se fue dando una utilización comunitaria de las vías institucionales de gobierno local. A partir del Acuerdo de Aspectos Socioeconómicos y Situación Agraria, y del de Identidad y Pueblos Indígenas, en 2003, se aprobaron la Ley de Descentralización, la de Consejos de Desarrollo y la revisión del Código Municipal. En ellas se reconocían instancias de gobierno local submunicipal como las históricas alcaldías auxiliares –que pasan a llamarse comunitarias o indígenas– y las asambleas comunitarias. También se dio un nuevo contenido a los Consejos Comunitarios de Desarrollo, COCODEs –base de un sistema piramidal cuyos componentes son elegidos por la asamblea cada dos años, y por ley es el espacio de participación y decisión en "políticas públicas"–.[14] Desde su origen, el Estado ha buscado insertarlos en las lógicas clientelares de cada gobierno (Mérida y Krenmayr 2010), pero en estos casos, el funcionamiento fue otro.

---

[14] "El Sistema de Consejos de Desarrollo es el medio principal de participación de la población maya, xinka y garífuna y la no indígena en la gestión pública para llevar a cabo el proceso de planificación democrática del desarrollo". Ley de Consejos de Desarrollo Urbano y Rural, Capítulo 1, Artículo 1.

Estas autoridades e instituciones –nuevas y recreadas; legales y tradicionales– han mantenido su legitimidad a lo largo del tiempo porque han actuado a este nivel comunitario manteniendo los lazos colectivos y solucionando problemas desde una forma de actuar precisamente "comunitaria", cuando las instancias encargadas de ello no lo han hecho. Las autoridades tienen el mandato de cumplir las decisiones tomadas en asambleas y reuniones, y ante una necesidad sentida como urgente, se convierten en el eje institucional de la actuación. Por eso, estas instancias fueron los espacios y motores de las movilizaciones comunitarias, organizadas a partir de las autoridades comunitarias y siguiendo los procedimientos que se han creado entre los vecinos para informarse y tomar decisiones en diferentes momentos.[15]

La institucionalidad comunitaria

Lo que vemos es la actualización de una institucionalidad de larga data que tiene profundo calado en las comunidades y que ahora ha retomado la iniciativa y el papel de intermediaria ante la ineficacia o/y la hostilidad de las instituciones estatales de niveles superiores. Estamos en uno de esos momentos en que esa institucionalidad, comportamientos y discursos, se actualiza en contexto de crisis.

La experiencia histórica de relación con el Estado de los pueblos indígenas en Guatemala y en toda América llevó a la conformación de lo que ahora conocemos como "la comunidad", a saber, el espacio de sociabilidad, supervivencia y participación por antonomasia para la mayoría de los indígenas.[16] Estas instancias que hoy forman la institucionalidad comunitaria han ido cambiando, siempre articuladas al Estado –y otros poderes como la Iglesia– en cada momento histórico.

La institucionalidad territorial de origen precolonial (Carmack 1979) se recreó desde la colonia por la subordinación étnica en que se da la condición

---

[15] En el caso de San Juan Sacatepéquez, todas las decisiones en defensa contra la cementera se han tomado en las asambleas periódicas de las 12 comunidades y sus representantes (Celada 2011; Bastos y De León 2014).

[16] Me refiero sobre todo a los indígenas "serranos" que fueron insertos en las dinámicas de acumulación desde la colonia en su papel de tributarios y campesinos, frente a los que vivían en selvas, desiertos u otros espacios periféricos y permanecieron más al margen del Estado hasta tiempos más modernos.

de ser "indio". La forma estamental de trato por las autoridades en espacios social y territorialmente delimitados creó las condiciones para la recreación de un "microholismo" (Bastos 2000), una forma de entender la sociedad local como algo colectivo que dio herramientas para adaptarse y enfrentar la dominación. Las figuras de control –cabildo, el común, las cofradías– se convirtieron es espacios de intermediación y de resolución de asuntos propios, con niveles relativos de autonomía (Barrios 2001). En el siglo XIX las formas de gobierno indígena se adaptaron al formato republicano –la municipalidad– y sobre todo a la necesidad de hacer frente al despojo territorial de fin de siglo (Palencia 2012). Se evolucionó así hacia la "comunidad corporativa cerrada" que Wolf (1957) encontró en el siglo XX inserta en pleno orden capitalista individualista.[17]

Ante la ausencia de un reconocimiento por parte del Estado colonial y republicano, la "comunidad" se convirtió en el espacio en que se ejercía la pertenencia social plena y era posible la participación política. Hasta entrado el siglo XX, ante la ausencia de cualquier tipo posible de ciudadanía, muchos indígenas la ejercieron a nivel de comunidad, como una *ciudadanía comunitaria*. Se hizo a través de una serie de deberes y derechos que quedaron plasmados tanto en los ciclos rituales como en los famosos "sistemas de cargos", estructuras de participación jerárquico-corporativas en espacios comunitarios que al mismo tiempo eran las estructuras de intermediación con los poderes estatales y eclesiásticos. La supervivencia de la comunidad –y con ello de lo indígena– quedó asociada a la capacidad de ejercer esa ciudadanía, que iba asociada indefectiblemente a un territorio y una institucionalidad propia que permitieran una mínima autonomía.

La transformación sociocultural asociada a la modernización de la segunda mitad del siglo XX –educación, salarización, descampesinización– supuso cambios profundos en esferas muy diversas de las comunidades –económicas, culturales, religiosas, además de políticas–. Pero, en vez de suponer la "ladinización" (Adams 1956) por la disolución de los lazos comunitarios, estos cambios trajeron una reforzamiento y politización de la identidad indígena, pues la "modernidad" fue asumida desde una perspectiva comunitaria (Adams

---

[17] La lectura simplista de la formulación de Wolf ha hecho mucho daño al entendimiento de los comportamientos comunitarios, sobre todo esa idea de comunidad "cerrada" como externa o "autónoma" del contexto en que se desenvuelve. Mi propuesta es que las comunidades indígenas fueron corporativas precisamente porque *nunca* fueron cerradas, sino porque ésa fue la forma de insertarse en su contexto colonial, republicano y capitalista.

y Bastos 2003). Muchos de los procesos políticos de esta época se dieron dentro y desde el marco de la comunidad (Arias 1985; Le Bot 1992), que quedó transformada por el mismo proceso.[18] La institucionalidad comunitaria heredada del liberalismo fue sustituida o engrosada –no sin conflictos– (Falla 1980) con instancias y personajes surgidos de esta "modernidad": catequistas y delegados de la palabra, comités de desarrollo, maestros y promotores de salud. Ellos fueron quienes manejaron las relaciones internas y la relación con el Estado; fueron la base de la movilización comunitaria que se mencionó al inicio, y el principal blanco de la represión militar. Después del desastre de la guerra y el genocidio, estas estructuras se mantuvieron en muy bajo perfil como cofradías, algunas Alcaldías y comités; y después de 2003 se rearticularon en las alcaldías indígenas, asambleas y COCODEs y todas las "alcaldías indígenas" resucitadas.

La reconfiguración de la comunidad en la defensa del territorio

Al llegar la globalización, las amenazas a la comunidad se han reforzado: la individualización de la política y la economía; la emigración, la miseria y el desprecio como factores cotidianos, las desigualdades que refuerzan lo peor de las construcciones racistas. Y ahora, el despojo de los territorios, único espacio de reproducción de identidad y mundos de vida que prácticamente les queda. Ante ello, estas comunidades se rearman y se rearticulan. Las "comunidades transnacionales" de los mixtecos (Kearney 1996) y los huehuetecos (Camus 2008) parecen ser la forma más compleja de la refuncionalización de las estructuras comunitarias en el contexto global; la actual rearticulación comunitaria parece mostrar la persistencia de la "ideología comunalista" (Zárate 2005) que es capaz de dar nueva vida a las formas cotidianas de organización (Bastos 2011).

Pero todo está suponiendo transformaciones en las estructuras, comportamientos y discursos comunitarios, pues este proceso de rearticulación se da entrelazado con otros de procedencia diversa. De ellos, debemos mencionar al menos cuatro dinámicas que marcan la actual movilización comunitaria contra las actividades extractivas.

---

[18] El Comité de Unidad Campesina –CUC– posiblemente la máxima expresión política de esta modernidad, se organizó a partir de bases comunitarias (Arias 1985; Le Bot 1992; Bastos y Camus 2003).

En primer lugar, la movilización comunitaria actual se da en un momento de rearticulación de las organizaciones populares y movimientos sociales después del fin de la hegemonía de las organizaciones revolucionarias con el proceso de paz (Bastos y Camus 2003; Torres Rivas 2013). El impulso inicial de la organización contra las actividades extractivas vino de actores de izquierda; y muchas de las iniciativas locales y regionales son dirigidas por antiguos militantes de la URNG, activistas mayas que siguen trabajando para sus comunidades con la misma identidad revolucionaria que se forjó en los setenta y ochenta. Ahora lo hacen sin la presencia orgánica de las organizaciones en las que se formaron, pero esta historia se aprecia en las mismas redes en que se mueven y en el discurso antineoliberal que marca las acciones.

Una parte de los líderes comunitarios no proviene de este origen, dado el momento de transición en la organización popular en que estamos. La lógica de la institucionalidad comunitaria –que "convierte" en líderes a quienes son designados para los puestos de responsabilidad– ha dado entrada a gente sin trayectorias o con trayectorias muy diversas –comisionados militares o ex PAC migrantes retornados– unidas a las clásicas de la Iglesia católica, maestros o jóvenes con estudios.

Estas movilizaciones también se insertan dentro de la dinámica de la lucha por los derechos indígenas y la reivindicación del Pueblo Maya, que pasando por todo el conflicto y el genocidio, se consolidó en los años noventa (Bastos y Camus 2003). Así se ve en el reclamo de aplicación del Convenio 169 de la OIT como base jurídica de la lucha de las comunidades y en el uso de la figura de "Pueblos" para la articulación regional.

La experiencia de las luchas indígenas de los noventa fue apropiada por las comunidades cuando su territorio, su identidad y su modo de vida se vieron amenazados, sin embargo, el contenido de la identidad como indígena no se basa en la "multiculturalidad" manejada desde el Estado (Hale 2004), sino en la defensa ante los retos de la globalización neoliberal. El discurso sobre el territorio, la autodeterminación, la idea del "Buen Vivir" son tomados de los desarrollos ideológicos del movimiento indígena latinoamericano. En este sentido, la movilización comunitaria ha acercado al "movimiento indígena" guatemalteco a las propuestas y demandas del zapatismo mexicano y de los movimientos boliviano y ecuatoriano, abiertamente anticapitalistas.

En el proceso de "reconstitución" como pueblos (Burguete 2010) la figura de la "comunidad" se ha convertido en una importante base para reclamar una forma "propia" y "ancestral" de política, dando una legitimidad étnica a todo lo que se hace desde esta lógica comunitaria. Esto permite la legitimación de prácticas y creencias antes menospreciadas como "cosas de indios" y ahora valoradas como muestras de la cosmovisión y particularidad; y que en las comunidades se muestren con mucha mayor seguridad prácticas, sentimientos y creencias tradicionales.

De todas formas, a estas alturas no se puede decir que la movilización comunitaria en Guatemala sea un asunto de indígenas. En su momento fueron las comunidades mayas las que estaban en condiciones para enfrentar el despojo desde sus estructuras comunitarias. Pero, en una dinámica de "recreación" más amplia, este comportamiento comunitario como forma de enfrentar el despojo se ha extendido a todo el país.[19] En todo el oriente "ladino" hay movilizaciones contra las industrias extractivas que ponen en marcha parte del repertorio que se da en el occidente, contribuyendo con ello a la "comunalización" de sus comportamientos políticos. La recomunalización es un proceso amplio, que también incluye procesos de "creación" actual de "nuevas" comunidades, que sin partir de una profundidad histórica como la de los lugares estudiados, están poniendo en marcha comportamientos colectivos para enfrentar las dinámicas de la globalización.

Una tercera dinámica sin la cual no se puede entender las movilizaciones ocurridas en las comunidades y que está impactando en su rearticulación es la presencia cada vez mayor y más evidente de las mujeres en todos los procesos de organización. No sólo hablo de liderazgos evidentes y de gran fuerza moral, sino sobre todo de su presencia en todas y cada una de las facetas de la movilización (Tejido y Schram 2010). En las consultas comunitarias ha llamado la atención la presencia de las mujeres (Camus 2008; Mérida y Krenmayr 2008) y en las dinámicas generadas alrededor de la represión y la criminalización, su acción es fundamental para mantener la capacidad de resistencia. Hay que reivindicar la presencia anónima pero constante de mujeres en todas las actividades: plantones, marchas, consultas (Colibrí Zurdo en prensa) sin que ello haya implicado dejar sus responsabilidades en sus hogares.

Esta importante presencia se debe por un lado al papel de las mujeres en todo lo referente a los recursos naturales y al territorio, que las hace estar especialmente alertas en este sentido (Trentavizzi y Cahuec 2012); a los cambios socioeconómicos ocurridos en las últimas décadas –escolarización, generación

---

[19] El caso de la oposición conjunta de las comunidades de la localidad kaqchiklel de San Pedro Ayampuc y la "ladina" de San José el Golfo a las operaciones de la mina El Tambor es el mejor ejemplo de estos comportamientos "transétnicos".

de recursos, migración masculina– y a las luchas por los derechos de las mujeres en todos los frentes, que han permitido su presencia en estructuras antes vedadas, como las comunitarias. Las figuras de las alcaldesas auxiliares con sus varas, cada vez más frecuentes, son elocuentes.

Ciudadanía comunitaria en contexto neoliberal
La lucha por la legalidad y la democracia

Por último, en el contexto de la salida del conflicto armado, con el fracaso de las dinámicas de la paz; la movilización comunitaria se inserta en una dinámica política nacional de ciudadanización (Camus 2008; Rasch 2012), de dotar de sentido a los mecanismos emanados de los acuerdos de paz para la participación ciudadana. El protagonismo de COCODEs y asambleas comunitarias supone un reforzamiento de las instancias creadas dentro del Estado para la participación política; y el reclamo a las autoridades locales supone buscar el ejercicio efectivo de una autonomía municipal coartada por un centralismo clientelar cada vez más corrupto (Bastos y De León 2014).

Desde estos espacios se intenta consolidar y dar sentido a una democracia que hasta la fecha apenas ha aportado nada a quienes la viven. La práctica concreta de la toma de decisiones desde las instituciones de base comunitaria supone el ejercicio de una democracia participativa por encima de los arreglos legales que buscan entorpecerla. Acá es donde los reclamos de base territorial de estas comunidades suponen un paso adelante en la política latinoamericana. No sólo por la revalorización del entorno ante la crisis global y sus efectos climáticos-ambientales y lo indígena como formas nuevas, sino por la búsqueda de nuevas formas de ser y hacer política desde experiencias históricas de subordinación y así dar sentido a una democracia que ahora no lo tiene en absoluto para quienes la vivimos.

Una ciudadanía autootorgada

Todo esto permite ver los reclamos de resistencia y defensa del territorio como la construcción de una nueva forma de ciudadanía.[20] La defensa

---

[20] Para ello vamos a entender la ciudadanía tanto como el conjunto de derechos y deberes que se derivan de la pertenencia a un colectivo –normalmente estatal– como el proceso de reclamarlos y obtenerlos (Kabeer 2007), que es donde finalmente se crean y se pueden llegar a ejercer.

a toda costa del territorio y los recursos comunitarios, la actuación *desde* las instituciones y autoridades comunitarias, y la representatividad y movilización comunitarios son elementos que van recreando y reforzando las estructuras internas de participación como formas de ejercer la pertenencia comunitaria, al mismo tiempo que van dibujando *en su mismo proceso* la construcción de una propuesta de relación con los Estados. Podemos interpretar que las actuaciones políticas que hemos estado viendo significan que la gente reclama ser tenida en cuenta por el Estado como *ciudadanos que forman parte de unas comunidades*, y que plantean que la relación con ese Estado se dé *a través de las estructuras comunitarias* desde las que de hecho actúan. Se trata de una propuesta nueva, basada en la historia, una *ciudadanía comunitaria*.

Se trataría de dar reconocimiento a una pertenencia corporativa que siempre ha existido, pero ahora como forma de lograr la *plena pertenencia* a las sociedades nacionales; no como una forma de impedirlo. Se trataría de que la ciudadanía se ejerza –de hecho se está ejerciendo– desde las comunidades de una forma *colectiva*. No se ejerce como ciudadanos individuales en forma "universal", pero tampoco sólo como miembros de unos pueblos, en forma "diferenciada". La apuesta es unificar ambas formas en la que de hecho se ha ejercido: la comunitaria. Si los pueblos se han mantenido históricamente ha sido a través de estas forma comunitarias; y ahora se reclaman, pero sumando todo el desarrollo político de derechos económicos y sociales y derechos indígenas del siglo xx.

Esta ciudadanía no se reclama ni se proclama como tal, sino que como dice Kabeer (2007), se está *construyendo en los hechos*; porque viene de una vivencia histórica, que ha decantado una ideología comunal (Zárate 2005) que ahora está siendo racionalizada por los intelectuales y políticos indígenas de Latinoamérica.[21] Al dar sentido a los comportamiento y reacciones de la gente ante el despojo, esta ideología, cada vez más legítima y extendida, está contribuyendo a la transformación de la política latinoamericana y es uno de los elementos que están haciendo que las comunidades sobrevivan a los embates de la globalización (Bastos 2011), reforzando y recreando su carácter de sujetos políticos (Palencia 2012).

En todo este proceso, la comunidad como espacio de relaciones sociales se transforma. Si las comunidades indígenas que surgieron de la movilización de los setenta y el genocidio de los ochenta tenían poco que ver con las

---

[21] Los planteamientos "comunalistas" de intelectuales oaxaqueños como Rendón (2002) serían los ejemplos más clásicos y desarrollados de esta tendencia, recreada ahora en la experiencia de los municipios autónomos zapatistas y recuperada también en los planteamientos del "buen vivir".

que había en los cincuenta, los procesos actuales de recreación como espacio político de participación y relación con el Estado, unidos a los de emigración, violencia y otros, están dando como resultado otras formas de ejercer y entender esa pertenencia colectiva como forma que asegure la reproducción social y cultural –y la económica– en un contexto y ante un Estado que no hace nada por asegurarlo.

BIBLIOGRAFÍA

ADAMS, Richard. *Encuesta sobre la cultura de los ladinos en Guatemala.* (Seminario de Integración Social Guatemalteca, Publicación nº 2). Guatemala: Ministerio de Educación Pública 1956.

ADAMS, Richard y Santiago BASTOS. *Relaciones étnicas en Guatemala, 1944-2000.* (Colección ¿Por qué estamos como estamos?). Guatemala: Centro de Investigaciones Regionales de Mesoamérica 2003.

ARIAS, Arturo. "El movimiento indígena en Guatemala: 1970-1983". *Movimientos populares en Centroamérica.* Coords. Rafael Menjívar y Daniel Camacho. San José de Costa Rica: FLACSO/UNU/IIS UNAM 1985. 62-119.

BA TIUL, Máximo, Amalia VELÁSQUEZ PÉREZ, Diego MONTERROSO. "Movimiento o Movimientos Mayas en Guatemala: una aproximación". *Informe.* Guatemala: Foro de ONGs Internacionales 2008.

BARRIOS, Lina. *Tras las huellas del poder local: La Alcaldía indígena en Guatemala del siglo XVI al siglo XX.* Guatemala: Universidad Rafael Landívar 2001.

BASTOS, Santiago. "Cultura, pobreza y diferencia étnica en ciudad de Guatemala". Tesis de doctorado en Ciencias Sociales. Guadalajara, Jal.: Centro de Investigaciones y Estudios Superiores en Antropología Social 2000.

— "La política maya en la Guatemala post conflicto". *El movimiento maya en la década después de la paz, 1997-2007.* Comps. Santiago Bastos y Roddy Brett. Guatemala: F&G Editores 2010. 3-57.

— "La comunidad de Mezcala y la recreación étnica ante la globalización neoliberal". *Relaciones, Estudios de Historia y Sociedad,* vol. 125, (2011): 87-188.

— "¿Criminales o ciudadanos?". *Boletín Diálogo* nº. 43 FLACSO Guatemala (2012): 5-6.

BASTOS, Santiago y Manuela CAMUS. *Entre el mecapal y el cielo. Desarrollo del movimiento maya en Guatemala.* Guatemala: FLACSO/Cholsamaj 2003.

BASTOS Santiago y Quimy DE LEÓN. *Dinámicas de despojo y resistencia en Guatemala. Comunidades, Estado, empresas.* Guatemala: Diakonía 2014.

BURGUETE, Araceli. "Autonomía: la emergencia de un nuevo paradigma en las luchas por la descolonización en América Latina". *La autonomía a debate. Autogobierno indígena y Estado plurinacional en América Latina.* Coords. Miguel

González, Araceli Burguete y Pablo Ortiz. Quito: FLACSO/GTZ/IWGIA/ CIESAS/UNICH 2010.

Cabanas, Andrés. "El Proyecto Patriota: Neoliberalismo Militarista". En *Memorial de Guatemala* 2012, <http://memorialguatemala.blogspot.mx/p/hidro-santa-cruz-y-la-implantacion.html> (03.2014).

Camus, Manuela. *La sorpresita del Norte. Migración internacional y comunidad en Huehuetenango*. Guatemala: INCEDES/CEDFOG 2008.

— "Fronteras, comunidades indígenas y acumulación de violencias". *Desacatos* n° 38 (2012): 73-94.

Carmack, Robert. *Historia social de los quichés*. Guatemala: Seminario de Integración Social Guatemalteca 1979.

Casaus, Marta. *Genocidio: la máxima expresión del racismo en Guatemala*. (Cuadernos del presente imperfecto, n° 4). Guatemala: F&G Editores 2008.

CEH. *Guatemala, Memoria del Silencio*. Guatemala: Comisión de Esclarecimiento Histórico 1999.

CEIBA y ASDITOJ. *Consultas comunitarias: Una herramienta estratégica para la defensa del territorio*. Guatemala: CEIBA-ASDITOJ 2007.

Celada, Mario. "Criminalización, control social y represión de las comunidades en resistencia de San Juan Sacatepéquez, Guatemala, y su lucha contra la cementera, 2006-2010". Tesis, Licenciatura en Antropología, Universidad de San Carlos, Guatemala 2011.

Cojtí Cuxil, Demetrio. *El movimiento Maya (en Guatemala) = Ri Maya' moloj pa Iximulew.* Guatemala: Cholsamaj 1997.

Colibrí Zurdo. "La criminalización de la protesta social en Barillas". *Informe*. Guatemala: Equipo de Comunicación y Análisis Colibrí Zurdo/Guatemala Human Rights Comission (en prensa).

Consejo Maya Mam de Quetzaltenango. *Aq'untl tun t-klet qtxu tx'ot exju' tb'anil chwinqlaq te qtanam mam te txeljub'-Consultas Comunitarias pro la defensa del territorio, la madre tierra y el buen vivir del Pueblo Mam de Quetzaltenango*. Guatemala: Consejo Maya Mam de Quetzaltenango 2011.

Copeland, Nick. "'Guatemala will never change': Radical Pessimism and the Politics of Personal Interest in the Western Highlands". *Journal of Latin American Studies*, vol. 43. 3, (2011): 485-515.

Díaz-Polanco, Héctor. *Elogio de la diversidad. Globalización, multiculturalismo y etnofagia*. México: Siglo XXI Editores 2006.

Dietz, Gunther. "La comunidad acechada. La región purhépecha bajo el impacto del indigenismo". *Relaciones. Estudios de Historia y Sociedad*, vol. XX, núm. 78, (1999): 155-201.

Ekern, Stern. *Chuwi Meq'enJa'. Comunidad y liderazgo en la Guatemala K'iche'.* Guatemala: Cholsamaj 2011

Falla, Ricardo. *Quiché Rebelde*. Guatemala: Editorial Universitaria de Guatemala 1980.

GARIBAY Claudio. "Paisajes de acumulación minera por desposesión campesina en el México actual". *Ecología Política de la minería en México*. México: Centro de Investigaciones Interdisciplinaria en Ciencias y Humanidades-UNAM 2010.

GONZÁLEZ PONCIANO, Jorge Ramón. "Blancura, cosmopolitismo y representación". *Guatemala Estudios de Cultura Maya*, vol. XXVII, (2006): 125-147.

HALE, Charles. "Rethinking Indigenous Politics in the Era of the 'Indio Permitido'". *NACLA Report on the Americas*, vol. 38, Issue 2, Sep/Oct. (2004): 16-21.

HARVEY, David. "El 'nuevo' imperialismo: acumulación por desposesión" 2004, <http://es.scribd.com/doc/16303286/Harvey-David-El-nuevo-imperialismo-Acumulacion-por-desposesion-2004> (01.03.2014).

HERNÁNDEZ PICO, Juan. *Terminar la guerra, traicionar la paz: Guatemala en las dos presidencias de la paz: Arzú y Portillo, 1996-2004*. Guatemala: FLACSO 2005.

HURTADO, Laura. *Las plantaciones para agrocombustibles y la pérdida de tierras para la producción de alimentos en Guatemala*. Guatemala: Action Aid 2008.

JONAS, Susanne. *De centauros y palomas: el proceso de paz guatemalteco*. Guatemala: FLACSO 2000.

KABEER, Naila. "Introducción: En busca de una ciudadanía incluyente: sus significados y expresiones en un mundo interconectado". *Ciudadanía incluyente: sus significados y expresiones*. Ed. Naila Kabeer. México: PUEG/UNAM 2007. 7-35.

KEARNEY, Michael. *Reconceptualizing the Peasantry*. Boulder/Oxford: Westview Press 1996.

LE BOT, Yvon. *Guatemala: Violencia, revolución y democracia*. (Cuaderno Debate, nº 15). Guatemala: FLACSO 1992.

LEÓN, Quimy de y Cecilia GONZÁLEZ. "¿Quién cometió delitos y crímenes en Santa Cruz Barillas?". *Boletín Diálogo* nº 43, FLACSO Guatemala (2012): 6-8.

MÉRIDA, Cecilia y Wolfgang KRENMAYR. "Sistematización de experiencias. Asamblea departamental por la defensa de los recursos naturales renovables y no renovables de Huehuetenango". *Informe*. Guatemala: CEDFOG 2008.

— *Prácticas de participación ciudadana: oportunidades y límites de los Consejos de Desarrollo en Huehuetenango*. Guatemala: CEDFOG 2010.

OTZOY, Irma. "Sipakapa y el límite de la democracia". *ISTOR* 6, 24 (2006): 29-42.

PALENCIA, Sergio. "Conformación estatal y lucha comunitaria en Guatemala. Tres momentos históricos". Tesis de maestría. Puebla: Benemérita Universidad Autónoma de Puebla, México. Instituto de Ciencias Sociales y Humanidades "Alfonso Vélez Pliego" 2012.

RASCH, Elizabeth. "Transformations in Citizenship. Local Resistance against Mining Projects in Huehuetenango (Guatemala)". *Journal of Developing Societies*, vol. 28, 2 (2012): 159-184.

RENDÓN, Juan José. *La flor comunal. Explicaciones para interpretar su contenido y comprender la importancia de la vida comunal de los pueblos indios*. Oaxaca: CNEII/CMPIO/CEEESCI/CSEIIO 2002.

Samayo, Claudia. "Violencias y estigma: ¿viejas o nuevas modalidades de ejercicio del poder en el contexto de la globalización?". *Guatemala: violencias desbordadas*. Coords. Julián López, Santiago Bastos y Manuela Camus. Córdoba: Universidad de Córdoba 2009. 367-392.

Seoane, José. "Neoliberalismo y ofensiva extractivista. Actualidad de la acumulación pro despojo, desafíos de Nuestra América". *Theomani*, 26 (2012), <http://revista-theomai.unq.edu.ar/NUMERO%2026/Seoane%20-%20Ofensiva%20extractivista.pdf> (03.2014).

Sieder, Rachel. "Legal Cultures in the (UN)Rule of Law: Indigenous Rights and Juridification in Guatemala". *Cultures of Legality: Judicialization and Political Activism in Latin America*. Eds. J. Couso, A. Huneeus y R. Sieder. New York: Oxford University Press 2010. 161-181.

Solano, Luis. *Guatemala: petróleo y minería en las entrañas del poder*. Guatemala: Inforpress Centroamericana 2005.

— *Contextualización histórica de la Franja Transversal del Norte (FTN)*. Guatemala: CEDFOG 2012.

Sosa, Mario. "Sipacapa. De la reapropiación del territorio a la construcción de autonomía étnica". Ponencia presentada en el 8º Congreso de Estudios Mayas "Multiculturalismo e Interculturalismo", Universidad Rafael Landívar, 5-7 agosto 2009.

Taylor, Charles. *El multiculturalismo y la "política del reconocimiento"*. México: Fondo de Cultura Económica 1993.

Tejido, María Giovanna y Wiencke Schram. *Mujeres indígenas guatemaltecas en resistencia: protagonistas en la defensa comunitaria de la Madre Tierra y sus bienes naturales*. Guatemala: Brigadas de Paz Internacionales 2010.

Tiney, Juan, José Roberto Morales, José Manuel Valverde. *Reivindicación política de doce comunidades maya kaqchikeles en defensa del territorio*. Guatemala: Centro de Acción Legal por los Derechos Humanos 2012.

Tischler, Sergio. "La forma finquera de Estado. Una aproximación al Estado liberal oligárquico". *Estudios*, febrero, tercera época, Guatemala, (1997). 108-135.

Torres-Rivas, Edelberto. *Revoluciones sin cambios revolucionarios: ensayos sobre la crisis en Centroamérica*. Guatemala: F&G Editores 2013.

Trentavizi, Bárbara y Eleuterio Cahuec. "Las consultas comunitarias de buena fe y las prácticas ancestrales comunitarias indígenas en Guatemala". Informe. Guatemala: CIRMA-OACNUDH (2012).

Uk'u'x B'e. *El movimiento maya: sus tendencias y transformaciones (1980-2005)*. Guatemala: Asociación Maya Uk'u'x B'e 2005.

Van de Sandt, Jorvis. *Conflictos mineros y pueblos indígenas en Guatemala*. Den Haag: CORDAID 2009.

Vela, Manolo. "Los pelotones de la muerte la construcción de los perpetradores del genocidio guatemalteco". Tesis de doctorado. México: El Colegio de México 2009.

Vicente, Mariola "'La vida era la guerra'. Análisis de los contínuums de violencia en Naa'ba', el Quiché Guatemala". Tesis Programa de Maestría en Antropología Social, Universidad Iberoamericana, México 2013.

Wolf, Eric. "Closed Corporate Peasant Communities in Mesoamerica and Central Java". *Southwestern Journal of Anthropology*, vol. 1 nº 13 (1957). 1-18.

Yagenova, Simona. *La industria extractiva en Guatemala: Políticas públicas, derechos humanos y procesos de resistencia popular en el periodo 2003-2001.* Guatemala: FLACSO 2012.

Zárate, Eduardo. "La comunidad imposible". *La comunidad a debate. Reflexiones sobre el concepto de comunidad en el México contemporáneo.* Coord. M. Lisbona. Zamora/Tuxla Gutiérrez: El Colegio de Michoacán/Universidad de Ciencias y Artes de Chiapas 2005.

Diversidad y heterogeneidad, pero ante todo migrantes[1]

Carmen Ibáñez Cueto

Introducción

Bolivia es un país agitado como resultado de una historia singular. Su inestabilidad política, la producción de hoja de coca o la muerte del Che Guevara en su territorio son hechos que han puesto al país en la palestra del debate internacional, pero es que, además, parecería que mucho de lo que pasa en el acontecer internacional, en Bolivia, se anticipa casi de manera premonitoria, como una suerte de *preámbulo al futuro* (García Linera 2012: 39). Esta cualidad es atribuida a "la plasticidad de las estructuras institucionales del país pero además a la marginalidad de éste en el contexto internacional" (ibíd.), y añadiríamos que es también por la fuerza de acción de sus movimientos sociales y por la intensidad con que sus pobladores se involucran en ellos.

A consecuencia de la Revolución de 1952, en Bolivia, se adoptó formalmente la palabra *campesino* para encubrir lo que hoy se conoce con el término de indígena, con ello se pretendió negar al campesino incluso como clase, pues se le subsumía a la condición de pequeño burgués al ser propietario de su parcela; frente a ello la noción de etnicidad afincada en los territorios indígenas proviene de una lectura esencialista que coloca a los indios *allá lejos y hace tiempo* (Rivera 2010), pero los indígenas bolivianos no viven ni en un solo espacio, ni allá lejos, ni hace tiempo, los indígenas en Bolivia son migrantes itinerantes, que tienen propiedades en la zona norte de Tarija, en la zona del Plan 3000 en Santa Cruz, en El Alto, pero también en Buenos Aires y hasta en Madrid o Virginia, y al mismo tiempo mantienen un contacto continuo e importante con su comunidad de origen, de allí que su potencial como

---

[1] Este artículo contiene conceptos, ideas y reflexiones que están profundizados en la tesis doctoral "Consecuencias políticas de la migración interna", Ibáñez Cueto, diciembre de 2013 (en proceso de edición).

portadores de formas alternas de modernidad y de comunidad sea una fuente inagotable para el devenir y porvenir de los tránsitos, orígenes y destinos de sus recorridos migratorios.

Hay que subrayar que la migración es una característica de la población de la región andina, la movilidad y la utilización de diferentes espacios geográficos son asumidas como una constante en las prácticas de sobrevivencia y reproducción sociocultural ya desde la época del Incario.[2] Dichas prácticas han producido un *habitus* que lleva a estos habitantes a buscar la vida por otras latitudes, no solamente como una estrategia de sobrevivencia familiar, sino también como forma intrínseca de reproducción comunitaria y societal (Hinojosa 2009).

Uno de los movimientos migratorios internos más importantes de Bolivia se vivió a finales de los ochenta y veremos a continuación cómo y porqué este momento marca crucialmente la vida política y social de la Bolivia del siglo XXI.

Bolivia ¿un ejemplo de resistencia o país fuera de servicio?

En 1985 Bolivia estaba sumergida en una crisis económica sin precedentes para la región. Para superarla se implementó un paquete de reformas conocido como "Nueva Política Económica" (NPE) que a través del polémico Decreto Supremo Nº 21060 abrió al país hacia la economía de libre mercado. Como derivación de esta implementación se produjo el cierre de empresas estatales y por ende el despido de miles de trabajadores, un caso emblemático es el de las minas, a éste se le conoce bajo el eufemismo de *relocalización*. El Decreto Supremo Nº 21060 tuvo como objetivo, aunque no de forma explícita, la destrucción del poderoso movimiento obrero nacional, representado en la Central Obrera Boliviana (COB), a través de la desarticulación de sectores que históricamente lo habían liderado, como los mineros o los trabajadores fabriles.[3] Por su parte, "los actores sociales vivieron en esas décadas profundas transformaciones y una crisis sin precedentes que no se limitó a la incapacidad de la COB para representarlos, sino a la pérdida de autonomía en la construcción de un proyecto propio de sociedad" (Cajías de la Vega 2004: 18). Un

---

[2] Sobre el tema, véase Condarco y Murra (1987).

[3] De 1952 a 1985, la COB había ejercido una importante influencia en la vida política nacional, Sándor (2010) subraya que esta influencia fue mayor a la de cualquier otro movimiento sindical independiente en Latinoamérica y tal vez en el mundo.

motivo también importante para este debilitamiento fue el carácter machista de sus dirigentes, que no permitieron el ascenso ni la participación activa de las mujeres que por entonces eran la mayoría en las listas de quienes todavía mantenían sus puestos de trabajo, aunque en condiciones precarias, como las vendedoras ambulantes y las maestras de escuela.[4]

Con el cierre de las minas, los campamentos mineros pronto se convirtieron en pueblos fantasma; mientras tanto, capitales como Santa Cruz y Tarija, ciudades satélites como El Alto o regiones de colonización como el Chapare se transformaban en espacios de sobrevivencia para estos actores. Sería precisamente en estos espacios de sobrevivencia –zona norte en Tarija, Plan 3000 en Santa Cruz, Ivigarzama en el Chapare– donde los ex mineros trasladarían su memoria sindical y esto se tradujo en el traslado de sus lógicas de acción colectiva. En esta incursión, a los ex mineros les acompañan los trabajadores fabriles despedidos y los campesinos desterrados, ambos también a causa del Decreto Supremo N° 21060. A los fabriles porque les cerraron sus fuentes de trabajo, pues muchos eran trabajadores de empresas estatales que tuvieron que cerrar o de pequeñas empresas privadas que fueron las primeras afectadas a causa de la apertura del mercado. Y a los campesinos porque el Decreto Supremo N° 21060 abría el mercado, antes protegido, a la importación de alimentos. Una locura para un país donde por entonces la mayoría de su población vivía del sector agrícola (Kohl y Farthing 2007). A esto hay que añadir que a mediados de los años ochenta el altiplano y el Chaco boliviano se vieron castigados por una sequía sin precedentes hasta entonces en la región.

Ante esta coyuntura, Bolivia vivió a finales de los años ochenta un movimiento poblacional intenso. Mineros y fabriles despedidos, campesinos obligados a abandonar sus tierras ante la caída de los precios y las inclemencias del clima. Pronto las capitales de los departamentos se vieron inundadas de familias en busca de nuevos espacios de sobrevivencia y uno de estos espacios fue precisamente la ciudad de Tarija.

---

[4] Las vendedoras ambulantes conocidas también como gremiales, hoy están organizadas en un movimiento social integrado en una ínfima parte por hombres pero liderado por éstos. Estas mujeres, que dedican hasta catorce horas diarias a la venta en la calle básicamente de alimentos enlatados o dulces, están apostadas en las aceras junto a sus hijos. Varios estudios han calculado que el valor de sus mercancías en algunos casos no supera los 100 dólares americanos. Los programas de "préstamos solidarios" encabezados por ONG han hecho de ellas sus principales *víctimas* (sic). Para más referencias sobre el tema, véase Galindo (2007).

Bolivia resalta como un caso dramático. Por un lado se implementó uno de los programas de reformas más extremos del mundo, al mismo tiempo que el país llevaba a cabo una transición simultánea a la democracia (Kohl y Farthing 2007). La mayor carga de los efectos negativos de las reformas que se aplicaron recayó en los sectores más vulnerables; así, por ejemplo, las mujeres más jóvenes se trasladaron a las ciudades capitales para trabajar como *empleadas domésticas*,[5] mientras que miles de niños eran captados como obra de mano barata. Esto sirvió para que Bolivia se hundiera cada vez más en la pobreza, la corrupción y ante todo en la desigualdad, mostrándose como un país rico en recursos naturales, pero pobre en voluntad política para hacer de sus ciudadanos personas con acceso a los servicios básicos más elementales.

De esta forma, en los noventa, el triunfalismo reinaba entre quienes pensaban en un modelo de sociedad hecho a la medida de sus intereses. Se pensó que los trabajadores difícilmente se organizarían, al mismo tiempo que la visión machista y por tanto reducida de quienes implementaron las reformas los llevó a suponer que las mujeres tendrían una limitada conciencia política. Hoy podemos decir que el mayor error del paquete de reformas que se aplicaron en Bolivia a partir del Decreto Supremo N° 21060 –como parte de las políticas macroeconómicas para superar la hiperinflación y que fue bautizada como Nueva Política Económica– ha sido subestimar la capacidad cohesionadora del boliviano de a pie, pero, sobre todo, de la transformación política en actores activos de sectores importantes de su población, como por ejemplo las mujeres y/o los inmigrantes.

No obstante, a partir del año 2000, las cosas en Bolivia comenzaron a cambiar. En abril de ese año se produjeron dos movimientos, la llamada Guerra del Agua en Cochabamba y el bloqueo campesino cuyo epicentro fue Achacachi. Estos movimientos surgieron como respuesta a la política de privatización del agua,[6] pero además pueden ser considerados como el inicio del proceso de recomposición de los actores sociales y de las articulaciones subyacentes entre sectores aparentemente diversos y dispersos; desde esa fecha y hasta 2003, Bolivia vivió un proceso sostenido de emergencia social que se plasmó en bloqueos, movilizaciones, marchas, huelgas de hambre, protestas callejeras, entre otros (Cajías de la Vega 2005: 20). Los alcances de estas protestas eran cada vez mayores, en todas y cada una de ellas, los habitantes del país pasaban

---

[5] Las trabajadoras del hogar en Bolivia viven en su mayoría en condiciones de semiesclavitud. Es un trabajo que encubre procesos dolorosos de racismo, discriminación y machismo.

[6] Sobre el tema, consúltese Philip y Panizza (2011).

por cuestionar las políticas estatales, identificando a los partidos tradicionales como los causantes directos de los problemas sociales y económicos.

En febrero de 2003, el FMI incitó al gobierno del entonces presidente Sánchez de Lozada para cobrar el impuesto al ingreso, que ante todo afectaba a la clase media asalariada. Los policías se amotinaron y, como respuesta, el gobierno ordenó la intervención militar –el resultado fue un enfrentamiento entre militares y policías–. Para octubre del mismo año, las cosas habían alcanzado un tamaño descomunal; todo empezó con el pedido de libertad para presos políticos campesinos y derivó, luego de represión militar, en protestas multitudinarias, bloqueos y huelgas de hambre masivas, así como en la renuncia y huida de un presidente. El conflicto central estaba relacionado con la exportación de gas natural de los pozos chaqueños a Estados Unidos y México, la demanda de la población al respecto era que no se podía exportar sin antes abastecer el consumo interno y se criticaban los precios tan bajos que el país conseguía por esta venta, aunque el reclamo más generalizado constituía el hecho de que dicha exportación fuera a través del suelo chileno. A mitades de mes, esta discusión derivó en el enfrentamiento entre militares y los movimientos sociales. La discusión todavía gira en torno al número exacto de víctimas, pero se sabe que fueron más de 80 los muertos y más de 400 los heridos. Los pocos alimentos que había en las calles costaban fortunas, por eso se organizaron ollas comunes y la gente custodiaba día y noche sus barrios, ante la amenaza constante de un estado de sitio. Con la renuncia del entonces presidente Sánchez de Lozada, las cosas parecían que iban a calmarse, pero Bolivia todavía estaba muy lejos de ver cumplir ese deseo. De esta forma, entre 2001 y enero de 2006 Bolivia tuvo seis jefes de Estado y finalmente, en 2006, eligió democráticamente al primer presidente indígena de la historia política del país, un hecho que representó un cambio importante en la representación política que hasta entonces se tenía en Bolivia.

Las pregunta que abordaremos a partir de aquí se refiere a cómo se llegó a este quiebre histórico, un país ejemplo de las IFI en cuanto a aplicación de reformas, un gobierno apadrinado por las potencias hegemónicas, una coyuntura que soplaba a favor del sistema capitalista, dados estos factores ¿cómo fue posible que surgiera un movimiento capaz de cuestionar el sistema imperante? Pero sobre todo ¿cómo se activa, se articula y se pone en acción este movimiento? En los siguientes párrafos intentaremos delinear posibles respuestas a estas preguntas.

Migración interna: de las tierras altas a las tierras bajas

Hemos dicho que a causa del Decreto Supremo N° 21060 cientos de familias fueron obligadas a buscar nuevos espacios de sobrevivencia, los más importantes, aunque no los únicos, fueron Santa Cruz, el Chapare, El Alto y Tarija. Para la presente publicación vamos a detenernos en un caso concreto: la migración de las tierras altas[7] a la ciudad de Tarija y tomaremos como estudio de caso la zona norte, una zona de inmigración que alberga el mercado más importante del departamento, el Mercado Campesino. Fornillo (2010) afirma que todo espacio es simbólico, pero obviamente hay lugares que anudan significaciones fundantes de una identidad. Nosotros hemos identificado este mercado, este laboratorio social, como uno de ellos.

La intensa movilización social que Bolivia ha vivido en los últimos años tiene su propio correlato en Tarija, que es el departamento más pequeño, pero no por ello, el menos importante del país. Es poco accesible y se orienta más al exterior que hacia Bolivia misma,[8] y concentra en su territorio la diversidad ecológica de casi todo el país (Martin inédito: 7). Esta heterogeneidad geográfica a la que hacen alusión los autores, desencadena en una suerte de heterogeneidad social que es precisamente lo que llama la atención de esta parte del territorio boliviano. Tarija vivió de manera tardía el proceso de cambio de actores políticos emprendido en Bolivia desde 2005, pero su proceso de cambio obedece, según nuestro estudio, a factores diferentes e incluso opuestos a la realidad nacional.

Durante años Tarija fue reconocida por su aparente tranquilidad, pero la conflictividad en los últimos años llegó a extremos.

> Los conflictos de transición política en el departamento de Tarija se han caracterizado por la búsqueda de hegemonía en un espacio donde se presentan dos visiones de país, la nacional y la regional; ambas buscan alcanzar la hegemonía a través de la ocupación del Gobierno departamental, esta en franca oposición a la línea del Gobierno central y aquella en alianza. Por otro lado, también está presen-

---

[7] Queremos remarcar que utilizamos la referencia de las *tierras altas* porque nos referimos a que los inmigrantes no vienen solamente de los departamentos calificados como altiplánicos: La Paz, Oruro, Potosí, sino a la ubicación geográfica en sí. Por ejemplo, el propio departamento de Tarija tiene en sus provincias regiones andinas, y las estadísticas dicen que la inmigración de éstas a la ciudad es del 12% de la migración total a Tarija (Martin inédito: 42).

[8] Tiene fronteras con Argentina y Paraguay, y la única carretera asfaltada con la que contaba hasta hace pocos años conectaba no con Bolivia sino con Argentina.

te el tema de la implementación de las autonomías en sus diferentes niveles (departamental, regional, indígena) plasmada en la actual CPE [Constitución Política del Estado], lo que posiblemente acarreará disputas por la cooptación de espacios territoriales con poder político decisorio. La división y confrontación latente entre la ciudad capital de Tarija y las provincias constituyen algunas hebras de esta compleja conflictividad en términos de relación multinivel y multiactor. Lo propio se replica en la interacción entre el Gobierno departamental de Tarija y el Gobierno nacional. En ambos niveles se denota una pugna de poder, desde la capital hacia las provincias, y desde lo departamental hacia el nacional. Cabe resaltar que el enclave de mayor representación y afinidad con el nivel gubernamental se encuentra en las provincias del departamento, con mayor visibilidad en la región del Chaco (PADEP/GTZ 2010, 28).

No cabe duda de que el tejido social actual de Tarija, como el de muchas ciudades latinoamericanas, es producto de las divisiones coloniales que produjeron órdenes espaciales y dieron el cimiento para la construcción de un imaginario de la sociedad que se pretendía. El censo de 2001,[9] dice que el 80% de la población de Tarija se autoidentifica como *no indígena* y que el 37% se autodefine como *chapacos o chaqueños*.[10] Aprovechamos el momento para aclarar que somos bastante cuidadosos en el uso de la expresión "grupos étnicos" al referirnos a éstos, porque pensamos que tanto *lo tarijeño* como *lo chapaco* son, ante todo, construcciones identitarias que no corresponden con las teorías sobre etnia y/o etnicidad; son más, como veremos más adelante, construcciones políticamente manipulables que en algún momento incluso trastocaron el término de raza.

La inmigración de las tierras altas a Tarija nunca fue bien vista por instituciones como el Comité Cívico o la élite del departamento; fue a los inmigrantes a quienes se les culpó de la pobreza, la suciedad o las protestas de la ciudad. Sin embargo, advertimos que cuando hablamos de la inmigración de las tierras altas a Tarija nos referimos a un tipo *sui generis* de migración, por un lado se trata de una migración de ciudad a ciudad —en el caso de los ex mineros por ejemplo– que no se dirige a un lugar más urbana, sino a un bastante retrasado en relación al que dejan. Recordemos que por entonces, en los años ochenta, todavía no se habían descubierto los pozos gasíferos que han

---

[9] Nos hemos visto impedidos de utilizar los datos del censo 2012 porque hasta el momento de la publicación de este artículo los datos todavía no han sido presentados oficialmente.

[10] Estas categorías, no fueron contemplada en el censo de 2001; para más referencias, véase Vacaflor y Lizárraga (2007).

convertido a Tarija actualmente en una de las ciudades con mayores ingresos por los impuestos a los hidrocarburos. Tarija era por aquellos años una ciudad pequeña, con una élite feudal que basaba su estatus en el apellido y que vivía básicamente de la agricultura.

Como en muchas de las zonas periurbanas de las ciudades latinoamericanas, en Tarija los barrios nuevos son el primer anclaje para inmigrantes que llegan a la ciudad. Lo interesante en los barrios del norte de Tarija es que, aunque el origen étnico indígena de sus actores (aymara y/o quechua en su mayoría) es sin duda un rasgo común, en el discurso político ellos no hacen una apelación fuerte al tema étnico, que es lo que pasa en muchos casos, por ejemplo, en la ciudad de El Alto.

La inmigración de las tierras altas es un fenómeno bastante heterogéneo y complejo, por ello la etiqueta de "inmigrante pobre e indígena" obedece más a prejuicios o simplicidades que a hechos reales. La mayoría no se autoidentifica a sí mismo como indígena, aunque su consumo cultural sí los sitúa en este lugar. La segunda e incluso una tercera generación de inmigrantes no conocen las tierras originales de sus antepasados, pero se autoidentifican como *inmigrantes*.[11] En el tema de acceso al consumo, podemos decir que hay un grupo con alto poder adquisitivo y que saliendo del molde esperado no buscan alinearse a la élite tarijeña, sino que incentivan el desarrollo de su identidad andina a través de su participación, financiación y/o patrocinio en actividades culturales andinas, como por ejemplo las fraternidades de bailes andinos en el carnaval, llámense éstos morenada, *llamerada*, *kullaguada*, etc.

En su búsqueda por un espacio de sobrevivencia, la corriente inmigratoria de las tierras altas trasladó a Tarija la organización minero-sindical y con ello la territorialidad del espacio. En este ámbito es como sí la mina, la fábrica y la comunidad rural se hubieran trasladado al barrio y ahora éste funge como lugar para hacer política (Fornillo 2009). La diferencia cultural sirve como una marca de fronteras entre dos grupos, los *tarijeños* –o quienes se consideran así– y los inmigrantes; para un grupo importante de los primeros la inmigración es percibida como la confirmación de sus temores sobre "la invasión de los *collas*",[12] y ven en esta cultura el estatismo y la regresión. De allí que la conservación lingüística y cultural de los inmigrantes sea considerada como la incapacidad para adaptarse a la sociedad receptora; por eso en

---

[11] Así lo hemos comprobado en las encuestas que realizamos en escuelas con mayoría inmigrante en la zona norte de Tarija.
[12] Es una frase que se escucha reiteradas veces incluso en los medios de comunicación.

sus imaginarios quienes no se asimilan son culpables por sí mismos de sus posiciones marginadas.

Lea Plaza (2008) plantea que un muro imaginario divide a la ciudad de Tarija en dos. El punto central de una parte es, cómo no podía ser de otra manera, un mercado: el Mercado Campesino, un lugar simbólico, un lugar que abastece y que se abastece, un lugar ocupado por vendedores, en su mayoría por mujeres inmigrantes que llegan cargadas de sus niños. En el otro punto tenemos la plaza central. Para dar una idea de la carga simbólica, o lo que es lo mismo, de lo que representa en el imaginario de quienes habitan Tarija, nos vamos a referir al hecho de que el actual presidente de Bolivia no ha dado todavía ningún discurso en la plaza, como es la costumbre, sino que más bien, como un hecho inaudito, lo ha hecho en el Mercado Campesino.

Ante la llegada de inmigrantes, en Tarija surge un discurso que tiene dos objetivos: posicionar como identidad hegemónica a lo *tarijeño* y oponer esta identidad a lo *colla*, es decir, a lo que viene de allá arriba, del norte o concretamente a los inmigrantes de las tierras altas. A fin de justificar su posicionamiento, actores políticos, miembros de la élite tradicional e incluso historiadores regionalistas redescubren, reinterpretan y resignifican la historia de Tarija y justifican una "herencia española" que los alejaría del carácter indígena con el que se identifica actualmente a Bolivia. La construcción de un discurso histórico hegemónico surge y pretende institucionalizarse a partir del Comité Cívico, también autodenominado "casa moral de los tarijeños". Recordemos que los Comités Cívicos en Bolivia llegan –entre los años 2006 y 2009– a representar la verdadera oposición al partido oficialista, a través de lo que se denominó "la media luna", planteando en sus versiones más extremas el separatismo como amenaza.

El septiembre negro de Tarija

No cabe duda que septiembre de 2008 quedará en la memoria de todos quienes estuvieron en ese entonces en la alguna vez llamada "apacible Tarija". Fue entonces cuando Tarija vivió uno de sus momentos más álgidos a causa del enfrentamiento armado entre "los de la plaza" y "los de la zona norte". Sobre la crónica del conflicto, siendo lo más escuetos posibles, diremos que éste se generó a partir del recorte impuesto por el gobierno del MAS al impuesto directo por hidrocarburos (IDH), al que hasta entonces tenía acceso directo el departamento de Tarija. Sin embargo, este conflicto ponía en escena un enfrentamiento político mucho mayor, que tenía relación con el hecho de cambiar la forma administrativa centralista por una autonomista, que era lo que los Comités Cívicos de Santa Cruz, Beni, Pando y Tarija –o como entonces se dieron en llamarse, "la media luna", debido a la forma que toman en el mapa el conjunto territorial de estos departamentos– proponían. El conflicto creció a tal punto que amenazó con desestabilizar el marco político del país, pues los canales democráticos dejaron de ser los preferidos para el diálogo. Así, entonces, "en el transcurso de una semana la oposición se abalanzó sobre las instituciones estatales y las sedes de las empresas nacionalizadas, cortó las rutas departamentales y las que conectan a países vecinos, tomó aeropuertos y vías férreas, ocupó campos gasíferos, amedrentó a los opositores regionales y se trenzó abiertamente con la policía y el ejército" (Fornillo 2009: 47).

Por aquel entonces el Comité Cívico había pasado a controlar casi todas las instituciones públicas de la ciudad, excepto las que estaban en la zona norte, siendo la más representativa, como ya lo mencionamos, el Mercado Campesino. Allí habían quedado un grupo de opositores al Comité Cívico –léase, sobre todo, inmigrantes de las tierras altas, campesinos y seguidores del partido en el gobierno nacional– en realizar una especie de cabildo para pedir el cese del bloqueo que les reportaba inmensas pérdidas. La fecha prevista para el evento era el 10 de septiembre, pero aquel día, miembros y seguidores del Comité Cívico se dirigieron al Mercado Campesino a fin de evitar la manifestación. Allí los esperaban ya reunidos "los de la zona norte". Fue así como aquel fatídico día las tensiones que habían estado fraguándose durante los últimos años, la idea de las dos Tarijas diferentes y confrontadas, llegaron a su punto culminante. Se vivieron horas de enfrentamiento entre ambos grupos. El saldo fue de varios heridos y una sociedad que tardaría mucho tiempo en recuperarse de aquel conflicto.

El discurso generado por la élite, representado en el Comité Cívico, la universidad estatal y muchos medios de comunicación locales buscó imponer primero la noción de una agresión externa contra el departamento de Tarija, primero del Estado centralista, luego de los movimientos sociales de Occidente y, finalmente, del partido en función de gobierno, pero también buscó resaltar la homogeneidad de la identidad tarijeña, entendida ésta como el sentimiento de pertenencia construido en el imaginario colectivo del habitante del departamento de Tarija que lo diferencia y lo contrapone a la identidad de otros departamentos de Bolivia, sobre todo, a la de los *collas*, que es como se identifica a los habitantes que provienen de los departamentos altiplánicos como La Paz, Oruro o Potosí.

Es en medio de esta confrontación donde los inmigrantes encontraron una interesante estrategia: las alianzas, y esta vez con los propios tarijeños, sobre todo con los inmigrantes campesinos del departamento y con las clases subalternas. Para ello anteponen el concepto de clase al tema étnico. Un ejemplo concreto de la puesta en escena de estas alianzas se dio precisamente en septiembre de 2008.

La zona norte de Tarija es habitada en su mayoría por inmigrantes. Muchos vienen de los campamentos mineros del altiplano; otros, del campo chuquisaqueño, pero también hay inmigrantes campesinos del departamento de Tarija. La alianza entonces se produjo entre un grupo étnicamente heterogéneo, pero con historias de exclusión bastante similares y es ahí donde se produce una alianza entre los llamados *collas*, los campesinos del propio departamento de Tarija y las clases subalternas. El mensaje que en esos momentos se transmite es que no son sólo los inmigrantes de las tierras altas los excluidos del proceso de construcción política, sino que son los propios tarijeños campesinos y pertenecientes a las clases subalternas los que están excluidos. Dicho discurso –como todo discurso– genera procesos de identificación proponiendo elementos en común entre diferentes grupos sociales y postulando un eje constitutivo cohesivo. Es esta alianza lo que les permite más tarde una incursión política importante a partir de la interpelación a las élites dominantes del momento. Por eso, la generación de un discurso integrador estimula a que sean los propios tarijeños –campesinos y clases subalternas– quienes interpelen a entes como el Comité Cívico, que hasta entonces se habían atribuido para sí el poder de la definición sobre quién, qué y cómo se construía lo tarijeño, y a partir de ello interpelan sobre los concepto de identidad y ciudadanía.

A partir del enfrentamiento, actores como los inmigrantes o los campesinos conquistan un protagonismo desconocido en la hegemonía política local, llegando incluso a proponer una asociación ciudadana, nacida desde la junta de vecinos del emblemático barrio de inmigrantes Luis Espinal. Las acciones que lograron este cambio político que viene por parte de los inmigrantes pasan, o mejor dicho empiezan, por hechos que pueden parecer tan cotidianos como las protestas que exigen servicios básicos, la apertura de calles, la instalación de postas de salud, etc. y sin embargo encubren una puesta en escena compleja, porque esos reclamos encierran un discurso que interpela el orden de las cosas y que exige ser tomado en cuenta.

Este nuevo bloque de poder, emergido de la alianza antes expuesta, es sin duda uno de los apoyos más importantes con que cuenta el actual partido de gobierno en Tarija. En las elecciones electorales tanto presidenciales como de alcaldía y gobernación, el MAS ha ganado de forma abrumadora en la zona norte, aunque hay que mencionar también el hecho de que ni en las elecciones a la alcaldía ni en las de gobernación el MAS ha ganado todavía. Es cierto que hoy Tarija tiene como gobernador a un inmigrante de las tierras altas, un hecho inaudito para un departamento donde hasta hace poco el poder político había estado concentrado en unas cuantas familias de la élite local, pero que además marca la entrada de nuevos actores hasta entonces excluidos de la esfera de decisiones políticas. El gobernador actual es partidario del MAS, pero ocupa su puesto interina y fortuitamente debido al agujero legal e institucional que provocó la huida del ex gobernador Mario Cossío. Habrá que ver que pasará en las elecciones a la gobernación que se llevará a cabo en el año 2015. Mientras tanto, podemos adelantar que tanto los partidos políticos como las asociaciones ciudadanas más importantes del departamento han volcado su mirada a los sectores y territorios identificados con la inmigración.

Las migraciones internas en las transformaciones del armazón político nacional

No cabe duda de que mucho de lo que se ha hecho en cuanto a inclusión de actores en la participación política nacional viene precisamente de las zonas de colonización y, por tanto, de zonas de inmigración. Así, como Rivera (2010) subraya, no es casualidad que importantes líderes sindicales e incluso la posibilidad de un presidente indígena no salgan de uno de los departamentos del altiplano, sino de zonas de colonización o inmigración, porque es allí donde los inmigrantes toman conciencia de su situación como actores políticos, que es lo que precisamente aconteció en la zona norte de Tarija. Allá los inmigrantes, como los mineros relocalizados, transportan su memoria sindical y los movimientos sociales se multiplican por cientos, dando lugar a los hechos de principio del presente siglo que, como ya explicamos, le dieron un viraje a la forma de hacer política en Bolivia. Con estos argumentos es como proponemos leer la migración interna boliviana como una alternativa de reivindicación política en la diversidad y la heterogeneidad de sus habitantes.

Con la experiencia de las alianzas que los inmigrantes de las tierras altas hacen en Tarija, podemos afirmar que los inmigrantes pueden ser una alternativa a la disputa étnica en Bolivia. Ellos se dan cuenta de que no vale la pena centrarse en el tema étnico; lo usan, eso es claro, pero como variable transversal. Ellos se autoidentifican y defienden ante todo por su condición de inmigrantes y esto les permite hacer alianzas estratégicas.

En Bolivia, el migrante interno mantiene una relación fuerte entre su lugar de origen y el de destino. De esta forma se convierte en portador de memorias, genealogías, creencias, lenguajes y formas de vida, pero lo más importante, de información, y lleva esta información a comunidades donde muchas veces no llega ni la luz eléctrica ni los periódicos con informaciones sobre la situación actual del país. Así los flujos de información política se vuelven dinámicos. Sólo de esta forma fue posible el ciclo de protesta que Bolivia vivió a partir del año 2000 y que permitió poner a cientos de indígenas en la palestra política. Fue la migración interna la que hizo que cientos de damnificados por el Decreto Supremo Nº 21060 pudieran trasladar su memoria sindical a lugares como Tarija o Santa Cruz.

Para terminar diremos, siguiendo a Pereira (2005: 3), que si Bolivia subsiste como idea colectiva, como territorialidad poblada, como imaginación compartida es, sin duda, por sus migraciones. El tema de la etnización de la política y/o politización de lo étnico ha llevado al país a un nuevo debate, el de las identidades. Tratadas éstas como elementos de reconocimiento colectivo, son usadas, recicladas, ajustadas según el propósito, pudiendo ser de liderazgo regional, sindical, indígena o político. El viraje político al que el país ha sido sometido a partir de la incursión de nuevos actores políticos ha provocado también que las identidades entren, de pleno, en el escenario de los cálculos políticos como parte de múltiples estrategias que confluyen en la configuración del Estado. En ese sentido, mientras el discurso político actual insiste en presentar a las identidades como *encerradas* en 36 pueblos indígenas, las migraciones en cambio muestran un país cuya vitalidad es la de la diversidad cultural.

Bibliografía

Cajías de la Vega, María. "Articulaciones ideológico culturales en los movimientos sociales bolivianos: El poder de la memoria". *Barataria*, año 1, nº 1 (2004): 18-28.
CEPAL. *Equidad, desarrollo y ciudadanía*, <http: //www.cepal.org> (01.04.2014) 2000.

CONDARCO Ramiro y John MURRA. *La teoría de la complementariedad vertical ecosimbiótica.* La Paz: Hisbol 1987.
FORNILLO, Bruno. "Geopolítica boliviana y articulación plebeya. Ponencia". *Memorias XXVII Congreso ALAS.* Facultad de Ciencias Sociales de la Universidad de Buenos Aires 2009.
— "Zona Liberada. El barrio autogestionado Luis Espinal, en la ciudad boliviana de Tarija". *Ensemble,* revista electrónica, <http://docsfiles.com/ pdf_bruno_fornillo.html> (15.06.2013).
GALINDO, María. "Las exiliadas del Neoliberalismo. Ponencia". *Dinámicas de las migraciones transnacionales de los países andinos a Europa y Estados Unidos. Causas y efectos socioeconómicos y espaciales.* La Paz: IFEA/PIEB 2007.
GARCÍA LINERA, Álvaro. *Vom Rand ins Zentrum. Die Neugestaltung von Staat und Gesellschaft in Bolivien.* Zürich: Rotpunktverlag 2012.
HINOJOSA, Alfonso. *Buscando la vida. Familias bolivianas transnacionales en España.* La Paz: CLACSO/Fundación PIEB 2009.
KOHL, Benjamin y Linda FARTHING. *El bumerán boliviano.* La Paz: Plural 2007.
LEA PLAZA, Sergio, Ximena VARGAS y Adriana PAZ. *Tarija en los imaginarios urbanos.* La Paz: PIEB 2003.
MARTIN, Ceydric. *Las nuevas dinámicas territoriales bolivianas. Emergencia del Sur fronterizo.* Inédito 2013.
PADEP/GTZ. *Análisis de conflictividad y potenciales de paz del departamento de Tarija-Bolivia.* (Cuaderno Nº 5, Componente 3: Transformación Constructiva de Conflictos). La Paz: GTZ 2010.
PEREIRA, Rene. "El país de las migraciones". *Temas de Debate* nº 3, año, 3 (2005): 1-4.
RIVERA, Silvia. *Ch'ixinakax Utxiwa. Una reflexión sobre prácticas y discursos descolonizadores.* Buenos Aires: Tinta Limón 2010.
SÁNDOR, S. John. *Bolivia's Radical Tradition: Permanent Revolution in the Andes.* Tucson: University of Arizona Press 2010.
UNESCO: *La erradicación de la pobreza: implicaciones de la cooperación para el desarrollo,* <www.unesco.org> (20.07.2013) 2001.
VACAFLORES, Carlos y Pilar LIZÁRRAGA. *Cambio y poder en Tarija. La emergencia de la lucha campesina.* La Paz: Plural 2007.

(Re)etnización y desetnización de los *nikkei* en América Latina y Japón: entre las fronteras de la "pureza" y el "mestizaje"[1]

Dahil M. Melgar Tísoc

En el presente trabajo se abordará cómo la construcción discursiva de la presunta *pureza* étnica japonesa ha incidido en las representaciones y denominaciones étnicas de los descendientes de japoneses nacidos en América Latina (a quienes también me referiré como *nikkei*). Para ello, me centraré en tres procesos de etnización, reetnización y desetnización por los cuales han atravesado los nipodescendientes de origen latinoamericano. El primero, a través de las organizaciones nacionales y continentales que apuestan a una articulación *pannikkeísta*; el segundo, producto de la política migratoria japonesa centrada en el retorno de descendientes de ultramar, la cual favorecería a una reetnización como estrategia migratoria; y, finalmente, la paradójica desetnización de los *nikkei* en la tierra de sus ancestros, donde la exclusión cotidiana y una lectura negativa sobre su mestizaje los alejaría de Japón para aproximarlos a América Latina.

---

[1] La información del presente capítulo se base en dos investigaciones etnográficas que he llevado a cabo, la primera sobre los nipomexicanos y las organizaciones de *nikkei* latinoamericanos (Melgar 2009: 2011) y la segunda centrada en la migración de nipoperuanos a Japón (Melgar 2014). Por tanto, la información empírica de estos dos casos se entrecruza con la revisión bibliográfica de trabajos sobre nipodescendientes de otras nacionalidades en América Latina y Japón. Asimismo, una versión preliminar de este texto se presentó en el 4º Congreso Internacional de la Red de Investigación sobre América Latina, en la ciudad de Guadalajara, México, del 4-6 de septiembre de 2013. Quisiera agradecer la invitación de la Dra. Sarah Albiez-Wieck a participar como ponente del congreso de la Red, así como al Dr. Santiago Bastos y al Dr. Pablo Mateos por sus comentarios al borrador de este texto

Categorías de clasificación y medición de la pureza étnica

Construir una ideología nacional en base a la unicidad cultural y la homogeneidad étnica no es una característica exclusiva de Japón, en tanto que forma parte de la retórica fundante de muchos otros Estados nación. La diferencia entre ellas y Japón está en que este relato continua vigente en el presente, mientras que otros Estados lo han abandonado o matizado ante la revitalización étnica de algunas de sus minorías y el respaldo legal que ellas han encontrado en marcos jurídicos internacionales. Al mismo tiempo, mientras otros regímenes han intentado construir lo homogéneo allí donde no existe por medio de políticas de asimilación lenta o forzada, limpieza étnica o desplazamientos; en Japón, la homogeneidad se considera una característica primigenia. Según la retórica oficial, se trata de una nación ajena a la diversidad étnica y el mestizaje desde su prístina existencia. Para demostrar esta unicidad, existen estudios culturales y científicos (genéricamente denominados *nihonjinron*) que intentan validar la continuidad del pueblo japonés como grupo unitario, desde tiempos inmemoriales, hasta el presente (Befu 2001). Esta construcción ideológica se centra en tres elementos: su simbología territorial como país-isla, la cual sugiere aislamiento y desconexión (Ortiz 2003) y, por tanto, un mayor margen de control ante posibles migraciones extranjeras. El segundo polo refiere al periodo de clausura de Japón al contacto con el extranjero (entre 1638-1853),[2] cuando Japón procuró resguardarse del avance militar y cultural de Occidente sobre Asia. Como tercer factor se encuentra la percepción del único grupo indígena japonés, los ainu, como una minoría social y económica, y no como un grupo étnico. Bajo esta perspectiva, los ainu son un "museo viviente" que permite apreciar hoy en día cómo era el Japón del pasado, antes de la civilización. Estas cuatro coordenadas apuntan a señalar el valor-símbolo de la unicidad de la nación japonesa centrada en la homogeneidad étnica, donde el mestizaje representa un elemento de corrosión, no en términos de "contagio", sino de pérdida de la "pureza" del *ser japonés*. Por tanto, el proyecto de nación se centró en construir una ideología de la homogeneidad ligada a la *pureza*; en contraste con América Latina, donde la idea de nación se basó en el deseo de alcanzar cierta homogeneidad mediante el mestizaje. A su vez, inspirándose en teorías raciales europeas, el ideario nacional japonés retomó la noción de un *Volk* (pueblo) orgánico (Morris 1997: 35), el cual conjunta aspectos biológi-

---

[2] Con excepción de un tenue vínculo con Corea, China y Holanda.

cos y culturales bajo el concepto de *minzoku* (pueblo japonés), donde además se subraya que los japoneses comparten un "carácter nacional" que resalta el corporativismo como una característica opuesta al individualismo occidental.

Esta valorización positiva de la homogeneidad explica por qué, desde inicios de las migraciones japonesas a América Latina –a finales del siglo XIX– y aún hoy en día, la endogamia es una práctica apreciada entre las familias de japoneses migrados y de *nikkei*. Sin embargo, cuanto más alejados están los descendientes de la migración originaria de sus antepasados (de Japón a América), más propensos son de conciliar enlaces exogámicos, sin que ello implique que estas uniones cuenten con la aprobación familiar. Relatos sobre la expulsión temporal o permanente de la familia, el hostigamiento al cónyuge no *nikkei*, o bien, la referencia a los descendientes mestizos bajo categorías biologizantes como *ainoko*[3] (mestizo), *injerto*[4] o *dojin* (nativo o primitivo)[5] son recurrentes. Además, existen otras denominaciones –de hechura más contemporánea– que especifican si los mestizos poseen una "mitad de sangre" (*hafu*) o sólo un cuarto de ella (*quota*); es decir, si son producto de un solo mestizaje o de dos.[6] Paralelamente, tanto los *nikkei* mestizos como los no mestizos comparten clasificaciones correspondientes a su grado de descendencia, donde *nisei, sansei, gosei* y *yonsei* nombran respectivamente a la segunda, tercera, cuarta y quinta generación.[7] No obstante, se utiliza la palabra *nikkei* para denominar a los nipodescendientes en general, mientras que *nikkeijin* es la categoría estatal para nombrarlos.

El grado de descendencia adquiere un valor traducible en potenciales alianzas matrimoniales, dado que existe un interés por conciliar enlaces con descendientes de generaciones más recientes a la propia, ello tiene el propósito de que los/as hijos/as de esta unión asciendan en la escala de descendencia asentada en el registro familiar (*koseki*). Por tanto, si un progenitor *nisei* (segunda generación) y uno *yonsei* (quinta generación) procrean un hijo/a, esté/a puede ser registrado/a como *sansei* (tercera generación). Esta posibilidad de reposicionamiento no solamente implica un valor simbólico en sí mismo, sino

---

[3] La palabra *ainoko* es una forma peyorativa de llamar a los descendientes mestizos.
[4] De uso frecuente entre los nipoperuanos.
[5] Si bien *dojin* se utilizó principalmente para referir a la población indígena, en ocasiones, algunos descendientes mestizos han sido llamados *dojin* por japoneses o descendientes no mestizos.
[6] Tanto *hafu* como *quota* son anglicismos que refieren a las palabras *half* (mitad) y *quarter* (cuarto).
[7] Aunque en términos de descendencia realmente corresponderían de la primera a la cuarta generación, en los estudios migratorios se cuenta al migrante como la primera generación que marca el punto de partida en el conteo.

que también se traduce en otras formas de valor y capital; entre ellas, el derecho de participación en las organizaciones de descendientes y sus potenciales redes sociales de amortiguamiento social y económico. Igualmente conceden acceso a becas y puestos de trabajo para descendientes y la posibilidad de migrar a Japón mediante la visa de consanguineidad, elementos todos ellos que abordaré más adelante.

Fig. 1 *Akimatsuri* (festival de otoño), México, D.F., 2010.
Fuente: archivo propio.

Haber introducido este sistema *emic* de clasificación étnica permite aprehender cómo la creación de conjuntos basados en la similitud, las diferencias y sus gradientes intermedios marcan órdenes de valor y jerarquía, los cuales, a su vez, delinean parámetros de inclusión, exclusión y desigualdad. Debido a que los sistemas de "clasificación [...] reproduce[n] la clasificación de la sociedad" (Vera 2002: 109). Y una vez introducido este escenario, se vuelve pertinente definir el sentido de etnicidad con el cual trabajaré en este artículo.

La etnicidad en perspectiva

Más allá de las diferencias interpretativas sobre el concepto de etnicidad, hay dos características consensuadas: su referencia a un principio de diferencia y similitud que distinguen a un grupo de otro. Ahora bien, la problemática radica en quién define los límites y sentidos de estas semejanzas y diferencias, dado que no necesariamente deben existir divergencias tangibles para que grupos humanos en interacción se piensen como diferentes, ya que los rasgos que son tomados en cuenta no son la suma de desemejanzas "objetivas", sino aquellas consideradas significativas (Barth 1976: 15).

Es así como se distinguen dos ejes de *emblemas de diferencia*. El primero, perceptible a los sentidos (por ejemplo, vestimenta, vivienda, lenguaje u organización social), mientras que el segundo se relaciona con los valores y comportamientos que se piensan como étnicos, bajo el supuesto de que "pertenecer a una categoría étnica, implica ser cierta clase de persona [...] con derecho a juzgar y ser juzgado de acuerdo con normas pertinentes para tal identidad" (Barth 1976: 16, 34). Por tanto, la etnicidad "combina un aspecto organizativo que da forma a los de grupos sociales y regula su interacción con un aspecto semántico-simbólico que delinea criterios de identidad y pertenencia (Antweiler 1994 en Dietz 1999: 82-83). A su vez, este principio subraya una potencialidad de revitalización o debilitamiento de las fronteras de pertenencia y exclusión étnica, dado que en coyunturas sociales, económicas o históricas, éstas pueden desvanecerse, reforzarse o transformarse.

Asimismo, las relaciones interétnicas invitan a pensar su relación con la racialización, la clase y la pertenencia nacional; por ejemplo, los marcadores de pertenencia étnica en ocasiones se piensan en términos biológicos, como puede ser el color de la piel, la textura del cabello o los rasgos faciales; adquiriendo una connotación racializada. Aun cuando no existen grupos humanos ajenos al contacto y al mestizaje, no por ello los procesos de racialización dejan de tener incidencia social. Además, situar la etnicidad en términos nacionales facilita aprehender su carácter "como mecanismo de inclusión y exclusión de grupos sociales [...] [en el] proceso de formación de [los] Estado[s]-nación" (Dietz 1999: 88) y el papel de los Estados en la administración de la diversidad étnica (Eriksen 2002). Un tercer punto remarca cómo las nacionalidades son etnizadas (Yinger 1986: 22-23). Por ejemplo, las diferencias entre chinos e hindúes dentro de sus respectivos países son diferencias nacionales, pero cuando grupos de inmigrantes chinos e hindúes interactúan en otros países, son pensados como grupos étnicos (Cohen 1974 en Cardoso 2007: 151).

El tercer punto de intersección se vincula al concepto de clase social, en vista de que la etnicidad no sólo contiene categorías de diferencia e identidad (fronteras), también construye posiciones sociales (jerarquías) (Anthias 2007: 41); es decir, marca una incorporación asimétrica de los grupos étnicos a la estructura social y económica (Comaroff y Comaroff 2006: 118).

Una vez delineada la primera parte de este artículo, procederé a hilvanar el contexto general de las migraciones japonesas hacia América Latina, a fin de vincular su relación con el proyecto de Estado nación japonés.

El éxodo migratorio de japoneses

El inicio de las migraciones japonesas al mundo –incluida América Latina– se enmarcan en el proceso de construcción de Japón como Estado nación, en el periodo conocido como Era Meiji (1868-1912), cuando Japón atravesó un rápido periodo de modernización e industrialización, sumado a la emergencia de un aparato estatal burocrático e institucional en materia educativa, jurídica y financiera, así como de reestructuración de sus fuerzas militares y navales a imagen y semejanza de Occidente. Esta época daba fin al feudalismo japonés y a los dos siglos de autoaislamiento de Japón del mundo (1635-1853), clausura que hasta ese momento le había permitido resguardarse de los avances militares, culturales y religiosos de Occidente sobre Asia. Este cierre llegaría a su fin cuando, en 1854, las fuerzas navales de Estados Unidos, comandadas por el comodoro Matthew Perry, se acercaron a las costas japonesas con una consigna clara: abrir las fronteras japonesas al comercio internacional; de

Japón dependía si la apertura sería pacífica o impuesta por las armas. El país se inclinó por la primera opción. Finalizada la etapa de clausura, se siguió el proyecto estatal de construir un "Japón moderno, capaz de rivalizar con Occidente" (Ortiz 2003).

Pero los cambios suscitados en la era Meiji no sólo involucraron un modelo ideológico de nación y de Estado, también ocasionaron cambios económicos, entre ellos, la implementación en 1872 de una reforma agraria que desencadenaría distintas migraciones. Se pasó de un régimen de tenencia colectivo y recaudación de impuestos tasados colectivamente en especie (arroz), a una cotización sobre el valor de la propiedad individual que debía ser liquidada en capital económico. Esta transformación afectó a muchas familias de agricultores al no contemplar las fluctuaciones en los precios de las cosechas o los vaivenes en la productividad. Tan sólo a mediados de 1880, el 10% de los agricultores independientes perdió sus tierras al ser incapaz de pagar los elevados impuestos. Mientras que para 1895, 108.000 granjas quebraron y 40.000 campesinos perdieron sus medios de vida y subsistencia (Masterson y Funada 2004: 8). Ante este escenario, se dibujaron tres caminos: la proletarización, las migraciones estacionales internas en busca de trabajos eventuales y las internacionales de duración variable. En este marco, los desplazamientos al extranjero comenzaron a ser incentivados por compañías estatales de inmigración y, posteriormente, por empresas privadas de enganchadores con subsidio estatal, llegando a existir 50 de ellas en 1908 (Masterson y Funada 2004: 16). De esta forma se definió una particularidad de las migraciones japonesas: su financiamiento y administración estatal, al ser el Estado japonés quien las promovía, organizaba y financiaba. Tan sólo entre 1899 y 1908 se desplazarían 155.772 japoneses hacia Canadá y Estados Unidos y 18.203 hacia América Latina (Masterson y Funada 2004: 11).

LA REORIENTACIÓN MIGRATORIA HACIA AMÉRICA LATINA

Al iniciarse las migraciones japonesas al extranjero, América Latina no parecía un destino atractivo ni para los migrantes ni para el gobierno japonés. Ambos estaban más interesados en Estados Unidos, debido a su perfil económico y a su creciente poder político. América Latina comenzaría a emerger como destino deseable tras firmarse el "Pacto de Caballeros" (1908) entre Japón y Estados Unidos. Éste restringía las migraciones a japoneses altamente cualificados o por reunificación familiar. Sin embargo, a este pacto lo precedieron las ligas antijaponesas formadas en California a inicios de 1900 y la prohibición en 1908 de que los japoneses asentados en Hawái, reemigraran a territorio continental de Estados Unidos. En ese mismo año, Canadá firmaría un acuerdo similar al Pacto de Caballeros conocido como Hayashi-Lemiuex (Azuma 2008). Estas limitaciones de la América anglosajona incrementarían los desplazamientos hacia América Latina. Perú fue, en 1889, el primer país en recibir migrantes japoneses (Fukumoto 1997), seguido de México en 1897 (Ota 1997), Chile en 1903, Panamá en 1904 (Masteron y Funada 2004), Argentina (Laumonier 2004) y Brasil en 1908 (Sakurai 2004), Bolivia en 1899 (Amemiya 2004), Cuba en 1916 (Masterson y Funada 2004), Colombia en 1929 (Díaz 2011) y Paraguay en 1936 (Kasamatsu 2004).[8] Sin embargo, con excepción de Brasil, Perú, México y Panamá, la mayoría de los desplazamientos de japoneses hacia América Latina fueron producto de la migración transregional. Es así cómo, entre 1899 y 1941, 244.536 japoneses emigraron de Japón hacia la región y de este total, el 97% se dirigió a Brasil, Perú o México (Kunimoto 1994: 113).

A su vez, en estos tránsitos poblaciones convergieron el proyecto de Estado japonés con los proyectos estatales en América Latina, tanto a nivel económico-productivo como de política demográfica (principalmente en el caso brasileño, peruano y mexicano). Los japoneses inmigrados ayudaron a abastecer laboralmente industrias extractivas estratégicas como la minería, la producción algodonera, azucarera y la extracción de caucho, entre otras, todas ellas afectadas por la manumisión de afrodescendientes (a lo largo del siglo XIX y que varió de un país a otro), la mortandad indígena a consecuencia de la explotación, el hambre y el genocidio, y la prohibición en 1854 del envío de braceros chinos (*coolies*) hacia Cuba y Perú dada la brutalidad con la que fueron tratados. Asimismo, fracasaron los intentos de atraer inmigrantes laborales europeos bajo una política racial de "blanqueamiento" y de incorporación laboral (Fukumoto 1997; Masterson y Funada 2004). Es por ello que los gobiernos latinoamericanos voltearon a mirar a Japón. No hubo ánimo de política de mestizaje, pues los japoneses no gozaban de una buena ubicación social o simbólica dentro del mosaico racial latinoamericano, pero sí se consideró que podían ocupar las vacantes productivas necesarias para impulsar

---

[8] Esta cronología toma como hito de partida el primer ingreso colectivo de migrantes japoneses, directamente desde Japón o producto de la transmigración regional, por tanto, no contempla la presencia aislada de algún ciudadano japonés previa a estos ingresos grupales.

los proyectos de desarrollo nacional. De esta forma, las migraciones japonesas también respondieron a los proyectos de Estado en América Latina.

Estos ingresos continuaron hasta inicios de la década de 1940, cuando se vieron interrumpidos a consecuencia de la ofensiva continental contra los países del Eje (Alemania, Italia y Japón) en el marco de la Segunda Guerra Mundial. A nivel regional, trece países –Bolivia, Colombia, Costa Rica, República Dominicana, Ecuador, Salvador, Guatemala, Haití , Honduras, Nicaragua, Panamá, Perú (Kunimoto 1994: 121-122) y México– acataron medidas de restricción en contra de los japoneses y sus descendientes. Éstas variaron desde la confiscación de capitales y propiedades, el encarcelamiento o la reubicación geográfica, al envío a campos de internamiento en Estados Unidos (particularmente en el caso peruano). Al término de la guerra, y tras la firma del Tratado de Paz de San Francisco (1951), Estados Unidos izaría la bandera blanca, dando pie a que el resto del continente firmara sus respectivos decretos con Japón. Finalmente, a mediados de 1950, se restablecerían las relaciones entre Japón y América Latina, reanudándose las migraciones principalmente hacia Brasil, Paraguay, Argentina y Bolivia. No obstante, su número iría disminuyendo y, entre 1952 y 1988, únicamente ingresarían a la región 13.491 japoneses (Kunimoto 1994:_122-124).

Posteriormente, entre finales de 1970 y 1980, Japón alcanzaría una bonanza económica y productiva, y en 1975, su incorporación al entonces G-7, lo que redefinió su papel en América Latina: pasó de ser un país exportador de migrantes a un inversor capaz de ofrecer préstamos a los gobiernos latinoamericanos en creciente crisis y en incremento constante de su deuda pública. De esta forma, se establecieron las bases para tratados trilaterales entre Japón, América Latina y Estados Unidos, en los que Japón ofrecía un contrapeso a la dependencia financiera y comercial de la región con el poderoso vecino del norte (Stallings y Székely 1994; Matsushita 1994). Así, Japón alcanzó –casi un siglo después– uno de los objetivos principales de la Era Meiji: la construcción de un país moderno no sólo capaz de alcanzar a Occidente, sino de rivalizar con él (Ortiz 2003: 100).

Con el objetivo de implementar las agendas de desarrollo, expansión comercial, industrial, diplomática y de cooperación se requería, además de inversiones financieras, el traslado de personal japonés que las impulsara y diera seguimiento. Sin embargo, su llegada suscitaría cambios en la representación étnica de los nipodescendientes latinoamericanos, pero también generaría las bases materiales para su articulación continental.

De la impureza del mestizaje a la mestizofília

Este desplazamiento en relación al mestizaje tuvo lugar desde la década de 1960, pero enfáticamente a partir de 1980, tras el establecimiento de filiales y subsidiarias industriales japonesas en países latinoamericanos con población *nikkei*. A ellas se sumarían instituciones japonesas de cooperación y desarrollo económico, tecnológico, científico y cultural como Fundación Japón, JETRO (Japan External Trade Organization) y JICA (Japan International Cooperation Agency), entre otras. En conjunto, estos nodos industriales e institucionales recapitalizaron las organizaciones de migrantes japoneses y sus descendientes. También abrirían un mercado laboral en el cual se les invitaba a trabajar como intermediarios culturales y lingüísticos entre los trabajadores japoneses comisionados en el extranjero (*kaigai chūzai in*) y una base de trabajadores latinoamericanos sin ascendencia japonesa. Los *kaigai chūzai in* entraron en contacto con una diversa gama generacional de nipodescendientes, pero particularmente con los de segunda y tercera generación, al ser los más próximos a las asociaciones y enclaves japoneses. No obstante, en los distintos espacios de interacción entre el personal japonés circulante y los *nikkei*, se reforzarían fronteras étnicas y económicas de exclusión al evaluarse negativamente la "latinoamericanización" de los nipodescendientes, es decir, la pérdida de rasgos culturales japoneses y su mestizaje biológico.

No obstante, más allá del endurecimiento de las fronteras, se generó un efecto positivo: los nodos industriales e institucionales japoneses en América Latina construyeron un corredor de circulación de personal, información y capital económico que favoreció el contacto entre descendientes de diferentes orígenes nacionales. Sentando las bases materiales y simbólicas para imaginar una comunidad *nikkei* transfronteriza. Paulatinamente, estos contactos se transformaron en organizaciones internacionales de descendientes. Por ejemplo, en 1979, se organizó un simposio con motivo del 80º aniversario de la inmigración japonesa a Perú al cual asistirían representantes *nikkei* de Argentina, Brasil, Estados Unidos y México para discutir las implicaciones étnico-identitarias de ser *nikkei* en las Américas, y la necesidad de crear una organización continental (Kasamatsu 2005: 84-85). Tras esta reunión, se fundaría en 1981, en Lima, Perú, la Asociación Panamericana Nikkei (APN), compuesta por 14 países: Argentina, Bolivia, Brasil, Canadá, Chile, Colombia, Estados Unidos, México, Paraguay, Perú, República Dominicana, Uruguay, Venezuela y Japón.

De manera análoga, en ese mismo año, se llevaría a cabo la primera Convención Panamericana Nikkei (COPANI), la cual desde entonces se celebra cada dos años y tiene como objetivo, crear escenarios de discusión sobre el pasado, presente y las apuestas de futuro de los *nikkei* de las Américas. Entre los temas que se debaten destacan la historia de las migraciones japonesas y los elementos étnico-identitarios que definen a los *nikkei* y los distinguen de los japoneses y los latinoamericanos sin ascendencia japonesa; también hay un interés creciente sobre su papel de liderazgo en la región. Al respecto, es interesante leer los lemas de algunas de las plenarias, ya que sugieren esta idea de unidad *pannikkeísta* y su deseo de ser sujetos de cambio. Entre los lemas destacaré los siguientes: "Participación *nikkei* en las sociedades panamericanas" (COPANI de 1991); "Unidos sin frontera en el próximo milenio" (COPANI de 1999); "Construir nuestro futuro, recordando nuestro pasado" (COPANI de 2001); "En búsqueda de la identidad cultural *nikkei*, en el corazón de Sudamérica" (COPANI de 2003) y "Ser *nikkei* no es ser diferente, sino el que hace la diferencia" (COPANI de 2011).

Fig. 2 Cartel COPANI 2013
Fuente: <http://copani.hana.bi/about/>.

Asimismo, estas organizaciones permiten observar una "vinculación étnica que se está desarrollando transnacionalmente [y que] involucra construcciones globales de una panetnicidad, más que una etnicidad enfocada en un grupo particular dentro de un Estado nación" (Creighton 2010, 134 [trad. por la autora]). Lo cual no implica que se desestime que los contextos culturales, económicos, históricos y de política migratoria divergentes en cada país han delineado características singulares para cada enclave *nikkei*. Sin embargo, más allá de reconocerse estas diferencias, se resaltan las vivencias compartidas de ser nipodescendientes en las Américas: "Me parece sorprendente cómo existe la identidad japonesa en otros lados [...], es sorprendente encontrarte a un *nikkei* paraguayo, peruano, brasileño al que le pasa lo mismo que a ti, pero en un entorno diferente, pero latinoamericano" (fragmento de entrevista a nipomexicano, México D. F., 2008).

Cronología de las COPANI en las Américas

Año	N°. de Copani	Lugar de celebración	País
1981	I COPANI	Ciudad de México	México
1983	II COPANI	Lima	Perú
1985	III COPANI	Sao Paulo	Brasil
1987	IV COPANI	Buenos Aires	Argentina
1989	V COPANI	Los Ángeles	EE UU
1991	VI COPANI	Asunción	Paraguay
1993	VII COPANI	Vancouver	Canadá
1995	VIII COPANI	Lima	Perú
1997	IX COPANI	Ciudad de México	México
1999	X COPANI	Santiago de Chile	Chile
2001	XI COPANI	Nueva York	EE UU
2003	XII COPANI	Santa Cruz	Bolivia
2005	XIII COPANI	Vancouver	Canadá
2007	XIV COPANI	Sao Paulo	Brasil
2009	XV COPANI	Montevideo	Uruguay
2011	XVI COPANI	Cancún	México
2013	XVII COPANI	Buenos Aires	Argentina

Por lo tanto, esta articulación continental ha permitido que se generen procesos de etnogénesis o etnización no porque la categoría *nikkei* no existiera anteriormente, sino porque se la dotó de sentido reivindicativo cuando antes sólo tenía una función nominal. En este proceso, los *nikkei* –cercanos a estas asociaciones– se autorreposicionaron en el espacio discursivo no en una condición de igualdad con los japoneses, sino en condiciones de ventaja. Entre ideólogos de la mestizofilia *nikkei* se encuentra un descendiente mexicano, Carlos Kasuga, director de la compañía Yakult en México, quien es uno de los fundadores de la COPANI y realiza una labor de cabildeo entre los distintos enclaves de descendientes en América Latina. Allí ofrece conferencias en las que destaca la posición estratégica que implica "estar en medio" de dos culturas, es decir, la posibilidad de sintetizar los elementos más positivos de Japón y de América Latina. Éstos remiten a elementos esencializados de personalidad a los cuales se les imputa un origen cultural, de manera semejante a las teorías de cultura de la personalidad. Por ejemplo, se sugiere que de Japón los *nikkei* deben retomar la puntualidad, el trabajo ordenado, la perseverancia, la honorabilidad de la palabra y la acción; y de América Latina, la afectividad, la capacidad crítica de cuestionar una decisión y de ingeniar una respuesta alternativa ante un evento inesperado. Esta capacidad de síntesis se destaca como el motor que permitirá a los *nikkei* asumir un rol de liderazgo en la región.

Fig. 3 Jóvenes *nikkei* mexicanos en la procesión a la basílica de Guadalupe, México, D. F., 2004. Fuente: archivo propio.

El retorno a la tierra ancestral

De manera paralela al proceso de *etnogénesis nikkei* abordado en el apartado anterior, tiene lugar otro tránsito entre los nipodescendientes que han retornado a Japón en calidad de trabajadores temporales (*dekasegi*). La concepción de pureza étnica influiría en el diseño de la política migratoria japonesa de 1990, en la que se delineó el derecho de ingreso de extranjeros para ocupar trabajos no cualificados, pues éste se limitó únicamente a la migración de *nikkei* de ultramar. Su llegada permitiría cubrir el déficit de mano de obra en los sectores industriales y manufactureros de Japón, generado por una baja tasa de nacimientos y el desinterés de los jóvenes japoneses por incorporarse a ellos. A su vez, facilitaría el reemplazo étnico de otros extranjeros que ingresaron por medio de programas temporales de entrenamiento técnico (como chinos y coreanos) o mediante visas turísticas y que, al vencerse, permanecieron indocumentados (pakistaníes, iraníes y bangladesíes, entre otros). Bajo este contexto, se diseñó un programa de retorno para los nipodescendientes de ultramar, dado que dentro del espectro grande de trabajadores extranjeros se pensó que los *nikkei* no comprometerían el proyecto de una nación homogénea, así que su asimilación sería más sencilla. Sin embargo, bajo esta ley no todos los descendientes eran candidatos elegibles: sólo lo eran los *nikkei* de segunda (*nisei*) y tercera generación (*sansei*), así como sus cónyuges e hijos/as (cuarta generación/ *yonsei*).[9] La duración de estas visas correspondía a su nivel de consanguineidad: de tres años para los *nisei* y de un año para los *sansei*, concediéndoles eventualmente el derecho de aplicar a visas de estancia prolongada y residencia. Si bien esta política procuró el ingreso de descendientes de generaciones recientes, las autoridades migratorias no contaron con el hecho de que las estrategias matrimoniales de reposicionamiento en la escala de descendencia facilitarían el ingreso de la cuarta (*yonsei*)[10] y la quinta (*gosei*) (Melgar 2014).[11]

Un hecho a destacar es que la mayoría de los nipodescendientes que solicitaron la visa laboral de consanguineidad fueron latinoamericanos (principalmente brasileños y peruanos), pues esta reforma coincidió con una etapa sostenida de inestabilidad económica y política en la región. Sobre su com-

---

[9] Sólo en caso de ser dependientes económicos y menores de edad.

[10] Cabe recordar que los *nikkei* de cuarta generación sólo puede ingresar como acompañantes de sus progenitores, quienes son los que tienen el derecho de ingreso.

[11] La alteración documental se observó particularmente en el caso peruano.

posición nacional puede verse que, para 1985, había 1.955 brasileños y 480 peruanos; mientras que para el año 2008 la cifra había llegado a 312.582 y 59.723, respectivamente. En contraste, las demás nacionalidades de latinoamericanos no sobrepasan las 10.000 personas cada una; por ejemplo, para 1985 había 128 bolivianos, 329 argentinos y 110 paraguayos, incrementándose en 2008 a 6.527 para los primeros, 3.777 para los segundos y 2.542 para los terceros. Mientras que en 2007 había 400.000 latinoamericanos en total (cifras del Ministerio de Justicia en Higuchi 2009).

Para los *nikkei* latinoamericanos migrar a Japón ofrecía notables ventajas comparativas en relación a otros destinos internacionales, ya que les concedía una estancia migratoria legal y una remuneración económica más alta; también, en tanto la política migratoria japonesa estaba étnicamente orientada, restringía que otros migrantes extranjeros ofrecieran sus servicios a menor costo. No obstante, se generaría un efecto negativo: la construcción de nichos étnicos laborales, confinando a los *nikkei* en los márgenes económicos y sociales en Japón.

Fig. 4 Familia nipo-peruana en Tochigi, Japón, 2012.
Fuente: archivo propio.

Ser NIKKEI otra vez o la reetnización de los nipolatinoamericanos[12]

La aparente facilidad de migrar legalmente a Japón llevó a que algunos descendientes redescubrieran su ascendencia japonesa, no porque la desconocieran, sino porque *ser nikkei otra vez*, abrió para ellos nuevas posibilidades. Ellos no formaban parte de la comunidad japonesa en sus respectivos países de nacimiento, ni se autorreconocían como *nikkei*. En algunos casos, debido a que se les había negado el acceso a las asociaciones o bien ellos mismos decidieron retirarse al sufrir discriminación y rechazo debido a factores económicos o a su grado de mestizaje, dado que se requiere poseer al menos un apellido japonés y contar con cierto capital económico para contribuir a las cuotas de inscripción y a los donativos para las actividades comunitarias. Además, el sentido de mestizaje que reivindican las agrupaciones *nikkei* es más cultural que biológico. Al respecto, Milton Yinger señala que los intereses o las influencias primordiales no se encuentran equitativamente distribuidos, ya que "el énfasis de los lazos étnicos puede variar […] debido a diferentes experiencias individuales, las cuales pueden hacer que una persona abrace fervientemente su identidad étnica mientras que otra […] la retome de manera más tenue" (Yinger 1986: 27 [trad. por la autora]).

El nivel de mestizaje influiría en la aplicabilidad de las visas debido a restricciones de pertenencia generacional, así como a la posesión de "atributos corporales" y de apellido que se erigieran como factores de certificación. El escenario se complicaba en el caso de nipodescendientes que no tenían un apellido japonés, pero que estaban asentados en un registro familiar (*koseki*) como tercera generación y, por tanto, tenían derecho a migrar. Otros, debido a su mestizaje, no contaban con los "atributos físicos" que las autoridades migratorias asociaron como marcadores de autenticidad –entre ellos, el color de la piel, la fisonomía del rostro, la textura del pelo y, principalmente, los ojos rasgados– y al no poseerlos, se enfrentaron a la discriminación del personal administrativo, que intentó desacreditar su vínculo de ascendencia. Entre ellos están los *nikkei* afrodescendientes: "Cuando fui a sacar la visa para Japón no quisieron dármela, no hay ningún descendiente negro me dijeron" (fragmento de entrevista a nipoperuano afrodescendiente, ciudad de Toyokawa, prefectura de Aichi, Japón 2012).

La política migratoria japonesa no sólo llevó a que algunos nipodescendientes retomaran en un sentido estratégico sus vínculos de ascendencia. También algunos latinoamericanos sin ascendencia japonesa –principalmente de nacio-

---

[12] Aquí hago un guiño al título del libro de Luis Vázquez León (1992), *Ser indio otra vez*.

nalidad peruana– buscaron asentarse de forma legal como *nikkei* para migrar a Japón. La principal vía de migración para los latinoamericanos sin ascendencia japonesa fue el matrimonio, tanto consensuado como contractual. En este último, el vínculo matrimonial no obedecía a una relación afectiva, sino a un acuerdo económico. Sin embargo, la alianza matrimonial no convertía en *nikkei* a estos latinoamericanos, sólo facilitaba su acceso migratorio temporal, ya que la continuidad de sus visas dependían de que su conyugue *nikkei* estuviera dispuesto a renovarla. Asimismo, hubo tres estrategias de conversión de latinoamericanos en descendientes. La primera de ellas, a través de su incorporación a un linaje familiar por medio de la adopción, generalmente contractual –dado que Japón reconoce la adopción de adultos, aun si estos son de mayor edad que la persona que los adopta. El segundo camino fue la compra de apellidos japoneses, donde una familia *nikkei* registraba como miembro consanguíneo a un no descendiente; en ocasiones este último sustituía a un familiar, vivo o muerto, y en otras, se adhería como un nuevo miembro. Una tercera vía fue la compra de documentación falsa de registros familiares (*koseki*) a redes dedicadas a este negocio, las cuales, con anuencia o no de las dependencias estatales, eran legalizadas y presentadas ante las autoridades japonesas como legítimas. En ocasiones esta conversión burocrática de latinoamericanos sin ascendencia japonesa en *nikkei*, se acompañó de operaciones cosméticas para rasgar sus ojos y obtener así una apariencia "más orientalizada", adelantándose a la suspicacia que podría generar entre las autoridades migratorias su apariencia "no japonesa".

LA LATINOAMERICANIZACIÓN DE LOS *NIKKEI* MIGRANTES EN JAPÓN

El último punto que abordaré en este artículo se centra en el cambio de representación étnica de algunos *nikkei* latinoamericanos en Japón. Podría pensarse que el reencuentro de los *nikkei* con la tierra ancestral de sus antepasados los acercaría más a Japón; no obstante, se observa un proceso inverso, ya que en el país del sol naciente, los *nikkei* –sin *importar* su grado de descendencia o mestizaje– han padecido distintas condiciones de vulnerabilidad social y económica, así como violencia estructural y cotidiana. Empezando por su emplazamiento laboral, donde sin tomar en cuenta su nivel educativo o su experiencia profesional previa fueron ubicados en los trabajos menos especializados y remunerados, conocidos popularmente por las tres k: *kitani* (sucio), *kitsui* (duro/estresante) y *kiken* (peligroso). Estos trabajos suelen darse en las pequeñas y medianas fábricas industriales –principalmente automotrices y de manufactura de artefactos electrónicos y electrodomésticos– o bien, para el procesamiento y empaquetado de comida, por mencionar los más comunes. Asimismo, hasta pasada la crisis del año 2008, los descendientes no contaban con acceso generalizado a los sistemas de pensiones, seguridad médica y desempleo, aun cuando su estancia migratoria fuera legal. Por otro lado, se han enfrentado a otras formas de violencia simbólica como las restricciones de renta de vivienda a extranjeros o el hecho de que sus hijos e hijas nacidos/as en Japón no adquieren la nacionalidad de facto aun siendo hijos de *nikkei* no mestizos, es decir, cumpliendo con un requisito de continuidad de sangre. Un último punto particularmente doloroso para los *nikkei* que reivindicaban su ascendencia japonesa y movilizaban las "raíces afectivas de su etnicidad" (Epstein 2006: 95) ha sido el hecho de que en Japón no gozan de un trato preferencial, e incluso en la vida cotidiana los japoneses no se refieren a ellos como *nikkei*, sino como extranjeros a secas (*gaijin*). Esta falta de reconocimiento ha llevado a que muchos *nikkei* se distancien de Japón y se acerquen

Fig. 5 Conmemoración religiosa del Señor de los Milagros, Gunma, Japón, 2012.
Fuente: archivo propio.

más a América Latina al punto de que algunos de ellos ya no se reconocen ni siquiera como *nikkei*, sino que asumen su identidad nacional como peruanos, brasileños, argentinos, etc. En esta conversión se suelen escenificar y exagerar los estereotipos construidos sobre los latinoamericanos a través de la vestimenta, de la celebración pública de fiestas populares de sus respectivos países de nacimiento, como la procesión del Señor de los Milagros, los carnavales brasileños o danzas folclóricas, por mencionar algunas.

Entre otras investigaciones que han abordado este proceso de distanciamiento se encuentran los trabajos de Roth Hotakka (2002), Ayumi Takenaka (2005) y Takeyuki Tsuda (2003). Finalmente, la etnicidad, "lejos de ser una 'cosa' unitaria, describe tanto una serie de relaciones como una forma de conciencia" (Comaroff y Comaroff 2006: 116).

> La manera en que Japón nos ha recibido yo creo que depende del momento económico: cuando ha habido mucho trabajo, somos bien recibidos, pero cuando hay crisis no hay miramientos, si tenemos hijos nacidos en Japón, si nosotros mismos somos descendientes de japoneses, si hemos comprado casa [...] Para nosotros Japón es un país muy frío que ha querido salir adelante en base a una mano de obra que no tiene, ha utilizado a los extranjeros, y cuando hay personas que dicen [que] hay que darle gracias a Japón, yo digo que Japón no nos ha dado nada gratis, los que llegamos en los primeros años hemos sufrido mucho (fragmento de entrevista a nipoperuano, ciudad de Hamamatsu, prefectura de Shizuoka, Japón 2012).

Conclusiones

A lo largo de este a artículo he intentado destacar tres elementos: el primero de ellos, relacionado con la construcción de categorías de representación étnica y la manera en que éstas se relacionan con el poder y la legitimación de la desigualdad. Como señala Jenkins, "la etnicidad como proceso clasificatorio, incorpora siempre poder y es un ejercicio de dominación porque contribuye a la producción de las condiciones de existencia [...] del otro categorizado, [...] tanto históricamente como en la vida cotidiana" (Jenkins 1986: 157 [trad. por la autora]). En el caso *nikkei*, la importancia que tiene la conservación de atributos de pureza étnica ha llevado a que vivan distintas condiciones de desigualdad basadas en criterios de medición de una pureza ficcional, bajo una lógica de ser "*más japonés*" o "*más nikkei*". Sin embargo, las categorías étnicas y sus representaciones no permanecen inmutables en el tiempo y, en este sentido, procuré mostrar tres procesos de etnización, reetnización y desetnización por los que han atravesado los nipodescendientes de origen latinoamericano, pero que no se expresan de manera lineal o totalizante, es decir, no implican un tránsito homogéneo por los tres estadios, ya que éstos coexisten cronológicamente. Asimismo, existen distintas formas de pensarse como nipodescendiente y de hacer uso o no en términos afectivos, estratégicos, biográficos, económicos o migratorios de esa ascendencia.

Ahora bien, a modo de síntesis, el primer caso de etnización está ligado a la recapitalización del mestizaje *nikkei* (aunque, como ya señalé, éste se entiende más en términos culturales, que biológicos). El segundo, marca el proceso de "redescubrimiento" de la etnicidad ancestral, de descendientes anteriormente alejados de los círculos *nikkei* debido —entre muchos otros factores— a la exclusión que vivieron por su condición económica o su mestizaje. Si bien en estos casos hubo un proceso de etnogénesis o reetnización en un sentido estratégico, no porque esta representación étnica esté orientada a la consecución de determinados fines, la hace menos legítima. La tercera y cuarta forma se da en el proceso de conversión o etnización de latinoamericanos sin ascendencia japonesa en *nikkei* a través de la compra de apellidos japoneses, de adopciones simuladas y operaciones cosméticas a través de los cuales procuraron acceder a las visas de trabajo para descendientes consanguíneos. Finalmente, la cuarta expresión, es el tránsito de representación étnica de ser *nikkei* a volver a ser latinoamericano, en la que distintos descendientes —aun aquellos emocionalmente muy ligados a su ascendencia japonesa— han abrazado y revalorizado su condición de latinoamericanos al experimentar distintas prácticas de exclusión y violencia simbólica y estructural. En este sentido, la categoría de etnogénesis o etnización, reetnización y desetnización son recursos heurísticos que permiten ver cómo la etnicidad se produce, reproduce y transforma en el tiempo y en las interacciones sociales, políticas y económicas.

Bibliografía

Amemiya, Kozy. "Bolivia. Colonia Okinawa y Colonia japonesa San Juan". *Cuando Oriente llegó a América Latina. Contribuciones de inmigrantes chinos, japoneses y coreanos.* Washington: Banco Interamericano de Desarrollo 2004. 179-196.

Anthias, Floya. "Diasporic Hybridity and Transcending Racisms. Problems and Potential". *Rethinking Anti-racisms.* Eds. Floya Anthias y Cathie Lloyd. London y New York: Routledge 2007. 22-43.

Azuma, Eiichiro. *Between two Empires. Race, history and transnationalism in Japanese America*. New York: Oxford University Press 2005.
Barth, Fredrik. "Introducción". *Los grupos étnicos y sus fronteras*. Comp. Fredrik Barth. México: Fondo de Cultura Económica 1976. 9-49.
Befu, Harumi. *Hegemony of Homogeneity*. Melbourne: Trans Pacific Press 2001.
Cardoso de Oliveira, Roberto. *Etnicidad y estructura social*. México: Centro de Investigaciones y Estudios Superiores en Antropología Social, Universidad Autónoma Metropolitana , Universidad Iberoamericana 2007.
Comaroff, John y Jane Comaroff. "Sobre totemismo y etnicidad". *Las ideas detrás de la etnicidad. Una selección de textos para el debate*. Comp. Manuela Camus. Guatemala: Centro de Investigaciones Regionales de Mesoamérica 2006. 111-137.
Creighton, Millie. "Metaphors of Japanese-ness and Negotiations of Nikkei Identity: The Transnational Networking of People of Japanese Descent". *Japanese and Nikkei at Home and Abroad. Negotiating Identities in a Global World*. Ed. Nobuko Adachi. New York: Cambria Press 2010: 133-162.
Díaz Collazos, Ana María. "An Interdisciplinary Approach to Studying Japanese Immigrants in Colombia: Community, Identity, and L2 Spanish Variation of Articles". *Divergencias. Revista de Estudios Lingüísticos y Literarios* 9.1 (2011): 76-89.
Dietz, Gunther. "Etnicidad y cultura en movimiento: desafíos teóricos para el estudio de los movimientos étnicos". *Nueva Antropología* XVII. 56 (1999): 81-107.
Epstein, Arnold. "Etnicidad e identidad". *Las ideas detrás de la etnicidad. Una selección de textos para el debate*. Comp. Manuela Camus. Guatemala: Centro de Investigaciones Regionales de Mesoamérica 2006. 81-106.
Eriksen, Thomas H. *Ethnicity and Nationalism*. London: Pluto Press 2002.
Fukumoto, Mary. *Hacia un nuevo sol. Japoneses y sus descendientes en el Perú*. Lima: Asociación Peruano Japonesa 1997.
Higuchi, Naoto. "Mass Unemployment of Japanese Latin Americans as a Disaster Made by Humans: The Consequences of Labour-Market Flexibilisation During the Economic Crisis in Japan". *New Times? Economic Crisis, Geo-political Transformation and the Emergent Migration*. 13..09.2013, <http://www.compas.ox.ac.uk/events/previous/events-2009/annual-conference/>.
Jenkins, Richard. "Social anthropological models of inter-ethnic relations". *Theories of Race and Ethnic Relations*. Eds. John Rex y David Mason. Cambridge: Cambridge University Press 1986. 170-186.
Kasamatsu, Emi. *Historia de la Asociación Panamericana Nikkei. Presencia e inmigración japonesa en las Américas*. Asunción: Servilibro 2005.
Kunimoto, Iyo. "La emigración japonesa en América Latina". *Japón, los Estados Unidos y la América Latina. ¿Hacia una relación trilateral en el hemisferio occidental?* Comps. Barbara Stallings y Gabriel Székely. México: Fondo de Cultura Económica 1994. 109-132.

Lamunier, Isabel J. "Argentina. Cafés, tintorerías y tanto". *Cuando Oriente llegó a América Latina. Contribuciones de inmigrantes chinos, japoneses y coreanos*. Washington: Banco Interamericano de Desarrollo 2004. 161-178.

Masterson, Daniel y Sayaka Funada-Classen. *The Japanese in Latin America*. Chicago: University of Illinois Press 2004.

Matsushita, Hiroshi. "La diplomacia japonesa en América Latina después de la Segunda Guerra Mundial". *Japón, los Estados Unidos y la América Latina. ¿Hacia una relación trilateral en el hemisferio occidental?*. Comp. Barbara Stallings y Gabriel Székely. México: Fondo de Cultura Económica 1994. 88-108.

Melgar Tísoc, Dahil. "El Japón transnacional y la diáspora *nikkei*. Desplegado de identidades migrantes en la Ciudad de México". Escuela Nacional de Antropología e Historia 2009. Inédito.

— "El Japón fragmentado, los Nikkei mexicanos y la diáspora japonesa". *Humania del Sur. Revista de Estudios Latinoamericanos, Africanos y Asiáticos* 6.10 (2011): 125-134.

— "En los márgenes del sol naciente. Etnicidad, violencia y pertenencias en la migración de peruanos a Japón, tesis de maestría", Centro de Investigaciones y Estudios Superiores en Antropología Social, 2014. Inédito.

Morris Suzuki, Tessa. *Cultura, etnicidad y globalización. La experiencia japonesa*. México: Siglo XXI Editores/UNAM 1998.

Ortiz, Renato. *Lo próximo y lo distante, Japón y la modernidad-mundo*. Buenos Aires: Interzona 2003.

Ota Mishima, María Elena. "Características sociales y económicas de los migrantes japoneses en México". *Destino México. Un estudio de las migraciones asiáticas a México, siglos XIX y XX*. Coord. María Elena Ota Mishima. México: El Colegio de México 1997. 55-121.

Roth, Joshua Hotaka. *Brokered Homeland. Japanese Brazilian Migrants in Japan*. Ithaca: Cornell University Press 2002.

Sakurai, Celia. "Brasil. De los primeros inmigrantes a los dekasegui". *Cuando Oriente llegó a América Latina. Contribuciones de inmigrantes chinos, japoneses y coreanos*. Washington: Banco Interamericano de Desarrollo 2004. 135-160.

Stallings, Barbara y Gabriel Székely. "La nueva Trilateralidad: Los Estados Unidos, Japón y América Latina". *Japón, los Estados Unidos y la América Latina. ¿Hacia una relación trilateral en el hemisferio occidental?* Comps. Barbara Stallings y Gabriel Székely. México: Fondo de Cultura Económica 1994. 15-57.

Takenaka, Ayumi. "Nikkei y peruanos en Japón". *El 5to suyo*. Coords. Ulla D. Berg y Karsten Paerregaard. Lima: Instituto de Estudios Peruanos 2005. 205-228.

Tsuda, Takeyuki. *Strangers in the Ethnic Homeland. Japanese Brazilian Return Migration in Transnational Perspective*. New York: Columbia University Press 2003.

Vázquez León, Luis. *Ser indio otra vez: la purepechización de los tarascos serranos*. México: Consejo Nacional para la Cultura y las Artes 1992.

VERA, Héctor. "Representaciones y clasificaciones colectivas. La teoría sociológica del conocimiento de Durkheim". *Sociológica* 50 (2002): 103-121.

YINGER, J. Milton. "Intersecting strands in the theorisation of race and ethnic relations". *Theories of race and ethnic relations*. Eds. John Rex y David Mason. Cambridge: Cambridge University Press 1986. 20-41.

LA RE-ETNIZACIÓN DEL PASAPORTE: DISCRIMINACIÓN Y CIUDADANÍA MÚLTIPLE DE EUROLATINOAMERICANOS

Pablo Mateos

Introducción

La literatura académica y los debates políticos sobre el acceso a la ciudadanía para migrantes y sus descendientes continúan centrados en una concepción unidireccional y binacional de la migración y la ciudadanía (el par origen-destino). Ésta presupone una sola secuencia de eventos posible. A saber, un primer y único flujo de inmigración seguido por el asentamiento permanente y, transcurrido un tiempo de integración en la sociedad de acogida, la eventual adquisición de la ciudadanía por naturalización. Ésta ha de "ganarse por mérito", esperándose que el migrante y su familia residirán en dicho país el resto de sus vidas (Samers 2009).

Sin embargo, en las últimas dos décadas un nuevo y creciente colectivo de migrantes con ciudadanía múltiple está llevando a cabo complejas prácticas de pertenencia nacional, migración circular y adopción transgeneracional de la ciudadanía de manera pragmática que no cumplen dicha trayectoria esperada (Mateos y Durand 2012). En Europa existen dos tipos de trayectorias migratorio-legales en relación a la ciudadanía múltiple muy poco estudiadas; acceso vía *ancestros* o por *preferencia étnica* (sin que necesariamente implique movimiento migratorio o que puede ser a un tercer país), y los movimientos "*posnaturalización*" (migración a terceros países, retorno o circularidad de naturalizados). El presente artículo se centra en abordar las asimetrías de discriminación étnica experimentadas por los migrantes en torno a estos dos tipos de trayectorias. Además, en otros trabajos hemos analizado las asimetrías de movilidad global asociadas a estas prácticas pragmáticas de ciudadanía múltiple (Mateos y McCarthy 2015).

El análisis se centra en el caso del acceso a una ciudadanía de la Unión Europea (UE) por parte de ciudadanos latinoamericanos, un colectivo que aquí denominamos "eurolatinoamericanos". En primer lugar, en el artículo se revisan las principales tendencias en la literatura relevante y después se analizan empíricamente las experiencias de discriminación en la adquisición y transmisión de la ciudadanía europea para el caso de los ciudadanos "eurolatinoamericanos".

Des-etnización y re-etnización de la ciudadanía en Europa

En las últimas dos décadas, la mayoría de los países europeos han introducido políticas para eliminar la discriminación y promover la integración social de los inmigrantes y sus descendientes, impulsados por iniciativas que van tejiendo un incipiente sistema internacional de derechos humanos. Una de dichas políticas es la de facilitar el acceso a la nacionalidad o la ciudadanía a los residentes permanentes extranjeros, un proceso que se conoce como "naturalización". En países con una "tradición genealógica" de la transmisión de la nacionalidad (*ius sanguinis* o "derecho de la sangre"), como Alemania, esta vía no estaba permitida hasta hace tan solo 15 años.

Este proceso de expansión de la ciudadanía por naturalización ha sido denominado de diversas formas; la "des-etnización" (Joppke 2003), "aligeramiento" (Joppke 2010) o "abaratamiento" (Spiro 2008) de la ciudadanía. Como sugieren estos términos, estas políticas han provocado inquietud acerca de sus consecuencias para la concepción de la identidad nacional y la pertenencia a una comunidad político-cultural ancestral, como pilares del Estado nación. Estas inquietudes han ido creciendo en toda Europa con el aumento del volumen y diversidad de la inmigración internacional desde principios de los años noventa, y se han visto especialmente exacerbados con la actual crisis económica que comenzó en 2008. Así, en el último quinquenio, se ha presenciado el auge del discurso antiinmigrante en todo el espectro político europeo con fines marcadamente electoralistas. Mientras el modelo de integración multicultural se descarta definitivamente, florecen los discursos que promueven la integración de las minorías en una sola versión de la realidad social nacional.

Es por ello que en la última década los Estados también han comenzado a promover el proceso contrario a la des-etnización de la ciudadanía. Es decir, el establecimiento de caminos selectivos hacia la ciudadanía que favorecen a aquellas personas o colectivos que se perciben culturalmente más próximos a "la nación". Este proceso ha sido denominado como la "re-etnización" de la ciudadanía (Joppke 2003) o el "engrosamiento" (*thickening*) de la ciudadanía

(Kostakopoulou 2010). Los Estados "re-etnizan" la ciudadanía a través de dos mecanismos; a) la expansión étnica de la ciudadanía para aquellos percibidos como cercanos al "nosotros" y b) el cierre de la misma para los "otros".

a) Mediante la "expansión étnica", los Estados facilitan la conservación, transmisión o el acceso a la ciudadanía a los emigrantes nacionales y sus descendientes, y en algunos casos también a nacionales de países en la órbita cultural próxima (considerados como "co-étnicos", antiguas colonias o lingüística y culturalmente próximos a "la nación") (Bauböck 2010a). En ambos casos, se introducen una serie de facilidades y excepciones en el camino hacia la ciudadanía para estas personas, a través de exenciones de requisitos legales de estancia o residencia. Por ejemplo, se facilita la transmisión intergeneracional de la ciudadanía a descendientes de emigrantes después de varias generaciones tras la emigración, sin necesidad de migrar ni renunciar a otras ciudadanías que se ostenten o adquieran. En otros casos, se facilita la obtención de un visado permanente para nacionales "co-étnicos" o descendientes de nacionales, se otorga un tiempo reducido de residencia como requisito para la naturalización o se les favorece en las nuevas pruebas de idioma o de integración cívica.

b) Mediante la restricción o el cierre de la ciudadanía a "los otros", los Estados introducen restricciones en el acceso a la ciudadanía para los migrantes que provienen de países considerados culturalmente "más distantes" (generalmente no "blancos", no occidentales y no judeocristianos). Entre otras restricciones se ha limitado el mecanismo de adquisición de ciudadanía tipo *ius soli* ("derecho de suelo", por nacimiento en un territorio) para evitar la ciudadanía "automática" de hijos de padres extranjeros, mediante la introducción de requisitos tipo *ius domicili* (derecho de residencia), de estatus legal de los padres, de "doble *ius soli*" (requiriendo que uno de los padres haya nacido en suelo nacional) o de mayoría de edad del interesado (implicando un tiempo de espera de 18 años). Además, se ha introducido una serie de criterios subjetivos de "integración", como los tests de ciudadanía y de nivel de idioma o incluso se requieren pruebas de ADN en la reagrupación familiar. Finalmente, una vez concedida la nacionalidad por naturalización, algunos Estados han introducido la posibilidad de su revocación por causas penales. Estas medidas, que en el fondo son migratorias pero se aplican a la política de ciudadanía, se justifican sobre la base de que sólo los inmigrantes percibidos como capaces y dispuestos a integrarse socioculturalmente son bienvenidos, mientras que los que no lo son deben ser disuadidos de permanecer en el país y, en cualquier caso, vetados del acceso a la ciudadanía plena.

Por tanto, el acceso a la ciudadanía se restringe cada vez más para muchos residentes permanentes con nacionalidad no europea, incluso a pesar de que muchos hayan nacido en un país europeo, tengan hijos nativos, dominen el idioma, se hayan socializado en su sistema educativo y sólo consideren a su país de residencia como única patria. Las barreras a la integración son tales que incluso si llegan a acceder a la ciudadanía, éstos experimentan una suerte de "ciudadanía de segunda clase" o "en pruebas", teniendo que soportar un aire de sospecha permanente por contraponerse a la imagen de qué significa ser francés, alemán, italiano u holandés.

Resulta especialmente preocupante que mientras este colectivo sufre una discriminación legal que podría denominarse como "socio-racial", un total de 17 Estados miembros de la UE mantienen preferencias étnicas para el acceso cuasi-automático a la ciudadanía por ancestros. Es decir, en algunos países, los descendientes de emigrantes por varias generaciones tienen el camino abierto a la ciudadanía independientemente de su competencia lingüística, integración cívica, país de residencia o historial migratorio.

La adopción simultánea de políticas de "des-etnización" y "re-etnización" de la ciudadanía ha favorecido la difuminación de la distinción tradicional entre modelos nacionales de ciudadanía basada en *ius soli* o *ius sanginis* (Bauböck 2010b). Sin embargo, ambos procesos de signo contrario generan tensiones que reflejan el carácter discriminatorio de algunas de las normas de membresía que determinan "quiénes son los ciudadanos de Europa" (parafraseando a Bauböck 2006). Cabría preguntarse, además, cómo delimitan los estados de la UE quiénes tienen derecho a pertenecer a la nación y cómo experimentan los migrantes la discriminación introducida por dicha delimitación asimétrica de la ciudadanía. Éstas son cuestiones que trataremos de abordar en el presente artículo.

Ancestros: ciudadanía como capital étnico

El interés en cuestiones de ciudadanía en estudios de migración se centra primordialmente en la adquisición vía naturalización. Sin embargo, esta vía solamente representa una parte del número total de las adquisiciones de ciudadanía, ya que "el 'modo automático', o 'vía nacimiento', en algunos estados [...] representa una proporción considerable de todas las adquisiciones de nacionalidad" (Waldrauch 2006: 278). Las estadísticas oficiales no suelen captar el acceso a la ciudadanía "por nacimiento" (ancestros, familiar, o co-étnicos) debido a la premisa fundamental de que estos individuos se consideran ciudadanos por nacimiento, independientemente de la edad a la que adquieren o "recuperan" la nacionalidad.

En la mayoría de los casos, la principal motivación para los potenciales ciudadanos europeos vía ancestros es utilizar un pasaporte europeo, cualquiera de la UE, para viajar o migrar directamente a otros países distintos del que les otorga la ciudadanía (Cook-Martin 2013). Así, un pasaporte europeo no sólo evita las numerosas restricciones a la inmigración para los no europeos, sino que, además, permite el retorno en cualquier momento y (en general) es heredable a los descendientes. En muchos casos ni siquiera hay movimiento migratorio, sino solamente temporal o turístico, o se prevé la utilización del pasaporte europeo como un "seguro de vida" heredable (Ong 1999). Por tanto, se utiliza la ciudadanía de la UE para acceder a un espacio global de libre circulación para ellos y sus hijos, evitando las restricciones de visado en todo el mundo, por ejemplo para viajar a Estados Unidos sin visado (Tintori 2009).

Entre los países europeos que facilitan la transmisión de la nacionalidad vía ancestros más allá de los hijos de emigrantes se encuentran Italia, Alemania, Grecia, España y Portugal (con limitaciones) y una larga lista de los nuevos miembros de la UE (Polonia, Eslovaquia, Hungría, Chipre y Rumanía entre otros). De relevancia para el colectivo latinoamericano analizado en esta investigación, cabe profundizar en los casos italiano y español.

Jerarquías étnicas de ciudadanía en Italia y España

En Italia no existen límites generacionales para la transmisión de la nacionalidad a descendientes de nacionales nacidos en el extranjero. Solamente se requiere un antepasado emigrante nacido en Italia y que estuviera vivo al momento de la creación del Estado italiano, el 17 de marzo de 1861. Aunque el colectivo de potenciales ciudadanos italianos fuera de Italia podría ascender a 60 millones (Tintori 2009), la dificultad de localizar los documentos históricos necesarios y los largos tiempos de espera en los consulados en realidad actúan como impedimentos para el acceso a la ciudadanía italiana. No obstante, la crisis económica en Argentina desde 2001 ha auspiciado un gran interés por recuperar la ciudadanía de los ancestros como "seguro de vida". Tintori (2011) propone el término "italolatinoamericanos" (LAIs en inglés) para nombrar al gran número de ciudadanos italianos nacidos en Latinoamérica, principalmente en el Cono Sur, que ostentan ciudadanía múltiple italiana y residen en el país de origen o migran y circulan por otros países distintos a Italia. Mientras tanto, los extranjeros residentes permanentes en Italia tienen que esperar 10 años de residencia legal y continuada y cumplir con estrictos requisitos de naturalización. El Parlamento italiano no elimina esta clara discriminación porque, en el fondo, predomina una concepción del Estado nación como "una comunidad intergeneracional con una ascendencia y un destino común" (Zolberg 1999: 84), con ciertos tintes paternalistas e incluso racistas.

En el caso español, diversas reformas legales han permitido nuevos mecanismos para el acceso a la ciudadanía vía ancestros, principalmente a los hijos de emigrantes españoles sin importar su edad, y en algunos casos también a los nietos y bisnietos si se registran antes de la mayoría de edad. En 2007 una ley concedió la ciudadanía a los nietos de españoles exiliados de la Guerra Civil y la posguerra, abriendo un período de tres años para recibir las solicitudes (2008-2011) durante el cual se recibieron medio millón de ellas, principalmente en Latinoamérica (Izquierdo Escribano 2011). Además, España mantiene una serie de preferencias étnicas en el acceso a la ciudadanía por naturalización. Mientras el requisito general de tiempo de residencia para la naturalización es de 10 años, éste se ve reducido a solamente dos años para nacionales de países iberoamericanos, Andorra, Filipinas, Guinea Ecuatorial y Portugal, y también para judíos sefardíes. Es decir, se incluye a la órbita colonial y cultural próxima, que en cierta medida sigue dando vigencia al denostado concepto de la "hispanidad" franquista (recordemos el Día de la Raza, la celebración internacional de la hispanidad el 12 de octubre). Así, en la ley de nacionalidad de 1954 encontramos la siguiente declaración;

> De esta manera queda, una vez más puesta de manifiesto, la predilección y la simpatía con que España, fiel a su pasado y esperanzada en un alto designio espiritual, mira a aquellos países a los que por razones bien conocidas y superiores a toda suerte de contingencias se considera inextinguiblemente unida (*Boletín Oficial del Estado* 1954: 4832).

Finalmente, para los nietos de españoles nativos y personas casadas con un español, dicho requisito de residencia para la naturalización se reduce a un año.

Este acceso preferencial a la ciudadanía europea de algunos ciudadanos latinoamericanos, bien vía ancestros en Italia y España (también en Portugal), o por naturalización preferente en España (dos años), es utilizado por una parte del colectivo de eurolatinoamericanos para migrar o circular principalmente en estos tres países, junto con el Reino Unido (Cook-Martin 2013; Mcilwaine, Cock y Linneker 2011; Tintori 2011).

Ambos procesos, el acceso a la nacionalidad por ancestros y la movilidad post-naturalización, están bien reflejados en la realidad migratoria de los latinoamericanos en Europa. Por ejemplo, en un amplio estudio sobre los latinoamericanos que residen en Londres, un 25% de los encuestados contaba con nacionalidad británica y un 19% adicional tenía una ciudadanía europea distinta a la británica, representando conjuntamente un 44% de latinoamericanos con pasaporte europeo (Mcilwaine *et al.* 2011). Además, según la encuesta de población activa británica y el registro español de población, aproximadamente un tercio de los inmigrantes nacidos en Argentina que residen en España o en el Reino Unido posee pasaporte italiano (por lo tanto, cuatro países están entrelazados en estas prácticas multiciudadanas). Visto de otra manera, el 52% de los nacionales italianos que residen en España no ha nacido en Italia, mientras que el 27% ha nacido en Argentina (Instituto Nacional de Estadística 2012).

Como podemos observar, frente a una concepción de dos colectivos aparentemente homogéneos internamente, ciudadanos europeos y latinoamericanos, se erige una compleja geografía de prácticas de ciudadanía múltiple que entrelaza países e historia migratoria modulada por la ancestría, la etnicidad y complejas trayectorias migratorias. Estos colectivos de eurolatinoamericanos rehúyen ser sometidos a una visión simplista binacional y unidireccional de la relación entre ciudadanía y migración. Es por ello que el artículo se centra en dicho colectivo para desentrañar algunos de los procesos poco estudiados que cuestionan la concepción tradicional de la ciudadanía formal y la identidad colectiva en el contexto de la Unión Europea y su relación poscolonial con Latinoamérica.

Metodología: eurolatinoamericanos en Reino Unido y España

El análisis realizado en este artículo forma parte de un proyecto más amplio de estudio de la ciudadanía múltiple y sus implicaciones para la movilidad y estrategias de vida para el colectivo de "eurolatinoamericanos". Se basa en los resultados del análisis empírico realizado con dos grupos de migrantes latinoamericanos; un grupo de 20 residentes en Reino Unido con ciudadanía múltiple que fueron entrevistados en profundidad, y otro de 2.860 personas que participaron en un foro de discusión en Internet sobre nacionalidad española. En este artículo se ilustran algunos de los hallazgos de dicho proyecto en lo tocante a cuestiones de ancestría y discriminación étnica en el acceso a la ciudadanía múltiple y en sus experiencias de migración en Europa y Latinoamérica. En otros trabajos se abordan aspectos del acceso a la nacionalidad española (Mateos y Durand 2012), tipologías de acceso a la ciudadanía múltiple (Mateos 2015) e implicaciones para la movilidad (Mateos y McCarthy 2015).

Para el grupo de entrevistados en Londres se definió a los potenciales sujetos de estudio como aquellas personas nacidas en Latinoamérica y residentes en Londres que cuentan con ciudadanía múltiple (generalmente la de su país de origen y una europea). Se identificaron tres subcolectivos que cumplían estos criterios, aquellos: a) naturalizados como británicos, b) naturalizados como españoles que ahora residen en Londres y c) los que accedieron a un pasaporte europeo vía ancestros. Con estos tres colectivos se cubren tres de las principales trayectorias hacia la ciudadanía múltiple europea establecidas en Mateos (2014), a saber: residencia, movilidad "posnaturalización" y ancestría.

Se utilizaron diversas estrategias de localización y entrada a estos tres colectivos a través de una organización de apoyo a refugiados latinoamericanos y de redes personales de contactos de dos estudiantes y un profesor en Londres. Finalmente, en el verano de 2012, se realizaron un total de 20 entrevistas en profundidad a otros tantos migrantes cuya composición refleja una gran variedad de países de origen, trayectorias de acceso a la ciudadanía europea, experiencia migratoria, nivel de integración y estatus socioeconómico (Mateos y McCarthy 2015).

Las características de investigación del segundo grupo de ciudadanos múltiples –basadas en testimonios del foro de discusión en Internet sobre acceso a la nacionalidad española enviados de 2001 a 2009– están descritas con detalle en Mateos y Durand (2012), por lo que se evita su repetición aquí. Para este artículo se seleccionaron citas relevantes y se analizaron las principales tendencias encontradas que están directamente relacionadas con el tema del presente artículo: la re-etnización del pasaporte.

Análisis empírico: ciudadanía múltiple de eurolatinoamericanos
Ciudadanía por ancestros

Un 36,4% de los participantes en el foro de Internet (en adelante "foro") accedieron a la nacionalidad española por la vía de los ancestros (Mateos y Durand 2012), mientras que sólo dos de los 20 entrevistados en Londres obtuvieron su ciudadanía europea de tal forma. Además, estas personas aseguraron que sus cónyuges o hijos, a su vez, accedieran a una ciudadanía europea mediante reagrupación familiar y estatus migratorio de residentes permanentes, lo que lleva finalmente a la naturalización, obteniendo bien la misma nacionalidad que ellos o bien la de un tercer país de la UE.

Éste es el caso por ejemplo de uno de los entrevistados, Nicolás, peruano cuya esposa, también peruana, tiene nacionalidad alemana a través de un abuelo alemán. Este pasaporte alemán le permitió estudiar y trabajar en Reino Unido como esposo de europea y, al cabo de los años, naturalizarse como británico. Ahora Nicolás trabaja en Londres y viaja a varios países de África y Asia con su pasaporte británico. Según afirma: "gracias al [pasaporte alemán] pudimos quedarnos a trabajar después de la maestría, porque si no hubiera sido imposible". Es decir, un vínculo alemán a través de uno de los ocho abuelos de la pareja permite a los dos acceder a un espacio de movilidad, trabajo y estudio totalmente cerrado a otras personas sin vínculos de ancestría europea o con ancestros de países que no tienen el sistema *jus sanguinis*.

El caso de los argentinos es especialmente sintomático de las trayectorias flexibles de movilidad a través de pasaportes europeos, seguido por el de otros latinoamericanos, tal y como refleja la literatura al respecto (Cook-Martin 2013; Tintori 2011). Irene, argentina con pasaporte italiano residente en Londres, comenta que "todo el mundo en Argentina tiene algún abuelo europeo […] yo tuve el pasaporte italiano antes que el argentino […] a los 12 años". A partir de la crisis económica de 2001, mucha gente dejó de ver el pasaporte europeo como una curiosidad familiar para pasar a concebirlo como una manera de escapar del país; "ésa fue mi llave para irme al primer mundo. Es una herramienta de alguna manera, de poder viajar a otros países" (Irene, argentina con pasaporte italiano residente en Reino Unido).

Emilio, mexicano con pasaporte francés por su abuela materna, reflexiona sobre cómo su madre, mostró un repentino interés por solicitar el pasaporte francés mientras vivía en México:

> Yo creo que ella pensó que el pasaporte francés te da una protección quizás de otro estilo, no sé, incluso diplomática ¿no? […] más que una cuestión nacionalista, lo estaba viendo como una cuestión útil, sí, sí, sí, que fuera útil. Porque nosotros, es decir, lo que menos nos sentimos es franceses ¿no? […] Después resultó ser útil para […] poder moverse sin miedo.

Sin duda las motivaciones pragmáticas e instrumentales para obtener el "pasaporte europeo", como lo denominan muchos latinoamericanos, dominan los testimonios encontrados en el foro y en las entrevistas, que resaltan especialmente su valor de movilidad y protección internacional (para un abordaje en profundidad de estos factores, véase Mateos y McCarthy 2015).

El número de casos y combinaciones en la geografía de ancestros, rutas migratorias, situaciones familiares e intereses en el pasaporte europeo, tanto entre los entrevistados como en los participantes en el foro, es demasiado extenso como para resumir ciertos patrones en este artículo. No obstante, los casos analizados en las entrevistas y en el foro tienen un común denominador. La vía de la ancestría, sin lugar a dudas es utilizada mayormente por un colectivo de migrantes con un nivel educativo y socioeconómico más alto que el de los migrantes que se naturalizan en España o Reino Unido. Además, en el caso latinoamericano suelen provenir de países con una mayor historia de emigración europea hacia las Américas en el siglo xx (Argentina, Uruguay, Brasil, Chile, Venezuela, Cuba y México), ya que generalmente se precisa un abuelo o bisabuelo nativo de Europa para adquirir la nacionalidad por ancestros.

Asimismo, entre los entrevistados, este tipo de migrantes presenta un fenotipo definitivamente más "blanco", y con acento y "apariencia estética" de clase media-alta, frente a los entrevistados que provienen de los países andinos (Colombia, Ecuador, Perú y Bolivia) u otros menos desarrollados (El Salvador y República Dominicana), que son generalmente "migrantes económicos o laborales". Esta clasificación de países por rutas de acceso predominantes se describe con más detalle en Mateos y Durand (2012). Las excepciones a esta clasificación de país-clase social-ancestros la conforman los migrantes de alta cualificación y clase social alta o media-alta, como Nicolás, el entrevistado peruano con posgrado mencionado al inicio de esta sección.

Ancestría europea vs. naturalización. Pedigrí familiar y discriminación étnica

Aunque dos latinoamericanos ostenten un mismo pasaporte europeo, uno obtenido por ancestría y otro por naturalización, ambos no portan iguales derechos. Por ejemplo, en cuanto a las posibilidad de transmisión intergeneracional. Algunos de los entrevistados en Londres se quejan del menor valor de la ciudadanía por naturalización: "Por ejemplo, si yo tuviera hijos en Colombia y ellos quisieran obtener la ciudadanía británica por mi pasaporte no podrían obtenerla. La línea de ancestría es solo para ciudadanos nativos" (Paola, colombiana naturalizada en Reino Unido).

Ésta es otra distinción más en la serie de asimetrías etnorraciales y de clase social que emergen claramente en la investigación. La cuestión del pedigrí familiar, o "capital étnico" heredado, cuenta más que el "capital humano" que uno ha hecho en vida por méritos propios. Los migrantes por motivos económicos se enfrentan por tanto a una política de ciudadanía en la que prepondera el vínculo sanguíneo, discriminando entre tipos de ciudadanos e indirectamente reabriendo viejas heridas coloniales y de clase social en Latinoamérica. Tal y como lo ilustra uno de los entrevistados;

> la primera discriminación en Europa es contra el no europeo [...]. En algún momento [...] discriminar por la nacionalidad será tan grave como discriminar por raza [...] ¿una cosa es el color de tu piel y otra cosa es el pasaporte que tienes en la mano? No tiene nada que ver con los méritos que uno ha hecho en la vida (Emilio, mexicano con pasaporte francés residente en Londres).

Esta reflexión sobre lo injusto de la discriminación por nacionalidad, especialmente cuando se obtiene por ancestría, ilustra bien la definición de Carens (1987) de la ciudadanía vista como un privilegio feudal, en tanto que es un estatus heredado que determina el curso de tu vida, ciertamente una "lotería del derecho de nacimiento" (Shachar 2009).

Dicha lotería termina generando que los eurolatinoamericanos "por nacimiento" (ancestría) en cierta manera consideren legítimo su derecho al pasaporte europeo como un privilegio hereditario derivado de su "pedigrí" familiar y un poco de suerte legal. Dicha suerte no es del todo aleatoria, ya que está determinada por la concepción de la ciudadanía en la metrópolis europea de sus ancestros, y el tipo de transmisión para descendientes de nacionales nacidos en el extranjero. Y en este aspecto ciertamente existen marcadas diferencias legislativas entre países de la UE que provocan grandes recelos entre los participantes en el foro por una aleatoriedad que se percibe injusta:

> Ahora es común ver a Madrid lleno de latinoamericanos nietos de italianos viviendo legalmente [...], mientras los nietos de españoles muchas veces están ilegales (David, nacionalidad desconocida, foro de internet, 2004).

> ¿Por qué un tataranieto de italiano pude residir en España y un nieto de españoles no puede hacerlo? Es muy injusto que si una persona tiene un solo tatarabuelo italiano pueda obtener la ciudadanía italiana [como mi novio] y vivir sin problemas en España ... en cambio yo tengo cuatro abuelos españoles, mis padres ambos con pasaporte español y [...] y yo no puedo hacer nada ... soy una extranjera más para España (Laura, Argentina, foro de Internet, 2004).

En todas las familias se rememora una parte del linaje y se ignora otra, por lo que la historia familiar de abuelos europeos que siempre se recordó ahora se materializa en un capital étnico convertible en un pasaporte de la UE (Mateos y Durand 2012). Es más, presumir de ancestría europea cercana es una cuestión que siempre ha otorgado cierto estatus en Latinoamérica, pese al largo recorrido poscolonial. Algunos entrevistados mencionan el estatus simbólico del vínculo europeo en Latinoamérica no por el pasaporte como tal, ya que "si tienes ancestros europeos, incluso si no tienes el pasaporte, esto te da de entrada una especie de… umm, un estatus más alto" (Amira, colombiana-belga residente en Londres).

Tan importante es la información genealógica que de ella depende encontrar los documentos necesarios para solicitar un pasaporte europeo. Tal y como refleja una participante en el foro, existen vínculos directos entre historia familiar y capital étnico convertible en un pasaporte heredable:

> Necesito dar con la partida de nacimiento de mi bisabuelo que nació en el año 1877 en [...], Granada, España, así como también con su acta de matrimonio con mi bisabuela [...]. Los precisaría para seguir formando mi árbol genealógico, importante a la hora de tramitar la nacionalidad española de mi mamá y sus hermanos y luego de las nuestras sus hijos (Ana, argentina no residente en España; citado en inglés en Mateos y Durand 2012: 13).

Discriminación socio-racial pese a la ciudadanía europea

Una cuestión que emerge en todas las entrevistas y en parte de los testimonios del foro es la experiencia de discriminación. Aquí reflexionamos sobre cómo la discriminación está o no relacionada con el estatus legal de ciudadanía de un país de la UE.

En España, los latinoamericanos se sienten claramente marcados como "otros", independientemente de si tienen pasaporte español o no. Una de las participantes en el foro expresa la dura realidad de los españoles naturalizados con la siguiente crudeza:

> Perdona si, voy a ser dura pero es la realidad: nunca dejaras de ser extranjero, aunque te den la nacionalidad. Cada vez que abras la boca para hablar y oigan tu acento, lo primero que oirás será: "¿Tu de dónde eres?"; [...] En el nuevo DNI [Documento Nacional de Identidad], aparecerá siempre tu lugar de origen, cosa que inevitablemente te conviete, tácitamente en extranjero. Siempre los empre-

sarios te cogerán para trabajar con recelo y resquemores y evitaran al 99% hacerte un contrato, siempre serás el último en la precaria cola de los derechos. [...] Una 'ex-extranjera' (Ofelia, española de origen Cubano, foro de Internet, 2005).

Este tipo de testimonios se repite entre los entrevistados en Londres y los participantes en el foro de Internet que residen en España. En general, los migrantes saben que el pasaporte o documento nacional de identidad (DNI) españoles por si solos no son vehículos que faciliten la integración social, al menos desde el punto de vista de la sociedad de acogida. Es decir, comparados con el estatus legal de residente, la obtención de la nacionalidad, aunque otorga importante ventajas administrativas y de movilidad para el migrante, no aporta nuevos derechos palpables que faciliten la integración y eliminen la experiencia de discriminación.

Una entrevistada en Londres y una participante en el foro se quejan de su discriminación en el mercado laboral por tener un apellido árabe, teniendo que resaltar su ciudadanía europea en el currículum vitae y tratar de esconder su apellido, además de su origen latinoamericano.

Por tanto, si bien el pasaporte europeo pone a los migrantes y sus descendientes "del otro lado" de la exclusión de derechos ciudadanos, otros elementos como los documentos de identidad (apellidos y el país de nacimiento), el acento lingüístico y el fenotipo parecen conforman un trinomio básico de identidad al nacimiento –legal, social y racial– a través del cual operan las experiencias de discriminación hacia estos ciudadanos "de segunda clase". Sin embargo, el contexto "de destino" también modula la percepción de dichas experiencias.

Mientras que los latinoamericanos son claramente conscientes de su "otredad" en España, en Londres todos insisten en que pasan más desapercibidos ante la gran diversidad racial presente en esa ciudad. Por ejemplo, un entrevistado menciona que en Londres nunca le ha parado la policía mientras que en España lo hicieron varias veces. Es decir, el contexto de la sociedad "de acogida" tiene una importancia crucial a la hora de establecer la experiencia de "otredad" de los migrantes. En lo que atañe a los aspectos étnicos de las "minorías visuales", los latinoamericanos, al menos aquellos con un fenotipo "menos Europeo", sienten que pasan mucho más desapercibidos en una ciudad multicultural como Londres, donde la población blanca-británica no llega al 45% en el censo de 2011. Igualmente, el hecho de que tengan pasaporte británico, español u otro europeo no genera ningún tipo de sospecha en Reino Unido, dada la cotidianeidad de las familias con múltiples combinaciones de pasaportes y orígenes étnicos en esta ciudad.

Las experiencias de discriminación parecen estar más bien moduladas por los rasgos socio-culturales que los hacen ser percibidos como "más distantes" del patrón europeo. Dichos rasgos son principalmente de índole etno-racial (qué "tan europeo" parezca el fenotipo a los ojos de otros), la integración lingüística (más problemática en Reino Unido que en España) y, sobre todo, la clase social.

PASAPORTES EUROPEOS DE SEGUNDA CLASE. DISCRIMINACIÓN FUERA DE LA UE

En general ninguno de los entrevistados ha visto cuestionada su "nueva" ciudadanía europea al viajar o vivir en Europa, pese a que son conscientes de que su perfil de origen no cuadra con la definición esperada de ser español, italiano, francés o británico. Sin embargo, cuatro de los colombiano-británicos entrevistados en Londres experimentaron cómo las autoridades migratorias de Estados Unidos cuestionaron la validez de sus pasaportes británicos al viajar en tránsito a través de aquel país, generándoles múltiples inconveniencias. Esto les hace sentirse bastante desmoralizados por ser considerados como ciudadanos británicos "de segunda clase". Tintori (2009) también constata esta situación para los argentinos que viajan con pasaportes italianos a EE.UU. Es decir, para los agentes de migración estadounidenses, el hecho de que un pasaporte europeo contenga un país latinoamericano como lugar de nacimiento cuestiona la legitimidad del portador como europeo "de primera clase", constituyendo una suerte de "ciudadanía postiza" que justifica el cuestionamiento al derecho a exención de visado (Visa Waiver) con nacionales europeos.

Sorprende este recelo de EE.UU., país con una tradición de acogida de inmigración y gran promotor de la naturalización independientemente del origen racial. Quizá, el aparente éxito del modelo asimilacionista del *melting pot* estadounidense se esté contraponiendo con el fracaso del modelo multicultural en Europa, al que se le acusa de no haber sabido integrar a las minorías, especialmente a las de religión musulmana, de piel más oscura, o de culturas "no occidentales". Pareciera que el sistema de inmigración estadounidense, después del 11 de septiembre de 2001, esté devaluando el pasaporte europeo portado por personas que "no parecen europeas". De hecho, desde 2001 se ha planteado en varias ocasiones eliminar el sistema de exención de visado de turista (Visa Waiver) para varios países europeos por la sospecha de que muchos viajeros "potencialmente peligrosos" obtienen fácilmente un pasaporte europeo sin estar necesariamente "integrados en occidente" (Vázquez-Azpiri y Horne 2005). Esto sin duda llevaría a una erosión del valor de la ciudadanía europea con peligrosas consecuencias por exacerbar aún más el sentimiento antiinmigrante en Europa.

Jerarquías de nacionalidades latinoamericanas

En cuanto a la discriminación entre distintas naciones latinoamericanas, salen a reducir estereotipos anclados en el poblamiento diferencial del continente, especialmente en el Cono Sur. "Por eso es que en Colombia odian a los argentinos, porque muestran esta especie de superioridad simplemente porque…, porque son diferentes, físicamente. Son más como europeos" (Almira, colombiana, residente en Londres). Alba, argentina, dice que otros latinoamericanos en Londres se quejan de que los argentinos y brasileños son "menos latinoamericanos", algo que ella achaca a las raíces y costumbres italianas, portuguesas y de otras naciones europeas distintas de la española. El problema, añade, es que Latinoamérica no es todo indígenas ni descendientes de españoles de la colonia, también hay negros, mulatos, mestizos, italianos, libaneses, japoneses, judíos y comunidades de muchos sitios. Así, reflexiona;

> ¿Nos ve la comunidad [latinoamericana en Londres] como diferentes? Es difícil de decir, en mi experiencia si […] hasta nos ven distinto por la manera en que hablamos. ¿Cuánto de ello está relacionado con clase social y cuanto con el país de origen, o, ¿sabes?, con las características físicas de cada uno?, no sé, es muy difícil de determinar. La cosa es que los argentinos que he conocido aquí no han sufrido angustias de ningún tipo, ni económicas ni de seguridad, por tanto, es un grupo muy distinto, completamente diferente al perfil de los colombianos y ecuatorianos que me encuentro cada día en el trabajo (Alba, argentina, activista comunitaria, residente en Londres).

Una vez más, se establece una jerarquía entre países latinoamericanos que tiene que ver con la clase social y la historia de poblamiento europeo y mestizaje de cada país. En verdad, la dimensión de clase social atraviesa todo el análisis sobre la discriminación y ciudadanía. Como apunta un colombiano que trabaja como limpiador: "Hay discriminación entre nosotros [los colombianos] […] los jefes solo comen con los jefes. Los jefes no comen con los limpiadores. Ahora cuando me preguntan digo que soy de España y que tengo un bar y un coche. Esto cuenta mucho" (Luis, colombiano naturalizado español). Es decir, la clase social, la ocupación y los activos acumulados modulan las posiciones en dicha jerarquía social latinoamericana, al menos en Londres.

Estos testimonios presentan importantes cuestionamientos acerca de los factores relevantes de discriminación y experiencia de diferencia dentro de la comunidad de latinoamericanos en Londres. Como se ha visto, no sólo los aspectos étnicos, sino la clase social y el país de origen modulan en la práctica la experiencia de discriminación.

Discriminación racial en los países de origen

En las entrevistas, además de las jerarquías de discriminación entre países de origen, sale a relucir claramente el problema de la discriminación racial al interior de cada nación latinoamericana, fuertemente enraizado desde el periodo colonial, pero generalmente ignorado en los discursos nacionalistas desde la independencia. Nicolás (peruano naturalizado británico) reconoce la fuerte presencia del racismo en Perú desde una élite blanca hacia peruanos de piel más oscura, o hacia indígenas, negros y descendientes de japoneses, y le choca que no sea un problema reconocido, sino que es aceptado y justificado como algo totalmente normal. En Londres, reflexiona, él mismo no es considerado blanco, pero en Perú sí:

> Esa minoría se define como blanca o de piel más tenue, porque quizá si me ves aquí [en Londres] no me describirías como blanco, ni yo lo haría en esos formularios [de igualdad de oportunidades] pero en Perú, yo soy blanco [...]. Para mucha gente aquí imagino que podría ser Español o Italiano [...] pero obviamente no soy tan oscuro como otros peruanos [...] y normalmente el racismo va hacia los sudamericanos más indígenas (Nicolás, peruano naturalizado británico, residente en Londres).

Emilio, mexicano con ancestros europeos y pasaporte francés, refleja el mismo problema pero desde el otro lado de la división étnica latinoamericana: "Pero también siempre me sentí extranjero [en México], fenotípicamente, porque voy por la calle, en cualquier playa, y me hablan en inglés. No, eso de sentirse extranjero en tu país pues no siempre agrada" (Emilio, mexicano con pasaporte francés por ancestros).

El fenotipo y la ancestría definitivamente separan clases de ciudadanos dentro de cada país en Latinoamérica, y la experiencia multicultural de Londres hace que los migrantes sean ahora mucho más conscientes de ese racismo subliminal que lo inunda todo en sus países de origen. Estas cuestiones merecen mayor atención de las otorgadas en el tiempo de las entrevistas, pero los retazos que surgen en ellas, entrelazando cuestiones de ancestría, etnicidad, racismo y clase social, son muy sintomáticos de las enormes disparidades socio-raciales en Latinoamérica, que salen a relucir al entrar en conflicto dichas dimensiones con la experiencia migratoria europea y la perspectiva más amplia que los migrantes ahora tienen en sus viajes de regreso al país de origen.

Conclusión

La mayoría de la literatura sobre ciudadanía y migración se centra exclusivamente en cuestiones de naturalización en el país de destino, como principal mecanismo para lograr la integración social de los migrantes y luchar contra su discriminación. Sin embargo, como se ha argumentado en este artículo, en el contexto europeo se ignoran otras vías importantes de acceso a una ciudadanía de la UE; a través de los ancestros (*ius sanginis*) y por naturalización en otro país europeo distinto al de residencia actual (movilidad post-naturalización).

En este artículo se han analizado las experiencias de acceso a una ciudadanía europea de latinoamericanos desde el punto de vista de la discriminación étnica en trayectorias de ancestría y naturalización por migración. La comparación de las experiencias de los dos grupos de migrantes latinoamericanos analizados (entrevistas en Reino Unido y testimonios en un foro de discusión en Internet sobre nacionalidad española) ha permitido desvelar diversas asimetrías de discriminación que se manifiestan en cinco frentes principales.

Primero; en algunos países de la UE los ancestros conforman un "capital étnico" que posibilita el acceso a la ciudadanía europea a sus descendientes desde los países de origen sin necesidad de migración. Segundo; algunos países de la UE mantienen una serie de preferencias para nacionales de países considerados "co-étnicos" a través de dudosas jerarquías etnolingüísticas en sus políticas de migración y ciudadanía por naturalización. Tercero; pese a la obtención de la ciudadanía europea, los migrantes latinoamericanos siguen experimentando discriminación racial mediada por aspectos de identidad documental (país de nacimiento y apellidos), el conocimiento lingüístico o acento y el fenotipo. En Estados Unidos esto lleva a cuestionar la legitimidad de su ciudadanía europea para viajar en tránsito sin visado. Cuarto; se generan jerarquías de países latinoamericanos según la clase social predominante de sus migrantes en Europa (educación, ocupación y capital financiero), la vía de acceso más común a la ciudadanía europea (ancestros o naturalización) y el fenotipo predominante (en un continuo blanco-indígena). Es decir, la historia de poblamiento europeo y mestizaje de cada país latinoamericano, al determinar su grado de "europeización", y su geografía y tipologías de emigración, se vuelven ahora a favor o en contra de sus nacionales a la hora de modular sus experiencias de discriminación en Europa. Por último, quinto; la experiencia migratoria en España y Reino Unido hace a los ciudadanos eurolatinoamericanos más sensibles a la discriminación racial al interior de sus países de origen, que entrelaza cuestiones de ancestría, etnicidad, racismo y clase social, y prevalece sin ser cuestionada como parte de las profundas disparidades sociales latinoamericanas.

Las tendencias hacia la "re-etnización" de la ciudadanía europea (Joppke 2003), exacerban estos cinco frentes de discriminación y contrarrestan en cierta manera los logros obtenidos en equidad y derechos humanos para los migrantes de las últimas décadas. Además, en el caso latinoamericano las preferencias étnicas en las políticas de migración y nacionalidad generan innumerables tensiones y asimetrías de discriminación entre personas y países a ambos lados del Atlántico. Por cuestiones aleatorias del destino familiar o legal, unas personas pueden disfrutar del privilegio hereditario de poder acceder a un espacio de movilidad global y libertad individual que presenta numerosas oportunidades en la vida, mientras que aquellos latinoamericanos sin ancestros europeos cercanos, de piel más oscura o de clase social baja, se quedan fuera y sufren las restricciones impuestas a sus pasaportes de países más pobres o considerados "inseguros". Esta situación encaja bien con lo que Shachar (2009) define como la "lotería del derecho de nacimiento". Así, la ancestría europea y las preferencias de naturalización para co-étnicos, emergen claramente como un nuevo mecanismo de discriminación étnica que está latente en las normas y prácticas de integración y exclusión en Europa, y que en el caso latinoamericano puede llevar a reabrir viejas heridas coloniales.

BIBLIOGRAFÍA

BAUBÖCK, Rainer. "Who are the Citizens of Europe?". *Eurozine*, 23/12, (2006). 1-7.
— "Dual Citizenship for Transborder Minorities. How to Respond to the Hungarian-Slovak Tit-for-tat, 2010". *EUDO Citizenship Working Paper* 2010/75. EUI Florence, Italy (2010a).
— "Studying Citizenship Constellations". *Journal of Ethnic and Migration Studies*, 36 (5), (2010b): 847-859.
Boletín Oficial del Estado. Ley de 15 de julio de 1954, Reforma del Código Civil "De los españoles y extranjeros", *BOE*, (1954): 4831-4834.
CARENS, Joseph H. "Aliens and Citizens: the Case for Open Borders". *The Review of Politics* Vol. 49, nº 2 (1987): 251-273.
COOK-MARTIN, David. *The Scramble for Citizens: Dual Nationality and State Competition for Immigrants*. Palo Alto: Stanford University Press 2013.
INSTITUTO NACIONAL DE ESTADÍSTICA. *Cifras oficiales de población*. Madrid: INE 2012.
IZQUIERDO ESCRIBANO, Antonio. *La migración de la memoria histórica*. Bellaterra: Fundación Francisco Largo Caballero 2011.
JOPPKE, Christian. "Citizenship between De- and Re-Ethnicization". *European Journal of Sociology*, 44 (03), (2003): 429-458.
— "The Inevitable Lightening of Citizenship". *European Journal of Sociology*, 51 (01) (2010): 9-32.
KOSTAKOPOULOU, Dora. "Matters of Control: Integration Tests, Naturalisation Reform and Probationary Citizenship in the United Kingdom". *Journal of Ethnic and Migration Studies* 36, (5), (2010): 829-846.
MATEOS, Pablo „Ciudadanía múltiple y externa: Tipologías de movilidad y ancestría de euro-latinoamericanos". *Ciudadanía múltiple y migración: perspectivas latinoamericanas*. Ed. Mateos, Pablo. México DF: CIDE / CIESAS, en prensa (2015).
MATEOS, Pablo y Jorge DURAND. "Residence vs. Ancestry in Acquisition of Spanish Citizenship; An 'Netnography' Approach". *Migraciones Internacionales*, 6 (4) (2012): 9-46.
MATEOS, Pablo y Helen MCCARTHY. "Passport to Stay? Multiple Citizenship and Onward Mobility of Euro-Latin Americans". *Journal of Ethnic and Migration Studies*, en prensa.
MCILWAINE, Cathy, Juan Camilo COCK, y Brian LINNEKER. *No Longer Invisible*. London: Queen Mary/University of London/Trust for London and LAWRS 2011.
ONG, A. (1999). *Flexible Citizenship: The Cultural Logics of Transnationality*. Durham: Duke University Press.
SAMERS, Michael. *Migration*. Abingdon: Routledge 2009.
SHACHAR, Ayelet. *The Birthright Lottery: Citizenship and Global Inequality*. Cambridge, MA: Harvard University Press 2009.

Spiro, Peter J. *Beyond Citizenship: American Identity after Globalization.* Oxford: Oxford University Press 2008.

Tintori, Guido. *Fardelli d'Italia? Conseguenze nazionali e transnazionali delle politiche di cittadinanza italiane.* Roma: Carocci 2009.

— "The Transnational Political Practices of 'Latin American Italians'". *International Migration*, 49 (3), (2011): 168-188.

Vázquez-Azpiri, James A. y Daniel C. Horne. "Doorkeeper of Homeland Security: Proposals for the Visa Waiver Program". *Stan. L. & Pol'y Rev 16* (2005). 513-548.

Waldrauch, Harald. "Statistics on Aquisition and Loss of Nationality in EU 15 Member States". *Acquisition and Loss of Nationality. Volume 1: Comparative Analyses. Policies and Trends in 15 European Countries.* Eds. Rainer Bauböck, Eva Ersboll, Kess Groenendijk y Harald Waldrauch. Amsterdam: Amsterdam University Press 2006. 269-315.

Zolberg, Aristide. "Matters of State: Theorizing Immigration Policy". *The Handbook of International Migration.* Eds. Charles Hirschman y Philip Kasinitz. New York: Russell Sage Foundation 1999. 71-93.

Ciudadanía en disputa. La deportación de migrantes y los reajustes de pertencia en sus países de origen

Heike Drotbohm

En el presente capítulo, rastreo la sinuosa trayectoria de migrantes que han sido deportados involuntariamente a sus países de origen por fuerzas estatales. El contexto, de deportación, se centra en la dinámica entre la ciudadanía formal por un lado, y las economías morales de pertenencia y membresía por el otro. Basándose en el trabajo de campo antropológico en Cabo Verde, una criolla nación isleña situada en el África occidental en donde la deportación está produciendo una nueva minoría social, este artículo examina la confluencia social y las prácticas legales formales del ejercicio de membresía en campos transnacionales. Se argumenta que la comprensión de la inclusión social y la percepción de pertenencia están integradas en los discursos morales sobre la "ley" y "justicia", ya que circulan dentro de los campos sociales transnacionales. En el contexto de la migración de retorno forzado, la ciudadanía surge como un espacio para demandar la legitimidad y la integración, y del mismo modo se conviete en un modo esencial de la formulación de condicionalidades para la integración y la exclusión social.

Introducción[1]

En el presente capítulo exploraré las dinámicas entre pertenencias y ciudadanía en el contexto de migración involuntaria, a saber, de la deportación de migrantes a sus (supuestos) países de origen. Esta práctica de los Estados es cada vez más solicitada por los gobiernos de Europa y América del Norte, en la sociabilidad de los campos sociales transnacionales en Cabo Verde, una nación isleña situada en África occidental, unos 550 kilómetros al oeste de la costa de Senegal. En relación a sus orígenes criollos, así como a su alto nivel de transnacionalismo cotidiano, la sociedad de Cabo Verde comparte elementos comunes, históricos y contemporáneos con las sociedades caribeñas y afrolatinoamericanas. La deportación es una carga, resultado de la fase más reciente de la globalización, que se está conformando no solo por un flujo acelerado de la comunicación, imágenes, transporte y viajes, sino también por el creciente impacto del cierre de las fronteras nacionales, especialmente en la Unión Europea y América del Norte.

En mi investigación exploro la forma en que ciertas prácticas gubernamentales impactan tanto la percepción y las practicas de ciudadanía y pertenencia en campos sociales de carácter transnacional. ¿Acaso lo migrantes deportados son capaces de reajustar su pertenencia a pesar de haber sido repatriados involuntariamente y con las manos vacías? Propongo que, por medio del rastreo de este tipo de regresos y reintegración social, el tipo de frontera social contribuye a la fragmentación social de campos transnacionales no solo en el ámbito de la nación y el Estado, sino en particular en el interior de las familias, las cuales también tiene que reajustarse social y emocionalmente al sentido de compañerismo, a pesar de las adversidades que presentan el estigma, la distancia espacial y la perdida de sustento económico.

En los últimos años, la deportación ha atraído la atención tanto de las ciencias sociales como de otros campos académicos comprometidos. Muchos investigadores han examinado la interacción entre la producción de "deporta-

---

[1] La traducción de este capítulo al español fue realizada por Marta Loza y Ligia Ibarra. Quisiera agradecer la invitación de los organizadores de la conferencia "Dinámicas de inclusión y exclusión en América Latina. Perspectivas y prácticas de etnicidad, ciudadanía y pertenencia", auspiciada por la Universidad de Colonia en cooperación con la Universidad de Guadalajara, a participar como ponente y especialmente a las profesoras Marta Loza y Ligia Ibarra por sus comentarios a este trabajo. Asimismo, quisiera expresar mi gratitud al Instituto das Comunidades, el Ministério dos Negócios y al consulado de Cabo Verde en Boston por facilitarme información contextual y estadísticas. De igual forma, quiero agradecer a todos aquellos individuos que conocí en el campo y que compartieron conmigo su tiempo y percepciones de la vida.

ción" (De Genova 2002, 2007), las historias de migración laboral y la discriminación racial, las cuales han contribuido a la negación de los derechos de los ciudadanos, así como la ilegalización y la expulsión de los no ciudadanos indocumentados. Si bien en cierto que la mayoría de los estudios se enfoca en los contextos latinoamericanos, recientemente las sociedades africanas han recibido mayor atención en estos temas (Zilberg 2004; Peutz 2006; Coutin 2007; Willen 2007; Peutz y De Genova 2010; Drotbohm 2011). Nyers (2003, 1070) describió estos espacios transnacionales de expulsión y producción de un medio de vida extremo en el ámbito político, donde la pertenencia se atribuye como un "accident of the place of one's birth" (Nyers 2004: 203). Aunque la mayoría de estos enfoques se centra en el contexto político y legal de la deportación y las condiciones sociales de los transmigrantes indocumentados que viven en Estados nación occidentales, el impacto de la deportación sobre el panorama social en los países receptores (es decir, los anteriores "países de origen") siguen siendo en gran parte descuidados.

Mi trabajo en general examina las complejidades de la vida familiar transnacional, el establecimiento de apoyo sanitario transfronterizo y el encuentro con las fuerzas reguladoras del Estado en Cabo Verde (Drotbohm 2012). La vida en esta isla-nación criolla es comparable a la del Caribe, donde durante siglos los medios de vida se han basado en la movilidad transfronteriza y la conexión transnacional. Pero la migración de retorno forzado contradice el carácter de la forma de vida transnacional. Por esta razón la deportación constituye un ingrediente fundamental y ferozmente debatido en el modo de vida local. Este artículo se centra específicamente en los impactos de la deportación en las comunidades de Cabo Verde en las que los deportados son "repatriados" y examina las trayectorias y subjetividades de estos, especialmente con respecto a su integración social y su posición dentro de la sociedad isleña. En esta situación, la tensión entre la ciudadanía jurídica, por una parte, y las economías morales de la pertenencia social, por otra, ilumina la confluencia de las prácticas sociales legales y formales de la ciudadanía, que se ejerce a través de la afiliación en los campos sociales transnacionales.

En el contexto de la migración de retorno forzado interactúan múltiples significados y prácticas de ciudadanía. En términos generales, la perspectiva transnacional de la migración muestra cómo la ciudadanía formal, que se fija y se documenta en el pasaporte de una persona, es a la vez complementada y está en contradicción con las realidades sociales y políticas de los transmigrantes, que viven sus vidas a través de las fronteras nacionales. Sobre todo en lo que respecta a la dinámica entre ciudadanía y subjetividad es importante examinar el creciente impacto de la ley del Estado y de las prácticas reguladoras estatales en la judicialización de las nociones de pertenencia y estatus personal. Basándose en el trabajo de campo antropológico en Cabo Verde, donde la deportación produce una nueva minoría social y nuevas asimetrías sociales, el presente texto pone de relieve configuraciones alternativas de la responsabilidad legal a través de las luchas por la inclusión y las percepciones de la competencia de la legitimidad y la justicia.

Mi argumento seguirá las reclamaciones de los deportados a la pertenencia en diferentes niveles de encuentros sociales. Después de resumir los rasgos constitutivos de las formaciones sociales en Cabo Verde desde sus inicios, me enfocaré en la diáspora. Los deportados generalmente basan sus relatos biográficos sobre las experiencias particulares de las condiciones de vida en que se reproducen las diferencias sociales, que conducen inevitablemente a la delincuencia, motivo que en sus casos instigó el procedimiento de deportación. A continuación voy a reflexionar sobre la situación ambivalente de deportados que están asignados a hogares familiares en la isla y que tienen que negociar su posición entre la mala reputación como presuntos delincuentes y la atractiva aura de ex movilidad y mundanería. La siguiente sección mostrará que no solo sus parientes isleños, sino también la sociedad en general y los representantes estatales hacen uso de las líneas de exclusión. Estas técnicas se definen por el Estado al cuestionar la legitimidad de la integración de los deportados en la sociedad caboverdiana. Aquí me concentro en particular en los esfuerzos de reculturización, que arrojan luz sobre las percepciones de la competencia de la "justicia" desde múltiples perspectivas.

Mi relato se basa en 12 meses de trabajo de campo antropológico realizado entre 2006 y 2008 en Brava y Fogo, dos pequeñas islas en el suroeste del archipiélago. En estas, la emigración se dirige principalmente hacia los EE. UU. y Portugal. Además, visité a miembros de la familia que permanecían en los EE. UU. en septiembre de 2008. A pesar de que la deportación no fue el punto de partida inicial de esta investigación, encontré que su impacto en los medios de vida transnacionales era innegable, en tanto que la posición y el destino de los deportados fundamentalmente contradicen las lógicas internas de los campos sociales transnacionales. Por tanto, mi enfoque se sitúa el impacto de la deportación y la posición de los deportados en el contexto más amplio de mi interés general de investigación, a saber, en la moral económica de la vidas familiares transnacionales (Drotbohm 2009, 2010).

Transformaciones históricas de las vidas transnacionales en las islas

La movilidad y la conectividad global eran parte integral de la formación de la sociedad caboverdiana y todavía dan forma a la vida cotidiana de las islas. Desde el descubrimiento del deshabitado archipiélago en el siglo xv, los navegantes portugueses utilizaron el territorio como un puesto comercial para el comercio de azúcar, algodón y, sobre todo, de esclavos entre la costa del golfo de Guinea, Europa y Brasil (Carreira 1982; Meintel 1984). A lo largo del tiempo, se desarrolló una sociedad criolla a partir de los encuentros entre señores europeos, esclavos africanos y otros grupos de inmigrantes que establecieron su existencia en este árido archipiélago y lucharon contra las duras pruebas de la sequía, la pobreza y el abandono político. La decadencia de la esclavitud implicó cambios económicos drásticos e instigó la búsqueda de nuevas bases de subsistencia. La movilidad espacial y el trabajo global en red, una vez un privilegio y una forma de acceso al poder, evolucionaron como medio esencial para la supervivencia local y nacional. La emigración de los miembros de la familia, predominantemente varones, así como el apoyo de los miembros de la familia en el extranjero, se convirtió en una estrategia de supervivencia generalizada en el archipiélago (Rodrigues 2008).

Con el tiempo, los destinos de migración han cambiado. La industria ballenera mundial llevó a miles de caboverdianos a los EE. UU. desde la década de 1820. Un siglo después, muchos hombres de las islas la abandonaron por los difíciles afectos de la sequía y aquejados por la pobreza de la vida en las islas por un trabajo agrícola en EE. UU., principalmente en el sureste de Nueva Inglaterra, que aún alberga la mayor comunidad caboverdiana migrante del mundo. Además, destacan las comunidades de la diáspora caboverdiana desarrolladas en Brasil, así como en países europeos, particularmente en España, Italia, Francia, Países Bajos y Luxemburgo. Después de siglos de migración, la población de la diáspora ya supera en número a los aproximadamente 500.000 habitantes de las islas (Halter 1993; Carling 2001; Batalha 2004; Carling y Akesson 2009) y el transnacionalismo se ha convertido en la forma dominante de vida. La dinámica entre no migrantes y migrantes, los que no son móviles y los móviles, los residentes pobres y los más ricos emigrantes que regresan de los EE. UU. o Europa para vivir cómodamente de sus cheques de seguridad social han sentado las bases para la diferenciación social y han reforzado las desigualdades.

Brava, la más pequeña de las islas de Cabo Verde, se encuentra en el suroeste del archipiélago y tiene una superficie de 67 km², con una población de poco más de 5.000 habitantes. Tiene un paisaje montañoso, y la precipitación de los vientos alisios contribuye a un clima relativamente húmedo en comparación con las otras nueve islas. La mayoría de los isleños tiene pequeños jardines donde cultivan maíz, legumbres y hortalizas y, en ocasiones, crían cabras, cerdos y, raramente, vacas. La pesca es un elemento más de la economía de la isla. Además, la mayoría de los isleños combina la agricultura a pequeña escala con el trabajo asalariado y las remesas de los migrantes para ganarse la vida. En la mayoría de los hogares de Brava prevalecen las relaciones con parientes o amigos que viven en Massachusetts y Rhode Island. Sus remesas, el domingo por la tarde, las llamadas telefónicas, paquetes o *bidons* –viejos bidones llenos de ropa, alimentos y otros tipos de productos de consumo que llegan a las islas varias veces al año–, así como las visitas regulares de los que viven en el extranjero, constituyen elementos importantes en el complejo campo de encuentros y negociaciones. Este campo comprende las relaciones familiares transfronterizas, las dependencias y los compromisos que requieren mantenimiento diario (Drotbohm 2009).

Según Pedro Góis, el transnacionalismo en Cabo Verde se lleva a cabo en un nivel de baja intensidad, ya que comparativamente solo pocas asociaciones de Cabo Verde están activas en la diáspora y la familia es el principal agente de conexión transnacional (Góis 2005: 273). Las familias transnacionales de Cabo Verde son construcciones sociales de utilidad y conveniencia. La mayoría de los inmigrantes no sale de sus países de origen, a pesar de sus vínculos familiares, pero precisamente por estos, el objetivo es apoyar a los que se quedan atrás. Varios estudiosos no solo dilucidan las bendiciones de las conexiones transfronterizas nacionales, sino que también destacan las cargas y las tensiones que surgen en campos sociales fuertemente modelados por la dependencia social y las asimetrías de inversión (Carling 2008; Drotbohm 2010). En este contexto, introduce la idea de un "modelo de familia contributiva" (Drotbohm 2009) para iluminar la circunscripción de afinidad y las condiciones previas para ser miembro legítimo en esa estructura social translocal. Las personas que contribuyen activamente a la construcción transatlántica nacional, al mantener en contacto y modo de bienestar de sus familiares dejados atrás, ganan en respeto e integración social en los dos lugares de vida. Para otros que se someten a migraciones difíciles y no cumplen con la imagen que existe en Cabo Verde de la sociabilidad transfronteriza, su posición social se cuestiona, y sus relaciones dentro de estas redes pueden debilitarse o incluso romperse.

La repatriación forzada desde los EE. UU. a Cabo Verde ha sido un problema en las islas desde principios de 1990, cuando los gobiernos occidentales empezaron a aplicar técnicas jurídicas de expulsión de los no ciudadanos[2]. A raíz de los ataques del 11 de septiembre de 2001, las tasas anuales de retorno forzado se han incrementado dramáticamente. Las estadísticas más recientes del gobierno de Cabo Verde muestran que, a partir de esa fecha, casi todos los meses, hay migrantes que son devueltos a Cabo Verde en contra de su voluntad. Teniendo en cuenta las diferentes historias de la migración y los diferentes países de destino de cada isla de Cabo Verde, la relación de la repatriación es diferente. Brava es la única isla del archipiélago con vínculos casi exclusivos con los EE. UU. y, en consecuencia, la gran mayoría de los deportados que regresa a son de allí, mientras que Fogo, la isla vecina, recibe también deportados de Portugal y, a partir de 2008, a veces de Francia. El 2% de la población que vive en la isla de Brava había sido deportada desde los EE. UU. Deportados, que en el lenguaje cotidiano en Cabo Verde a menudo se llaman simplemente "DP", los cuales hasta antes de la deportación formaban parte de la narrativa del éxito de los migrantes. La mayoría de ellos fueron llevados al extranjero por sus familias o, en algunos casos, se las arreglaron para obtener visados por su cuenta, se fueron al extranjero y con ello adquirieron el respeto y la aceptación entre los que se quedaron en las islas.

Continuidades de la exclusión social y la "inevitabilidad de la delincuencia"

Lo anterior demuestra la historia de más de dos siglos de residencia de Cabo Verde en los EE. UU. Como resultado, hoy en día los caboverdianos cons-

---

[2] De acuerdo a la perspectiva general estadística del 2008 provista por el Instituto das Comunidades (parte del Ministério dos Negócios Estrangeiros, Cooperação e Comunidades de Cabo Verde), el número de deportaciones se ha incrementado anualmente, siendo cinco en el año de 1993 y llegando a su nivel más alto en el año de 2007, con una cifra de 128 deportaciones registradas oficialmente. Hasta antes de 2002, Portugal era el país con la mayor cifra de deportados, sin embargo, a partir de ese año, los Estados Unidos ocupan dicha posición. Para 2007, el 50% de los deportados provenían de EE. UU., el 33% de Portugal, el 8% de Francia y el resto de España, Luxemburgo, Alemania y Brasil. De aquellos regresados a Brava, el 100% provenía de los EE. UU., de aquellos a Fogo, el 83% procedían del mismo país y el 17% restante de Portugal. La proporción de mujeres deportadas siempre se ha mantenido por abajo del 5%. Además, es importante destacar, que solo una minoría de los deportados es registrado al momento de su entrada a Cabo Verde, por lo tanto las estimaciones actuales del número de deportados deben ser considerablemente más altas (Instituto das Comunidades 2008).

tituyen una diáspora de emigrantes heterogéneos, repartidos en diferentes barrios, pueblos y regiones dentro de los EE. UU., representando asimismo diferentes niveles profesionales y diferentes medios de acceso a la integración y la representación política. Muchos de los isleños incluidos en mi trabajo de investigación laboran en las fábricas de Nueva Inglaterra o en los servicios de limpieza, mientras que otros se han convertido en empresarios de éxito o han ingresado en la política local. Sin embargo, es muy común que dentro de una misma familia, a algunos niños les va bien, mientras que a otros no, y algunos logran legalizar su situación en un par de años, mientras que otros se insertan en ámbitos delictivos. Si tenemos en cuenta el hecho de que muchos caboverdianos en los EE. UU. carecen de ciudadanía legal y permiso de residencia y, como consecuencia, tienen que hacer el trabajo de indocumentados y viven en barrios violentos, este resultado en particular no es una sorpresa.

A diferencia de otros grupos de inmigrantes –por ejemplo, de los países de América Latina– la mayoría de los caboverdianos deportados inicialmente entraron en EE. UU. legalmente, a menudo a través de un visado de visitante (generalmente de seis meses) o por medio de la petición de un familiar. Sin embargo, en cualquiera de los casos, el acceso a la ciudadanía legal sigue siendo difícil. En el primer caso, muchos caboverdianos simplemente se quedan después de que su visa ha expirado y siguen viviendo y trabajando en los EE. UU. como extranjeros indocumentados, en el segundo caso se puede obtener una tarjeta verde y trabajar y vivir como beneficiarios del sistema de bienestar de los EE. UU. Sin embargo, en estos casos también, el acceso a la ciudadanía formal requiere de los medios financieros para el procedimiento legal, la participación en las pruebas de naturalización y un registro criminal limpio. Para la mayoría de los deportados incluidos en mi investigación, esta última condición es la más problemática.

Al igual que muchos otros deportados, Ramón, que tenía 27 años en el momento de nuestro encuentro, se había ido a las islas cuando aún era muy joven. A la edad de dos años, fue llevado a los EE. UU., donde sus padres esperaban encontrar *uma vida midjo*, una vida mejor. Entró en los EE. UU. con una invitación de un familiar y le fue relativamente fácil establecer su vida social, residencia y trabajo en Massachusetts. En Brockton, Massachusetts, Ramón fue al jardín de infantes y a la guardería por la tarde, asistió a una variedad de escuelas y vivió en el barrio junto a sus amigos, los cuales provenían de Cabo Verde, Haití o eran hispanos u otro tipo de minorías estadounidenses. Durante sus años de infancia, sus padres trabajaban día y noche en las fábricas productoras de papas fritas, textiles y muebles, para ganar dinero y enviar parte de este de vuelta a los miembros de la familia en Cabo Verde. Su madre, Sonia, nunca dejó su compromiso activo en favor de los que se quedan, envió remesas y otros artículos de forma regular a sus padres y hermanos que viven en Cabo Verde, e invirtió en la construcción de una nueva casa, donde su hermano y su familia vivían. Ninguno de los padres de Ramón logró nunca legalizar su residencia, pero su situación legal no era, al parecer, un tema de discusión dentro de la familia: simplemente era ignorado.

Para Ramón, el país de origen de su familia era mucho menos que un punto de referencia. Él imaginaba su futuro personal en los EE. UU., solo hablaba un rudimentario kriolu caboverdiano y no estaba interesado en la comunidad de Cabo Verde en Boston. Incluso más tarde, cuando abrió un negocio de computadoras junto con un amigo, Ramón se consideraba a sí mismo como americano y no estaba al tanto, tal vez intencionalmente, de que su situación jurídica no era clara. "Cuando era más joven", explica Ramón,

> Yo estaba creciendo, igual, era un buen barrio, un grupo de niños jugando. Pero cuando empecé a envejecer, empezamos a movernos en un entorno más peligroso, significaba una gran cantidad de violencia, las drogas, los adictos a las drogas, al igual que ese tipo de cosas. (…) Nunca anduve con caboverdianos. Nunca me pongo en esa categoría. Pensé que estaba americanizado[3].

Del mismo modo, muchos de los inmigrantes, especialmente los que pertenecen a la llamada segunda generación que ingresó al país cuando eran niños y aún no poseen la ciudadanía de EE. UU., siguen siendo mal informados sobre las opciones legales o restricciones de su estancia en tal país. Además, en los últimos años, las tasas de delincuencia, en particular entre los jóvenes con antecedentes migratorios, han aumentado dramáticamente en el área metropolitana de Boston. Entre los caboverdianos en particular la territorialidad de los suburbios de Boston y sus barrios tiende a reflejar una pertenencia a grupos particulares, a menudo pandillas callejeras asignadas a ciertas áreas de la ciudad que reproducen el ciclo de la violencia. Una minoría de los deportados oficialmente registrados fue devuelta a Cabo Verde por su condición de indocumentada en los EE. UU. Para la mayoría, sin embargo, la posesión ilegal de armas, el robo, los delitos violentos, el consumo y

---

[3] Los nombres de los informantes son anónimos. Las entrevistas fueron efectuadas principalmente en inglés, algunas en kriolu caboverdiano, dependiendo de la elección del entrevistado.

tráfico de drogas, así como el abuso sexual están registrados como las razones de su retorno forzoso. Estos datos deben ser complementados por el hecho de que, además de los repatriados oficialmente enviados por la fuerza del Estado, un número desconocido de los retornados, que han estado en conflicto con la ley, viaja de nuevo "voluntariamente", sin acompañamiento ni registro. Sin embargo, para una comprensión matizada de las trayectorias de vida de los deportados es importante tener en cuenta que su posición en Cabo Verde está definida de forma considerable por una relación discursiva entre la deportación y las actividades delictivas, algo que puede no corresponder a las condiciones reales de cada individuo. A continuación se esclarece, sin embargo, que la "veracidad" de los diferentes modos y diferentes narrativas de retorno se complica con múltiples versiones, intereses y agendas, no solo entre los deportados, sino también entre sus familiares no inmigrantes y la sociedad de acogida en general.

Al igual que muchos de sus compañeros, Ramón fue atrapado en una pelea callejera entre caboverdianos pertenecientes a diferentes áreas de la ciudad de Brockton. Después de la llegada de la policía, fue detenido por posesión de un arma de fuego sin licencia. Este contacto con los representantes del Estado y los procedimientos judiciales que siguieron le obligó a enfrentarse a su situación jurídica y le hizo darse cuenta de que su estatus formal como ciudadano de Cabo Verde amenazó con poner en riesgo su permanencia en los EE. UU., y lo llevó a su regreso forzado a su país de nacimiento. Cuando contó su historia, Ramón subrayó que el arma no era suya, que la situación no era tan clara como la policía hizo que fuera y que, de hecho, se había visto obligado a defenderse, a sí mismo y a sus amigos. Pese a su manifestación y declaración de inocencia, Ramón fue declarado culpable de posesión de un arma ilegal y condenado a 18 meses de prisión. Tras cumplir su condena, fue entregado al Servicio de Inmigración de EE. UU. y a los Servicios de Naturalización (INS), quienes decidieron expulsarlo y enviarlo a Cabo Verde. Durante varios meses fue transferido a diferentes prisiones estadounidenses antes de ser finalmente acompañado en un vuelo desde Boston, vía Ámsterdam, hacia Sal, donde fue entregado a agentes de control fronterizo en Cabo Verde. Después de pasar 26 años viviendo en los EE. UU., Ramón regresó finalmente a Cabo Verde, un lugar en que, según su propio entendimiento, nunca había estado antes.

El inesperado regreso. Equilibrando pena y deberes

Después de regresar, los deportados (DPs) no forman un grupo uniforme en las comunidades isleñas caboverdianas. En primer lugar, su situación legal es diferente porque la mayoría es deportada por el Estado, mientras que otros se "autodeportan", es decir, deciden abandonar el país voluntariamente ante la amenaza de la detención y la deportación. En segundo lugar, su medio de integración social en las islas varía significativamente. Algunos viajan a las lejanas casas de miembros de su familia en las islas exteriores para insertarse en la vida del pueblo, mientras que otros se quedan en la capital, Praia, donde por lo general se integran más fácilmente en la sociedad en general. Sin embargo, otros optan por seguir una forma de vida urbana moldeada por las rivalidades entre bandas familiares, la violencia y el crimen. En general, la situación de los deportados debe verse en el contexto de un imaginario de regreso centenario, ya que se nutre no solo, por ejemplo, del pensionado exitoso, del turista caboverdiano y los movimientos circulares de los comerciantes y hombres de negocios, sino también del regreso de los que han dejado de poder residir en el extranjero, como ahora, después de la crisis financiera mundial (Drotbohm 2012).

Al igual que muchos otros deportados que no han regresado a su país de origen después de su primera salida Ramón no sabía mucho acerca de Cabo Verde en el día de su "regreso a casa". Aún traumatizado por la experiencia de su regreso "acompañado", fue sorprendido por el paisaje seco, los edificios en ruinas, la llamativa pobreza y un lenguaje apenas comprensible. Primero fue a la casa de su madre, donde sabía que la familia de su tío, que había sido informado de su inminente regreso, le estaba esperando. La recepción de aquellos devueltos por la fuerza del Estado es un elemento de indiscutible apoyo mutuo, establecido en las prácticas familiares transnacionales. Al mismo tiempo, plantea graves problemas, tanto para los deportados como para los familiares no migrantes que los reciben. Estos suelen debatir la cuestión de los hogares para colocar al DP. La mayoría de los miembros de las familias insulares son conscientes de que los DPs están acostumbrados a las condiciones de vida americana, lo que supone, para los estándares locales, una relativa riqueza, pues el acceso a la electricidad, el agua corriente y a una dieta equilibrada son inasequibles para la mayoría de los isleños. El estilo de vida y los hábitos de consumo de los DPs son generalmente percibidos como costosos e incluso inaccesibles, por lo que la familia de recepción suelen esperar un apoyo financiero de los miembros de la familia que viven en la diáspora. Una conciencia particular de diferencia cultural y material se inscribe en estos hogares, donde los deportados tienen dificultades con la involuntariedad de su estancia y sus familiares en el extranjero tratan de compensar sus dificultades mediante el envío de remesas y artículos de consumo. Como Ramón explicó:

> Usted ve, cuando llegué, ayudaba con todo en la casa, todo. Entonces ellos empezaron a cambiar. Cuando el dinero llegó tarde, comenzaron a cambiar su actitud. Ellos recibieron el dinero de los EE. UU. [enviado por su madre] por la comida y todo. Mi familia envió algo de dinero para ellos y algo para mí. Así que cuando el dinero llegó tarde, empezaron a decir que he usado demasiada agua, tomado demasiadas duchas, exceso de luz [electricidad], cosas así.

Esta cita revela líneas de conflicto rutinarias dentro de los deportados y los hogares receptores y confirma las condiciones previas a la integración en las redes sociales a distancia. Como se señaló anteriormente, la idea de Cabo Verde acerca de la familia se basa en una ideología de la reciprocidad y la contribución activa para la supervivencia conjunta. Por lo tanto, se evalúa la legitimidad de la estancia de Ramón sobre la base de las contribuciones activas de sus familiares a sus parientes en la isla. Especialmente, los deportados que se sienten bien integrados en sus redes familiares luchan con su dependencia del apoyo intrafamiliar generada por la deportación y son conscientes de la presión moral que esto supone. Los DPs a menudo no son capaces de cumplir con sus obligaciones familiares transnacionales y de contribuir a la supervivencia material de los isleños con los que se ven obligados a vivir. Más bien se consumen las capacidades disponibles de asistencia y apoyo financiero de los que nunca lograron salir de las islas.

Este tipo de soporte condicional se aplica particularmente a las deportadas femeninas, quienes, como ya se ha mencionado anteriormente, son minoría. Sandra, una mujer de unos cuarenta años y que regresó hace nueve, me relató en detalle la estricta red de control social, la cual sirvió para monitorear y juzgar su comportamiento en Cabo Verde. Sus padres la apoyaron económicamente bajo la condición de que mantuviera una conducta moral intachable. "Si yo llego a tomar, si yo llego a ir a una fiesta, no te puedes imaginar la velocidad con que estas noticias viajan hacia los Estados Unidos. Ellos se enteran más rápido que yo [ríe]. Si yo no soy la 'chica buena', ellos dejan de mandarme dinero, regalos; también dejan de llamar. Es un régimen estricto".

Además de esta condicionalidad material de su estancia, los deportados luchan contra el estigma de llegar a las islas como *criminosos* –"criminales"–, acompañados de una mezcla de rumores acerca de sus carreras delictivas. A menudo su regreso forzado por el Estado produce sospechas y sentimientos de distanciamiento social. En este contexto, las dudas de la familia y las evaluaciones morales rara vez se abordan de una manera abierta, sino que se expresan a través de chismes. Esto lleva a muchas asociaciones de desarrollo a quejarse de la asociación directa que se hace entre deportación y actividades delictivas, del inquisitivo control del comportamiento de los deportados y de la intrincada red de información basada en rumores que cruzan el océano. En el caso de las familias más ricas, en particular, los que viven en la diáspora tratan de articular la condicionalidad de la asistencia a la persona deportada y ejercer así un estricto control social sobre la misma para no dañar la reputación familiar en las islas. Muchos individuos deportados pertenecientes a familias transnacionales están obligados a mostrar un comportamiento moral impecable y abstenerse de cualquier tipo de actividad sospechosa para poder seguir recibiendo la asistencia de sus familiares en el extranjero.

La mala reputación de aquellos DPs que vuelven a Cabo Verde por delitos se erige como un obstáculo para la normalización de su vida, conllevando asimismo un constante temor sobre la legitimidad de su estancia y el cuestionamiento de esta como la base de su expulsión. Al situar el proceso jurídico en el contexto de la exclusión social y de las técnicas de tipificación experimentado en los EE. UU. los deportados destacan las vulnerabilidades creadas por la integración segmentada y piden la comprensión de sus condiciones de vida en el extranjero. Aunque Ramón continuó justificando sus acciones en la pelea callejera que finalmente supuso su expulsión e insistiendo en que él, simplemente, defendió a sus amigos, Nando, que abandonó la isla cuando tenía siete años y que regresó durante un período de tres años, a la edad de 22, asegura: "En Brockton no se puede evitar la posesión de armas. Hombre, si tú vives en esta calle, que pertenece a ellos, tú perteneces a ellos, y entonces, estás contra los otros. No tienes otra opción". De manera similar, muchos deportados razonan sobre las "lógicas" y la inevitabilidad de sus violaciones de la ley.

Sin embargo, la mayoría de los DPs no describen las condiciones de su regreso en detalle. Aunque algunos insisten en que regresaron simplemente por su situación de indocumentados, de igual forma se quejan de los discursos de la sociedad en general, en particular de la criminalización de otras personas que se encontraban, como Ramón, condenados por actividades delictivas y tratan de justificar sus transgresiones; otros tienden a reproducir la imagen de "*gansta* brutal" en sus propias historias. Aunque su reputación criminal puede complicar las relaciones sociales, especialmente con los miembros de la generación mayor, sus compañeros más jóvenes tienden a admirar y envidiar sus experiencias relacionadas con el crimen y el conocimiento urbano que se presume viene junto con él. Un artículo publicado por Yngvesson y Bibler Coutin (2006: 186) describe una situación similar en El Salvador, donde los deportados regresan con un "valor añadido" ("value added"). De acuerdo con Nando: "Si yo fuera un chico normal cualquiera, nadie estaría interesado en mí, no me escucharían. Ellos quieren como el *gansta*. Eso es lo que tengo que darles".

Algunos deportados describen una negociación complicada entre el deseo de socialización y rehabilitación, por un lado, y una actitud de ser percibidos como "exóticos" entre sus primos y amigos. Carlos, un joven de 27 años, quien regreso aproximadamente hace seis meses, describe el interés de sus amigos en sus "historias criminales". Comenta: "Ellos me invitaron a su casa, hablamos; me ofrecieron 'hierba' y trataron de averiguar el tipo de conocimiento que yo era capaz de ofrecer". Recientemente, Carlos ha empezado a enseñar inglés a los niños de la escuela secundaria local. "Desde que estoy trabajando como profesor, esos tipos han perdido el interés. Otros han empezado a verme con otros ojos. Es difícil encontrar tu posición aquí".

Esto pone a los DPs en una posición en la que constantemente oscilan entre subrayar su inocencia o victimismo y relatar sus experiencias de vida pandillera, robos y violencia. Los DPs se sienten obligados a jugar la carta del extranjero urbano, sobre todo en presencia de chicas locales, para adquirir un aura de haber "estado allí" donde muchos isleños desean ir. Cuando los DPs narran o inventan relatos de criminalidad no solo recuerdan el pasado sobre sus vidas perdidas, sino que, al mismo tiempo, se refieren a las prácticas de la masculinidad urbanas que son difíciles de seguir en estas condiciones de exilio. Sus actitudes se reflejan también en su aspecto exterior. Si bien muchos isleños de la vieja generación se quejan de su aspecto físico –gorras de béisbol, camisetas grandes y pantalones anchos–, muchas chicas se sienten atraídas por estas muestras de movilidad inscritas en sus movimientos, gestos y moda. Por otra parte, a diferencia de sus pares locales, un DP puede recibir un cheque mensual de la diáspora, lo que contribuye aún más a su carisma.

Por estas razones, la ex movilidad de un DP genera simultáneamente rechazo y admiración, algo que requiere un equilibrio constante y cuidadoso de las actitudes en los entornos sociales íntimos. Los deportados, como los refugiados y los migrantes en general, son "social constructions and moral imaginations" (Malkki 1996: 382), producidas por los encuentros sociales con la movilidad.

Categorías como "DPs", "ilegales" y "criminales" son poderosas construcciones de otredad en las comunidades insulares donde la movilidad es un elemento crucial para la definición de la posición de una persona y su paisaje social. En la siguiente sección se muestra las formas en que los deportados lidian con estas categorías, las reproducen y orientan su vida hacia estas construcciones sociales que reconocen sus encuentros con la sociedad en general y de las estructuras estatales.

Redefiniendo "cultura" y "pertenencia"

La deportación y la problemática de los DPs con frecuencia es tratada en los debates públicos de los periódicos y la televisión de Cabo Verde. Los actos de deportación son discursivamente vinculados al aumento de las tasas de delincuencia, en particular en Praia, la capital del país, donde el tráfico de drogas, la violencia y los robos de pandillas son cada vez más comunes. Como respuesta a esta situación, el gobierno de Cabo Verde inició el Projecto de Integração dos Repatriados ("Proyecto para la integración de los repatriados") en 2003, que se suponía iba a ofrecer asesoramiento y apoyo a los DPs, principalmente en Fogo y Brava, las islas más afectadas por el retorno forzoso. Muchos deportados no hablan el lenguaje local, no están familiarizados con el sistema burocrático del país y tienen dificultades para adaptarse al mercado de trabajo. Por estas razones, es necesario un apoyo importante para integrarse a las comunidades de las islas (Instituto das Comunidades 2002, 2008).

Además de ofrecer apoyo psicológico y legal, esta iniciativa del gobierno fomenta propuestas de proyectos empresariales a pequeña escala de los ciudadanos repatriados a las islas de Fogo y Brava. El objetivo principal de estos proyectos es volver a familiarizar a los deportados con su cultura de origen y ofrecerles los medios para integrarse en la sociedad. En el curso del tiempo, Ramón había entregado varias propuestas de proyectos y todos ellos –un restaurante de comida rápida, un salón de tatuajes, una pizzería y un cibercafé– fueron rechazados. Es evidente que la viabilidad de estos proyectos es dudosa en un contexto rural, donde la mayoría de los hogares son pobres y la economía se basa principalmente en un sistema de intercambio no monetario. Para la mayoría de los DPs todavía es difícil darse cuenta de la imposibilidad de aplicar sus conocimientos en sus supuestas comunidades de origen, donde la agricultura y la pesca son vistas como actividades generadoras de ingresos que complementan los beneficios de las redes transnacionales. Los DPs sostienen regularmente que su dominio del inglés y conocimientos de informática deben ser apreciados y utilizados por la sociedad caboverdiana. Sin embargo, una gran mayoría de las propuestas de proyectos aprobados ha recibido financiación de las actividades estrechamente relacionadas con la ruralidad de Cabo Verde. Ramón finalmente se resignó a la situación y comenzó a reconstruir su vida profesional como agricultor en las parcelas de tierra que su madre aún poseía. El proyecto le proporcionó semillas de banano, frijol, calabaza y otros tipos de verduras, y Ramón comenzó a luchar contra el calor seco, el suelo pobre, el viento áspero, la falta de lluvias y las escarpadas colinas de Brava, como lo hacen el resto de los agricultores de la isla. Recuerda vívidamente sus primeras experiencias como agricultor:

> Fue terrible. En primer lugar, pensé, esto no puede ser tan difícil. Tomé las bananas y las puse en el suelo. Esperé. Las regué. Pero entonces, lo hice todo mal. Después de un par de semanas lo había perdido todo y todos me estaban mirando, todos se reían, todo el mundo… los niños… todo el mundo. Nadie me dio algunos consejos de cómo hacerlo correctamente. Cuando todo se arruinó tuve que ir al proyecto de nuevo y pedir nuevas semillas de banano.

Carlos, otro deportado de aproximadamente 35 años, me comentó sus esfuerzos para ganarse la vida con la pesca. El proyecto lo proveyó de alguna asistencia técnica, así como de un pequeño motor fueraborda. Durante dos frustrantes meses, Carlos se levantó a medianoche para ajustarse al ritmo de los otros pescadores. Sin embargo, cuando al final logró averiguar sus rutas y algunas de sus técnicas, le robaron el motor y tuvo que rendirse de nuevo.

Varios deportados se quejan de sufrir hostilidad, especialmente cuando inician sus actividades económicas. En nuestras entrevistas, describieron su isla familiar regodeándose con su incapacidad para readaptarse a un entorno formado por la sencillez tecnológica y la escasez económica. Después de su llegada, los DPs tienen que someterse a un proceso de resocialización en el que se ven obligados a volver a aprender la forma de hablar, la forma de comportarse y la manera de trabajar y ganarse la vida. En esta difícil fase de transición, se sienten rechazados sobre la base de sus antiguos privilegios y obligados a soportar las penurias de un novato.

Esta actitud de repudio observada entre algunos de los habitantes del pueblo se puede ver como un acto de sometimiento y una demanda de modestia en medio de las dificultades de una vida de pobreza. En mis entrevistas informales, frecuentemente he escuchado comentarios como: "Mira, mucha gente dice: 'Ellos han tenido su oportunidad, pero no la han aprovechado. Tuvieron suerte, fueron al extranjero y sus familias se quedaron aquí. Ahora están de vuelta y nada cambió. Ahora tienen que sobrevivir, al igual que nosotros'". Aquí, vemos que los isleños basan sus juicios en las lógicas internas de los medios de vida transnacional, en donde cada individuo tiene constantemente que demostrar su capacidad de integración social y contribuir a la supervivencia de la familia. El esfuerzo colectivo para volver a integrarse que tienen que realizar los deportados para familiarizarse con los aspectos de la cultura caboverdiana vinculados a las tradiciones rurales y la producción agrícola es análogo a las motivaciones de las familias que envían a sus hijos problemáticos de vuelta a sus países de origen para volver a socializarles y transmitirles sus normas "tradicionales" y valores (Peutz 2006: 227). Como Nuijten (2005) observó en su estudio relacionado con México, aunque los modos de vida transnacionales requieren revisiones constantes de criterios normativos, especialmente en los países de origen, la deportación introduce una asimetría social adicional, expresada en una hostil rigidez cultural y una discriminación hacia los conciudadanos. En cierto modo, la "cultura" se convierte en una fuerza legitimadora que contribuye a la creciente judicialización de las nociones de pertenencia social. En un país donde la mitigación de la pobreza constituye uno de los principales pilares de la inversión nacional, la idea de que los etiquetados como *criminosos* y devueltos por la fuerza del Estado deben recibir algún tipo de ayuda pública es difícil de transmitir.

Mientras que la mayoría de los DPs encara dificultades considerables, especialmente después de los primeros meses e incluso años posteriores a su regreso, otros logran adoptarse de forma más sencilla. Algunos deportados son dueños de tiendas o bares, y han logrado éxito en atraer no solo a la clientela local, sino también foránea en base a sus habilidades lingüísticas y su saber cosmopolita. En estos casos resulta interesante que fuera su capacidad de fomentar las relaciones con sus familias o amigos que viven en los Estados Unidos lo que constituyó la base de su inicio económico en Cabo Verde. En un caso, el tío de un deportado viajó hacia Cabo Verde a visitar a su sobrino y trajo consigo el equipo para abrir una tienda de electrónica al por menor. Durante el primer mes, el tío se quedo con él y le enseñó a ordenar y comprar en Internet, a rellenar albaranes de envío y a aconsejar a sus clientes apropiadamente. En otro caso, el padre de un deportado volvió para quedarse y estar con su hijo, mientras que dejo a sus otros tres niños en los Estados Unidos.

Padre e hijo dirigen un moderno bar que pronto se convirtió en una sensación donde sirven aperitivos y cócteles. En ambos casos, el éxito económico fue facilitado por relaciones a larga distancia, las cuales sirvieron como un recurso social y probaron ser útiles de igual manera para vencer los prejuicios y el estigma.

Repensando la "justicia"

Al igual que lo observado en la sección anterior, la actitud de la mayoría de los isleños se relaciona con la percepción de la moralización de la "justicia" en el contexto de modos de vida transnacionales, en donde el apoyo activo, especialmente en tiempos de crisis, estaría disponible para aquellos que habían logrado previamente contribuir con su parte. Las condiciones de los deportados son peores cuando su estancia involuntaria no se complementa con la ayuda de familiares en el extranjero. En el caso de Ramón, la buena reputación de su madre y su constante participación en la aldea constituían la razón más importante para que sus parientes aceptaran y apoyaran a su hijo en las islas. Esto también significa que el comportamiento y las actividades de los deportados y de sus parientes en la diáspora se revisan constantemente y se integran en un discurso local más amplio sobre la legitimidad de la asistencia.

Por otra parte, muchos isleños ven la repatriación forzada en el contexto de una decisión histórica del mundo atlántico y subrayan la contribución activa de los ciudadanos de Cabo Verde en la construcción de los EE. UU. –como balleneros, recolectores de arándanos y obreros que sacrificaron sus vidas por un salario pequeño y condiciones laborales de explotación en las industrias norteamericanas–. Según los isleños, el Estado norteamericano, no el de Cabo Verde, debe ser considerado responsable de las fallas y los daños colaterales de la migración laboral internacional. Muchos deportados afirmaron que su morosidad se ha "producido" por el estilo de vida americano y que, por lo tanto, Estados Unidos debe asumir la responsabilidad de ellos como miembros de una sociedad en la cual nunca tuvieron una oportunidad real. Esto corresponde a la actitud de los deportados, muchos de los cuales expresan su desdén hacia una sociedad en la que se sienten excluidos a pesar de su ciudadanía jurídica, aunque, en cambio, se ven a sí mismos como miembros sociales y políticos de la sociedad estadounidense. Chico, un hombre de 35 años de edad, que había salido de Cabo Verde cuando tenía cuatro meses de edad y vivió en los EE. UU. como de forma permanente durante más de dos décadas, me dijo:

No me importa decirlo en voz alta: esto es todo primitivo. El comer arroz y frijoles durante todo el día... No están educados, son racistas, son tan aburridos... (...) Yo fui hecho en Estados Unidos, es algo que se ve. Toda la mierda que aprendí, toda la mierda, esto es América en mí. Pero también he estado trabajando, soy un contribuyente, todavía tengo mi cuenta bancaria allí. Y más tarde quiero recibir mi pensión estadounidense.

En las entrevistas, los DPs expresaron en repetidas ocasiones que se perciben como no pertenecientes a Cabo Verde, y que siguen viéndose a sí mismos como miembros de la sociedad estadounidense. Aunque la mayoría de ellos no pueda mantener todos sus vínculos sociales con los EE.UU., muchos tratan desesperadamente de impulsar sus amistades allí y mantener el contacto con sus parientes cercanos. Sin embargo, la mayoría de los DPs carece de los recursos financieros para llamar regularmente o enviar regalos a la diáspora –signos comunicativos muy apreciados en las familias transnacionales–.

Su fuerte deseo de estar conectados con el lugar del que se sienten parte se refleja también en sus constantes esfuerzos para recibir noticias, especialmente en formato impreso, tales como revistas especializadas, periódicos y libros en inglés. Estos recursos son vistos como una oportunidad para entrar en un espacio informativo y reflexivo familiar. La mayoría de los DPs también fomenta lo que Yngvesson y Bibler Coutin (2006) llaman una "materialización de la existencia" ("materialization of their existence") al mantener cualquier tipo de documentos aparentemente "oficiales", como extractos de cuenta bancarios, facturas y fotografías de sus antiguos hogares y automóviles, para probar su ex vida en la diáspora.

Contrariamente a los deportados en otras áreas del mundo, como América Latina (Hagan *et al.* 2008), el sueño de regresar a los EE. UU. sigue siendo poco realista para los deportados de Cabo Verde, ya que una travesía del Atlántico y la reentrada clandestina en los EE. UU. sería extremadamente peligrosa y difícil de realizar. Por lo tanto, algunas asociaciones de desarrollo en Cabo Verde siguen creyendo en la vía jurídica para imaginar su regreso a los EE. UU., a pesar de que ningún deportado incluido en mi investigación conocía un solo caso de un reentrada legal después de una deportación previa. Sin embargo, como Nathalie Peutz (2007) observó entre los deportados somalíes, al comparar los derechos y beneficios de Cabo Verde y los ciudadanos de Estados Unidos, las asociaciones de desarrollo en Cabo Verde valoran y elogian a los EE. UU. como un "país de ley y justicia", en el que cada ciudadano puede acceder a derechos y protección legal. Aunque antes de su detención, la mayoría de ellos simplemente ignoraba el fondo de su estancia legal, durante su tiempo en prisión se dieron cuenta de "la ley" como un marco regulador decisivo para las poblaciones migratorias. Después de su expulsión, muchos siguieron creyendo en la "justicia" de la ley de los EE.UU. Por otra parte, aunque los deportados respetaron la decisión del tribunal en relación con sus delitos, la mayoría trató de mantenerse en contacto con sus familiares y abogados en los EE.UU. para el seguimiento de sus casos.

Estos ejemplos demuestran abrumadoramente cómo los deportados luchan contra poderosas atribuciones de pertenencia generadas por la ciudadanía jurídica y buscan la compasión y la comprensión de ambas sociedades, pues cada una de ellas los define como los "otros", los de afuera. Irónicamente, su pertenencia oficial a Cabo Verde –un estatus legal significativo en los EE.UU. pues ofrece la posibilidad de su deportación– es relativamente insignificante en Cabo Verde, donde se define la integración social a través de diferentes criterios morales.

Al final, la responsabilidad y el deber de proporcionar atención a los que han tenido mala suerte en la vida y se han visto en la necesidad de la asistencia y el apoyo financiero ha quedado en manos de los pocos que logran mantener su actitud de solidaridad –no sólo en el sentido material y financiero de la palabra, sino sobre todo en sus connotaciones sociales y morales–. Sonja, madre de Ramón, aún no es capaz de viajar de regreso a Cabo Verde para ver a su hijo. A pesar de insistir en las maniobras clandestinas de su existencia "ilegal" en EE. UU., se las arregla para mantener su trabajo y envía parte de lo que gana a sus parientes y a su hijo en Cabo Verde. Sin embargo, la actual crisis financiera ha pasado factura y Sonja es muy consciente de la precariedad de su estancia en los EE. UU. Hoy en día, experimenta una situación paradójica. Por un lado, siempre había querido volver a su país de origen y vivir en la casa que se ha ido construyendo a lo largo de las últimas décadas. Por otro, sabe que si regresara a Cabo Verde, ya no tendría los medios financieros para apoyar a su hijo, que no se puede sostener por sí mismo.

Pensamientos finales

En este artículo se pone de manifiesto la fuerte tensión existente entre las fuerzas restrictivas de la ciudadanía jurídica, por una parte, y las luchas por la inclusión y pertenencia entre los deportados en sus supuestas comunidades de origen por la otra. En este contexto, la judicialización de pertenencia y estatus personal, como lo demuestra el aumento al recurso a leyes estatales y prácticas reguladoras, revela varios niveles de exclusión social. Mi artículo sigue trayectorias y sus encuentros con las comunidades isleñas, la sociedad en general y las estructuras estatales (tanto los EE.UU. y Cabo Verde) e ilumina el surgimiento de un "corredor de abandono" en el campo social transnacional entre ambos países. Este corredor transnacional, tomado de la política crítica de la pos-soberanía de Agamben (1998), destaca las particularidades de la fase actual de la globalización, que produce nuevas vulnerabilidades y nuevas minorías (como los "*denizens*" discutidos en Cohen 1991), así como nuevas incapacidades de los Estados para brindar protección y seguridad a sus ciudadanos en diferentes lugares del mundo. La producción de "deportability", según Nicholas de Genova, se refleja en el contexto de la economía de los EE. UU., basada en "undocumented migrant labour as a commodity of choice" (De Genova 2007: 427).

En este artículo se muestra dicha "elección" y su impacto en las condiciones de vida de los trabajadores migrantes en estas comunidades rurales alejadas, que son parte integral del enredo contemporáneo de Estados Unidos con otras regiones del mundo. Al mismo tiempo, se destacan las connotaciones ambivalentes de la ciudadanía causadas por la deportación, ya que las líneas dicotómicas de inclusión y exclusión no se encuentran entre los territorios, naciones o grupos étnicos, sino que cortan profundamente las comunidades locales, en un proceso que se extiende a la familia. La deportación contribuye a la diferenciación ya creciente entre estos isleños transnacionales y los deportados. Los últimos sufren una otredad continua en sus supuestas comunidades de origen en la que deben "probar" la legitimidad de su estancia.

Como reacción a la exclusión que experimentan en varios niveles de encuentros sociales, los deportados siguen imaginándose a sí mismos como personas jurídicas y con el reclamo de protección en ambas sociedades. Curiosamente, sus expectativas en Cabo Verde se dirigen principalmente a los beneficios funcionales de la familia transnacional, en los que reclaman la integración dentro de las familias a través del apoyo de sus parientes en la diáspora. Al equilibrar la vergüenza de la expulsión y la supuesta criminalidad con un aura de "haber estado allí", su posición refleja ambivalencias locales y el carácter distintivo del funcionamiento de una familia transnacional. De acuerdo con este espíritu, la movilidad es vista como el acceso al poder, y la conexión sirve como un medio crucial para la supervivencia colectiva. Sin embargo, algunos deportados logran insertar sus vidas con éxito en la sociedad de su supuesto país de origen. Sus encuentros con las estructuras del Estado de Cabo Verde revelan el intento colectivo para volver a socializar a los deportados y para que se familiaricen con las tradiciones rurales de la cultura de Cabo Verde. Como reacción a estas líneas emergentes de la exclusión, los DPs invocan la retórica de los derechos para reclamar su pertenencia continua a la sociedad estadounidense y su protección jurídica y apoyo. Como cualquier ciudadano, los deportados se imaginan a sí mismos como personas jurídicas que tienen acceso a la protección del Estado en tiempos de necesidad.

La deportación, vista como una práctica reguladora estatal sobre la base de una producción especial de ilegalidad e ilegitimidad, sirve como un elemento crucial para la renegociación y la redefinición de los diferentes modos de integración social. En este contexto, la ciudadanía jurídica, la pertenencia formal, documentada en el pasaporte de una persona, adquiere una cualidad ambivalente. Por un lado, se demuestra su potente durabilidad al atraer ciudadanos de Cabo Verde de regreso a su supuesto país de origen a pesar de que expresan firmemente su desarrollo social y cultural perteneciente al territorio de otro Estado. Por otro lado, la ciudadanía en Cabo Verde parece débil o descompuesta en el propio país, donde la posición de los deportados se juzga sobre la base de su expulsión de los EE.UU., y por lo tanto, su apoyo es relegado al Estado expulsor y su exclusión local está justificada. De esta forma, tanto la ciudadanía como la pertenencia son constantemente disputadas y sujetas a renegociaciones entre múltiples actores, los cuales redefinen constantemente los límites entre los locales y foráneos, de la misma forma, reajustan el panorama moral en concordancia al cambiante espacio global de legitimidad.

Bibliografía

Agamben, Giorgio. *Homo Sacer: sovereign power and bare life*. Stanford: Stanford University Press 1998.
Batalha, Luís. *The Cape Verdean diaspora in Portugal. Colonial subjects in a postcolonial world*. Lanham/Boulder/New York: Lexington 2004.
Bauböck, Rainer. *Transnational citizenship. Membership and rights in international migration*. Aldershot: Edward Elgar 1994.
Carling, Jørgen. *Aspiration and ability in international migration. Cape Verdean experiences of mobility and immobility*. Oslo: University of Oslo 2001.
— "The human dynamics of migrant transnationalism". *Ethnic and Racial Studies*, 31.8 (2008): 1452-1477.

CARLING, Jørgen y Lisa ÅKESSON. "Mobility at the heart of a nation. Patterns and meanings of Cape Verdean migration". *International Migration*, 47.3 (2009): 123-155.
CARREIRA, António. *The people of the Cape Verde Islands: exploitation and emigration*. C. Fyfe trans. Hamden: Archon 1982.
COHEN, Robin. "Citizens, denizens and helots. The politics of international migration flows after 1945". *Migration and its enemies. Global capital, migrant labour and the nation state*. Ed. Robin Cohen. Aldershot: Ashgate 2001. 137-153.
COUTIN, Susan. *Nations of emigrants. Shifting boundaries of citizenship in El Salvador and the United States*. Ithaca: Cornell University Press 2007.
DE GENOVA, Nicholas. "Migrant 'illegality' and deportability in everyday-life". *Annual Review of Anthropology*, 31 (2002): 419-447.
— "The production of culprits: from deportability to detainability in the aftermath of homeland security". *Citizenship Studies*, 11.5 (2007): 421-448.
— "Conflicts over mobility, and the mobility of conflict: rightlessness, presence, subjectivity, freedom". *Subjectivity*, 29 (2009): 445-466.
DROTBOHM, Heike. "Horizons of long-distance intimacies. Reciprocity, contribution and disjuncture in Cape Verde". *History of the Family*, 14.2 (2009): 132-149.
— "Gossip and social control across the seas: targeting gender, resource inequalities and support in Cape Verdean transnational families". *African and Black Diaspora. An International Journal*. 3.1 (2010): 51-68.
— "On the durability and the decomposition of citizenship: The social logics of forced return migration in Cape Verde". *Citizenship Studies* 15.3/4 (2011): 381-396.
— "'It's like belonging to a place that has never been yours'. Deportees negotiating involuntary immobility and conditions of return in Cape Verde". *Migrations: Interdisciplinary Perspectives*. Eds. Renée Schröder y Ruth Wodak. Wien/New York: Springer 2012. 129-140.
GLICK SCHILLER, Nina. "Transborder citizenship: an outcome of legal pluralism within transnational social fields". *Mobile people, mobile law. Expanding legal relations in a contracting world*. Eds. Franz von Benda-Beckmann, Keebet von Benda-Beckmann y Anne Griffiths. Aldershot: Ashgate 2005. 27-50.
GÓIS, Pedro. "Low intensity nationalism. The Cape Verdian Case". *Stichproben. Wiener Zeitschrift für kritische Afrikastudien*, 12 (2005): 255-276.
HAGAN, Jacqueline, ESCHBACH, Karl y RODRIGUEZ, Nestor. "U.S. deportation policy, family separation, and circular migration". *International Migration Review*, 42.1 (2008): 64-88.
HALTER, Marilyn. *Between race and ethnicity: Cape Verdean American immigrants, 1860-1965*. Chicago: University of Illinois Press 1993.
INSTITUTO DAS COMUNIDADES. *Análise dos dados do recenseamento dos repatriados*. Proyecto del reporte inédito del Instituto das Comunidades, Ministério dos Negócios Estrangeiros, Cooperação e Comunidades. Praia 2002.

— *Análise dos dados do recenseamento dos repatriados*. Proyecto del reporte inédito del Instituto das Comunidades, Ministério dos Negócios Estrangeiros, Cooperação e Comunidades. Praia 2008.

Malkki, Liisa. "Speechless emissaries: refugees, humanitarianism, and dehistoricization". *Cultural Anthropology*, 11.3 (1996): 377-404.

Meintel, Deirdre. *Race, culture, and Portuguese colonialism in Cabo Verde*. New York: Maxwell School of Citizenship and Public Affairs, Syracuse University 1984.

Nuijten, Monique. "Transnational migration and the re-framing of normative values". *Mobile people, mobile law. Expanding legal relations in a contracting world*. Eds. Franz von Benda-Beckmann, Keebet von Benda-Beckmann y Anne Griffiths. Aldershot: Ashgate, 2005. 51-68.

Nyers, Peter. "Abject cosmopolitanism: the politics of protection in the anti-deportation movement". *Third World Quarterly*, 24.6 (2003): 1069-1093.

— "What's left of citizenship?". *Citizenship Studies*, 8.3 (2004): 203-215.

Peutz, Nathalie. "Embarking on an anthropology of removal". *Current Anthropology*, 47.2 (2006): 217-241.

— "Out-laws: deportees, desire, and 'the law'". *International Migration*, 45.3 (2007): 182-191.

Peutz, Nathalie y De Genova, Nicholas. "Introduction". *The deportation regime. Sovereignty, space, and the freedom of movement*. Eds. Nicholas De Genova y Nathalie Peutz. Durham/London: Duke University Press 2010. 1-32.

Pratt, Anna. *Securing borders: detention and deportation in Canada*. Vancouver: University of British Columbia Press 2005.

Rodrigues, Isabel Fêo: "From Silence to Silence: The Hidden Story of a Beef Stew in Cape Verde". *Anthropological Quarterly* 81, 2 (2008): 343-376.

Willen, Sarah. "Toward a critical phenomenology of 'illegality': state power, criminalization, and objectivity among undocumented migrant workers in Tel Aviv, Israel". *International Migration*, 45.3 (2007): 8-38.

Yngvesson, Barbara y Susan Bibler Coutin. "Backed by papers: undoing persons, histories and return". *American Ethnologist*, 22.2 (2006): 77-190.

Zilberg, Elana. "Fools banished from the kingdom: remapping geographies of gang violence between the Americas (Los Angeles and San Salvador)". *American Quarterly*, 56.3 (2004): 7.

Sobre los autores

Ishita Banerjee es historiadora, profesora-investigadora en el Centro de Estudios de Asia y África de El Colegio de México e investigadora nacional, Nivel III en el Sistema Nacional de Investigadores, México. Tiene cuatro libros de su autoría: *Divine Affairs* (2001); *Religion, Law, and Power* (2007); *Fronteras del Hinduismo* (2007) y *A History of Modern India* (2014). Entre los ocho volúmenes editados por ella se encuentran: *Modernidades coloniales* (con Saurabh Dube y Walter D. Mignolo, 2004); *Caste in History* (2008) y *Ancient to Modern* (2009).

Santiago Bastos Amigo es licenciado en Historia Contemporánea por la Universidad Autónoma de Madrid y tiene un doctorado en Antropología Social por el del Centro de Investigaciones y Estudios Superiores en Antropología Social –CIESAS–. Fue investigador de FLACSO-Guatemala desde 1988 hasta 2008, donde realizó investigaciones sobre la realidad étnica del país desde diferentes ángulos. En la actualidad es profesor investigador de CIESAS en su Unidad Occidente en Guadalajara, México, mientras en Guatemala es profesor investigador emérito de FLACSO y forma parte del Equipo de Comunicación y Análisis El Colibrí Zurdo. Sus investigaciones se centran ahora en los efectos que las dinámicas de la globalización están teniendo en las comunidades indígenas de Guatemala y México, y cómo éstas están reaccionando para oponerse a las agresiones que sufren sus territorios. Entre sus últimas publicaciones sobre Guatemala destacan la colección *Mayanización y vida cotidiana, la ideología multicultural en la sociedad guatemalteca*, coordinada con Aura Cumes, la compilación *El movimiento maya en la década después de la paz* (1997-2007), con Roddy Brett; *Guatemala: violencias desbordadas*, coordinada con Julián López y Manuela Camus y el volumen *Mezcala: la memoria y el futuro. La defensa de la Isla en el bicentenario*

Johanna Below estudió Historia Ibérica y Latinoamericana, Ciencias Políticas, Filología Románica y Cooperativismo en el marco de Estudios Latinoamericanos en la Universidad de Colonia (Alemania) y en la Universidad Federal del Ceará (Brasil). Como investigadora de la Red de Investigación sobre América Latina, escribe su tesis doctoral en el área de historia ibérica y latinoamericana. Sus intereses de investigación son especialmente los grupos desfavorecidos en la zona rural brasileña.

Christian Büschges es profesor de Historia Ibérica y Latinoamericana en la Universidad de Berna (Suiza). Sus investigaciones abarcan los temas de etnicidad y nacionalismo, élites sociales, y estructuras y prácticas políticas en la monarquía hispánica. Entre sus publicaciones figuran *Demokratie und Völkerrecht. Ethnizität im polischen Raum* (2012), *Etnicidad y poder en los países andinos* (con Guillermo Bustos y Olaf Kaltmeier, 2007) y *Familia, honor y poder. La nobleza de la ciudad de Quito durante la época colonial tardía* (2007).

Guillermo de la Peña es profesor investigador en CIESAS, Unidad Occidente (Guadalajara). Doctorado en Antropología en la Universidad de Manchester, Reino Unido. Sus investigaciones actuales se refieren a las políticas sociales y culturales dirigidas a los pueblos indígenas, en México y América Latina, y a las familias indígenas residentes en ciudades mexicanas. Su último libro, cocoordinado con Virginia García Acosta, se titula *Miradas concurrentes: la antropología y el diálogo interdisciplinario* (2013).

La Dra. **Heike** Drotbohm es profesora de Antropología Social en la Universidad de Friburgo (Alemania). Su trabajo se centra en la antropología social de las sociedades afroatlánticas. Sus intereses de investigación incluyen prácticas espirituales transnacionales, relaciones familiares, cuidado, migración de regreso, la relación entre movilidad e inmovilidad, así como el impacto de la deportación en las vidas transnacionales. Ha sido profesora invitada en las universidades alemanas de Constanza y Friburgo. Sus publicaciones han aparecido en revistas internacionales tales como *Journal of Ethnic and Migration Studies, History of the Family* o *Citizenship Studies*, asimismo ha contribuido en varios volúmenes colectivos.

Wolfgang GABBERT es antropólogo (habilitación en 2000) y sociólogo (doctorado en 1991). Desde 2002 es catedrático de Sociología del Desarrollo y Antropología Cultural en la Universidad Leibniz de Hanóver, Alemania. Ha trabajado sobre temas relacionados con etnicidad y nacionalismo, antropología política, antropología jurídica, movimientos sociales, poblaciones indígenas en México y América Central, así como la historia y la situación actual de la península de Yucatán. Es autor del primer estudio de fondo sobre la población afrocaribeña de Nicaragua y del primer libro sobre la etnicidad y desigualdad social en la península de Yucatán. Entre sus publicaciones más importantes se encuentran: "Of Friends and Foes - The Caste War and Ethnicity in Yucatán", *Journal of Latin American Anthropology* 9 (2004), 1:90-118. [Reimpreso en *The International Library of Essays on Military History. Warfare in Latin America*, Vol. II] y "The longue durée of Colonial Violence in Latin America", *Historical Social Research* 37 (2012), 3: 254-275.

Silke HENSEL es doctora en Historia por la Universidad de Hamburgo y, desde 2004, catedrática de Historia de América Latina de la Universidad de Münster, donde es miembro principal del grupo de investigadores del centro de excelencia "Religión y política en las culturas de las épocas premoderna y moderna". Además, es miembro de la red de investigación "Etnicidad, Ciudadanía y Pertenencia". Uno de los temas en que se enfocan sus investigaciones trata los procesos de exclusión social a causa de adscripciones de etnicidad o racismo. Además, trabaja sobre el desarrollo estatal, sus relaciones con la población y derechos humanos en diferentes periodos y países latinoamericanos. Ha publicado sobre estos temas varios libros y artículos, entre los cuales destacan *Leben auf der Grenze. Diskursive Aus- und Abgrenzungen von Mexican Americans und Puerto Ricanern in den USA, 1900-1970* (2004), "Latin American Perspectives on Migration in the Atlantic World", en Donna Gabaccia, Dirk Hoerder (eds.): *Connecting Seas and Connecting Ocean Rims* (2011): 281-301, "¿Cambios políticos mediante nuevos procedimientos? Las elecciones en Oaxaca en la época de la Independencia", en *Signos Históricos* 20 (2009): 126-163 y "Africans in Spanish-America: Slavery, Freedom and Identities in the Colonial Era", en *Indiana* 24 (2007): 15-37.

Carmen IBÁÑEZ CUETO estudió Sociología y Economía paralelamente en las universidades bolivianas Mayor de San Andrés y Católica de La Paz. Escribió su tesis doctoral en Ciencias Políticas en la Universidad de Rostock.

Actualmente se desempeña como investigadora en la Red de Investigación sobre América Latina con sede en la Universidad de Colonia.

Olaf Kaltmeier es profesor de Historia Transnacional de las Américas y director del Centro de Estudios InterAmericanos (CIAS) de la Universidad de Bielefeld. Coordina la sección de la Universidad de Bielefeld de la Red de Investigación sobre América Latina "Etnicidad, Ciudadanía y Pertenencia". Sus áreas de trabajo incluyen la historia poscolonial y transnacional, relaciones interétnicas y estudios interamericanos.

Pablo Mateos es profesor investigador en el Centro de Investigaciones y Estudios Superiores en Antropología Social (CIESAS), Guadalajara, México. Es miembro del Sistema Nacional de Investigadores (SNI-Nivel II) y *Honorary Lecturer* en el University College de Londres (UCL), donde fue profesor de 2008 a 2012. Es doctor en Geografía Social por la Universidad de Londres, y sus intereses de investigación versan sobre etnicidad, identidad, ciudadanía y migración.

Dahil M. Melgar Tísoc es antropóloga social por la Escuela Nacional de Antropología e Historia (México) con la tesis titulada *El Japón transnacional y la diáspora nikkei. Desplegado de identidades migrantes en la Ciudad de México* (mención Premio Nacional Fray Bernardino de Sahagún 2010). Actualmente concluye en el Centro de Investigaciones y Estudios Superiores en Antropología Social (México) una investigación sobre los peruanos en Japón. Ha trabajado temas de migración, transnacionalismo, diáspora, etnicidad, desigualdad y violencia.

Barbara Potthast es catedrática y directora del Instituto de Historia Ibérica y Latinoamericana y del Centro de Estudios Latinoamericanos de la Universidad de Colonia. Es coordinadora de la Red de Investigación sobre América Latina "Etnicidad, Ciudadanía y Pertenencia". Sus áreas de trabajo son la historia de las relaciones interétnicas y relaciones de género y estructuras de familia en América Latina.

Tobias Schwarz es investigador posdoctoral en la Red de Investigación sobre América Latina (Universidad de Colonia, Alemania), donde trabaja sobre nacionalidad, ciudadanía y políticas de pertenencia en América Latina y Europa. Estudió Antropología Cultural y Sociología en Berlín y Londres, con énfasis en las políticas de inmigración, lo nacional y el racismo; ha investigado la administración de extranjeros y el discurso contemporáneo alemán de expulsión. Actualmente está llevando a cabo un proyecto de investigación comparativo sobre pertenencia nacional y exclusión jurídica de extranjeros en la República Dominicana y Venezuela.

Theresa Lange Topic (PhD Universidad de Harvard, 1977) es profesora principal de Antropología en University College Brescia, Western University, Londres, Canadá. Sus investigaciones arqueológicas en el Perú incluyen proyectos en el norte peruano con énfasis especial en el área de Huamachuco. Ha escrito sobre sociedades complejas y arquitectura monumental, la guerra prehistórica y fortificaciones, el imperialismo inca, las prácticas rituales en contextos andinos y las mujeres en la prehistoria.

John R. Topic (PhD 1977, Harvard) es profesor emérito en la Universidad Trent, Peterborough, Canadá, y vicepresidente del Instituto de Investigaciones Andinas, Nueva York. Ha llevado a cabo trabajos de campo arqueológicas en el Perú y Ecuador, e investigaciones en los archivos del Perú, Ecuador y España. Sus intereses incluyen el urbanismo, la producción artesanal, la burocracia y administración andina prehispánica, la guerra andina, la etnohistoria, y la organización de sociedades complejas.